2023年主题出版重点出版物·中国式现代化新征程丛书

刘 伟 刘元春 主编

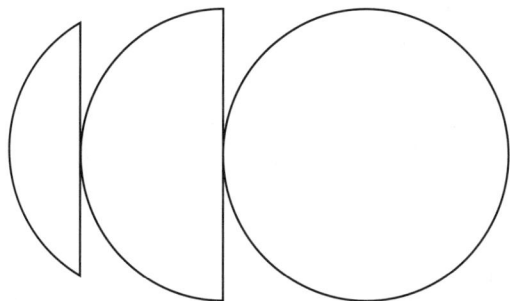

不可逆转的历史进程

中国式现代化新征程论要

刘 伟 著

SPM 南方传媒　广东人民出版社

·广州·

图书在版编目（CIP）数据

不可逆转的历史进程：中国式现代化新征程论要 /
刘伟著. -- 广州：广东人民出版社，2024. 7. --（中
国式现代化新征程丛书 / 刘伟，刘元春主编）. -- ISBN
978-7-218-17831-8

Ⅰ. D61

中国国家版本馆 CIP 数据核字第 2024EZ2730 号

BUKE NIZHUAN DE LISHI JINCHENG——ZHONGGUOSHI XIANDAIHUA XINZHENGCHENG LUNYAO

不 可 逆 转 的 历 史 进 程 —— 中 国 式 现 代 化 新 征 程 论 要

刘　伟　著

出 版 人：肖风华

丛书策划：肖风华　姚丹林
责任编辑：黄少刚　王庆芳　张　瑜
责任校对：林　俏　陈梓燊　谭玉茹
特约编辑：张　芳
责任技编：吴彦斌　马　健
装帧设计：张贤良

出版发行：广东人民出版社
地　　址：广州市越秀区大沙头四马路 10 号（邮政编码：510199）
电　　话：（020）85716809（总编室）
传　　真：（020）83289585
网　　址：http://www.gdpph.com
印　　刷：广州市豪威彩色印务有限公司
开　　本：787 mm × 1092 mm　1/16
印　　张：21　字　数：310 千
版　　次：2024 年 7 月第 1 版
印　　次：2024 年 7 月第 1 次印刷
定　　价：128.00 元

如发现印装质量问题，影响阅读，请与出版社（020-85716849）联系调换。
售书热线：（020）85716863

中国式现代化新征程丛书

编委会

刘　伟　中国人民大学原校长

刘元春　上海财经大学校长

王一鸣　国务院发展研究中心原副主任

张卓元　中国社会科学院经济研究所原所长

金　碚　中国社会科学院工业经济研究所原所长

杨开忠　中国社会科学院生态文明研究所党委书记

白重恩　清华大学经济管理学院院长

林　晨　中国人民大学科研处处长

主　　编：刘　伟　刘元春

学术指导：张卓元

总 序

经过上百年的实践探索和不懈奋斗，中国共产党带领中国人民将中国式现代化推进到不可逆转的历史阶段。

1840年鸦片战争以后，由于西方列强的侵略和封建统治的腐败，中国逐渐沦为半殖民地半封建社会，中华民族遭受了前所未有的劫难。落后就要挨打。从那时起，实现中华民族伟大复兴就成为中国人民和中华民族最伟大的梦想。中国人民和无数仁人志士不屈不挠，苦苦寻求中国现代化之路。孙中山先生的《建国方略》被称为近代中国谋求现代化的第一幅蓝图，但当时国家蒙辱、人民蒙难、文明蒙尘，中国现代化没有也不可能取得成功。探索中国式现代化道路、完成中华民族复兴大业的重任，历史性地落到了中国共产党身上。

习近平总书记指出："中国共产党建立近百年来，团结带领中国人民所进行的一切奋斗，就是为了把我国建设成为现代化强国，实现中华民族伟大复兴。"① 党对现代化的实践探索，经历了一个漫长而曲折的历史发展过程，概括起来，可以分为四个历史阶段。

一是在新民主主义时期，我党团结带领中国人民不怕牺牲，百折不挠，浴血奋斗，经过北伐战争、土地革命战争、抗日战争、解放战争，推

---

① 习近平：《新发展阶段贯彻新发展理念必然要求构建新发展格局》，《求是》2022年第17期。

翻了帝国主义、封建主义、官僚资本主义三座大山，彻底结束了列强强加给我国的不平等条约，实现了民族独立、人民解放，为实现现代化创造了根本社会条件。

二是社会主义革命和建设时期，新中国成立之初，百业待举、百废待兴。中国共产党带领中国人民进行了声势浩大的社会主义革命，消灭了在中国延续几千年的封建制度，努力推进社会主义建设。为改变"一穷二白"的落后状况，我党进行了艰苦探索，提出了"四个现代化"的宏伟目标，努力把我国建设成为一个具有现代农业、现代工业、现代国防和现代科技的社会主义强国。经过几个"五年计划"的实施，我国建立起独立的比较完整的工业体系和国民经济体系，特别是取得"两弹一星"的国防尖端科技突破。党在社会主义革命中实现了中华民族有史以来最为广泛而深刻的社会变革，为现代化建设奠定了根本政治前提和制度基础。党在社会主义建设时期取得的巨大成就，为现代化建设提供了宝贵经验和物质基础。

三是在改革开放和社会主义建设新时期。党的十一届三中全会以后，中国共产党解放思想、实事求是，果断作出把党和国家工作中心转到经济建设上来，实行改革开放的历史性决策，开启了中国式现代化的新长征。习近平总书记说："中国共产党和中国人民以英勇顽强的奋斗向世界庄严宣告，改革开放是决定当代中国前途命运的关键一招，中国特色社会主义道路是指引中国发展繁荣的正确道路，中国大踏步赶上了时代！"[①] 为了加快推进社会主义现代化，我党确立了党在社会主义初级阶段的基本路线，坚定不移推进改革开放，开创、坚持、捍卫、发展中国特色社会主义，实现了从高度集中的计划经济体制向充满活力的社会主义市场经济体

---

① 习近平：《关于〈中共中央关于党的百年奋斗重大成就和历史经验的决议〉的说明》，《求是》2021年第23期。

制、从封闭半封闭到全方位开放的历史性转变，实现了从生产力相对落后的状况到经济总量跃居世界第二的历史性突破，实现了人民生活从温饱不足到总体小康、奔向全面小康的历史性跨越，为中国式现代化提供了充满新的活力的体制保证和快速发展的物质条件。

四是党的十八大以来，中国特色社会主义进入新时代。我们党在认识上不断深化，创立了习近平新时代中国特色社会主义思想，实现了马克思主义中国化时代化新的飞跃。我们党围绕解决现代化建设中的突出矛盾和问题，全面深化改革，实现了理论和实践上的创新突破，成功推进和拓展了中国式现代化，在战略上作出到本世纪中叶全面建成社会主义现代化强国"两步走"的战略部署，明确"五位一体"总体布局和"四个全面"战略布局，为中国现代化提供坚实战略支持。推进一系列变革性实践，实现一系列突破性进展，取得一系列标志性成果，特别是解决了绝对贫困问题，全面建成了小康社会，为中国式现代化提供了更为完善的制度保证、更为坚实的物质基础、更为主动的精神力量。

历史证明，中国式现代化是我们党领导各族人民在长期探索和实践中历经千辛万苦、付出巨大代价取得的重大成果，必须不断拓展和深化。党的二十大的召开，成为我国推进中国现代化进程的一座里程碑。党的二十大报告科学描绘了在新的历史条件下全面建设社会主义现代化国家、夺取中国特色社会主义新胜利的宏伟蓝图，是团结带领全国各族人民沿着中国特色社会主义道路继续前进、为全面建设社会主义现代化国家而团结奋斗的政治宣言和行动纲领。报告明确宣告了党今后的中心任务，深刻阐述了中国式现代化的科学内涵、本质要求、中国特色、重大原则、实现路径、战略布局等，"是对推进中国式现代化的最高顶层设计"。

习近平总书记2023年2月7日在学习贯彻党的二十大精神研讨班开班式上的讲话中指出："概括提出并深入阐述中国式现代化理论，是党的二十大的一个重大理论创新，是科学社会主义的最新重大成果。"党的二十的理论创新，初步构建了中国式现代化理论体系，使中国式现代化更加清晰、更加科学、更加可感可行。为了贯彻落实党的二十大精神，广东人民出版社组织策划了《中国式现代化新征程丛书》，并邀请中国人民大学、中国社会科学院、中国科学院、清华大学、北京大学及国务院发展研究中心等单位的专家学者共同撰写。丛书以党的二十大精神为指导，围绕经济、社会、科技、教育等领域对"中国式现代化"进行系统而深入的阐释和分析研究。丛书共有16种，约500万字。

"中国式现代化"是主题出版重大工程，具有重要的理论和实践价值。编委会在丛书策划阶段就提出了达到高质量的著述水平、打造时政精品的出版目标，并召开大大小小多次编写会议讨论写作思路、统一著述体例、明确写作要求等，力图能够体现如下特点。

一、紧扣党的二十大精神

首先，根据党的二十大召开的时间调整出版节奏，增加相关选题。丛书策划起始较早，出版社与编委会于2021年12月已达成出版合作意向，并开始组稿、写作，拟于2022年10月出版，作为党的二十大献礼。后考虑到党的二十大主题是推进中国式现代化，为了与党的二十大精神保持高度一致，决定延期出版。在品种方面，原来选题只有13个，根据党的二十大报告中关于中国式现代化新征程的阐述又增加了3个选题。党的二十大报告提出，"高质量发展是全面建设社会主义现代化国家的首要任务"，"教育、科技、人才是全面建设社会主义现代化国家的基础性、战略性支撑"，党的二十大报告着重阐述了绿色转型，经编委会研究，增加上述3个方面的选题。其次，提高政治站位，紧紧围绕党的二十大精神展开阐述。一方面要求先行撰写的书稿根据需要增加有关党的二十大报告的内容，另外要求作者深度研读党的二十大报告，学深悟透党的二十大精神实质，在观点、范畴、提法等方面严格对标党的二十大报告，在写作风格上，分析要深入，要把问题讲清讲透，要避免抽象晦涩，力求言之有物，深入浅出，有可读性。再次，在统稿过程中加强把关，针对某些书稿存在结合党的二十大精神不够的问题提出修改意见，进行补充与完善。通过紧扣党的二十大精神，使丛书具有较强的政治性、思想性和时代意义。

二、体现理论价值

以中国式现代化全面推进中华民族伟大复兴这一波澜壮阔的伟大历史实践作为人类文明新形态的创造性发展过程，一方面为理论的发展提供了深厚的实践基础，另一方面也对理论发展提出了深刻的历史要求，尤其需要中国式现代化理论体系的不断深化和丰富，需要以马克思主义中国化时代化最新成果，即以习近平新时代中国特色社会主义思想为指导，分析阐释中国式现代化进程面临的矛盾和任务，研究和探索中国式现代化的目标和方略，在总结和指导实践的同时，不断推动初步构建的中国式现代化理论体系发展。

实现第二个百年奋斗目标，以中国式现代化全面推进中华民族伟大复兴，迫切需要从理论与实践的统一上系统地回答：中国式现代化具有怎样的本质要求和基本特征，在实践中应当怎样牢牢把握和践行其本质和特征？为什么说中国式现代化进入到不可逆转的历史进程，这种不可逆转性具有怎样的根据？中国式现代化要达成怎样的目标和需要坚持哪些基本原则，实现其目标面临怎样的挑战和风险？新发展阶段约束发展的条件发生了怎样的系统性变化，发展方式怎样根本改变才能适应这种系统性变化？中国式现代化新征程为什么要坚持贯彻高质量发展主题，高质量发展为什么是实现中国式现代化进程中的首要任务？高质量发展主题包含怎样的内涵和要求，为什么需要以完整准确全面贯彻新发展理念为引领？贯彻新发展理念需要怎样的实现机制，怎样加快构建现代化经济体系？现代化经济体系具有怎样的特征，为什么要加快构建新发展格局，构建新发展格局的战略目标是什么，构建新发展格局需要坚持哪些战略原则，需要解决哪些突出矛盾和问题？等等，都是亟待深入研究的重要命题。总之，需要从理论与实践相互统一的高度回应：为什么中国式现代化开拓了人类文明新形态，怎样实现以高质量发展全面推进中国式现代化，以中国式现代化全面推进中华民族伟大复兴？

丛书在认真学习党的二十大报告的基础上，对上述问题及其他与中国式现代化相关的问题进行了深入研究，力图进一步推进中国式现代化的理论创新，从而为发展和完善中国式现代化理论体系添砖加瓦，作出积极贡献。

三、围绕中心，服务大局

习近平总书记2022年10月25日在二十届中央政治局第一次集体学习时的讲话中指出："贯彻落实党的二十大精神要有计划、有部署，在把握总目标、总方向、总要求的前提下，对各项目标和任务进行细化，有针对性地拿出落实的具体方案，制定明确的时间表、施工图，扎扎实实向前推进。"推进中国式现代化不能停留在理论上、口头上，要求真务实，真抓实干。丛书围绕经济、社会、科技、教育等领域，对标2035年远景目标，聚焦党的二十大报告作出的规划、战略的落地落实，对高质量发展方向、科技创新、收入分配结构、生态环境保护体系、现代化产业体系发展路径、开放型经济体系、区域经济协调、人口与现代化、农业农村现代化、社会治理现代化、绿色转型、科教兴国和人才强国、发展与安全等方面，以问题为导向，提出政策建议，提供操作方案，力求具有实践意义和参考价值，做到围绕全面建成社会主义现代化强国这个新时代新征程中党的中心任务，服务于推进中国式现代化的最高顶层设计这个战略大局。

丛书编委及作者大多是相关领域的知名专家学者，造诣深厚并且具有强烈的责任感。丛书荟萃了他们对于推进中国式现代化的真知灼见和长期研究的重要成果，饱含了他们对于实现中华民族复兴伟业的满腔热血。广东人民出版社具有高度的政治敏锐性和责任担当，对丛书出版给予了全力支持。作为主编，我对为这套丛书付出了辛勤汗水和聪明智慧的编委会成员、作者致以崇高的敬意，对出版社领导和编辑表示由衷的感谢！

中国式现代化作为人类文明新形态的创造发展进程，包含着极为丰富的历史内涵。本套丛书虽然力图尽可能系统地反映这一历史进程，但还是难以真正做到全面阐释。从现在的内容和选题看，虽不是全部，但主要还是围绕中国式现代化的经济社会发展主题展开的讨论。同时，中国式现代化需要分析的问题源于伟大的实践，具有强烈的探索性，因而丛书中所涉及的许多问题的研究，都还具有阶段性、发展性特征，其严谨性、科学性和操作性等方面也都存在需要完善的地方，恳请大家斧正。

序言:
中国式现代化进入了不可逆转的历史进程

一、"中国式现代化"是党的二十大的重大理论创新和实践突破

习近平总书记指出: "概括提出并深入阐述中国式现代化理论, 是党的二十大的一个重大理论创新, 是科学社会主义的最新重大成果。"[1]

在理论认识上, 党的二十大报告, 一是深刻阐释了中国式现代化的基本特征, 从各国现代化的共同特征与基于中国国情的中国特色的统一上, 概括了中国式现代化五个方面的特点。二是指出了中国式现代化的本质要求, 突出强调中国式现代化是中国共产党领导的社会主义现代化, 习近平总书记特别强调: "党的领导直接关系中国式现代化的根本方向、前途命运、最终成败。"[2] 三是进一步明确了中国式现代化分两步走的总体战略步骤和目标, 即从2020年到2035年基本实现社会主义现代化; 从2035年到本世纪中叶把我国建成富强民主文明和谐美丽的社会主义现代化强国, 尤其深入剖析了2035年我国现代化第一步要达成的总体目标, 包括经济社会

---

[1] 《习近平在学习贯彻党的二十大精神研讨班上发表重要讲话强调　正确理解和大力推进中国式现代化》, 《人民日报》2023年2月8日第1版。

[2] 《习近平在学习贯彻党的二十大精神研讨班上发表重要讲话强调　正确理解和大力推进中国式现代化》, 《人民日报》2023年2月8日第1版。

发展目标，国家治理体系和治理能力现代化目标，教育、科技、人才、文化、体育强国和健康中国的国家文化软实力等事业发展目标，人民生活水平提高、实现人的全面发展和共同富裕发展目标，"双碳"目标及生态环境转变和美丽中国目标，国家安全体系和能力及国防和军队现代化目标。进而为到本世纪中叶把我国建设成为综合国力和国际影响力领先的社会主义现代化强国奠定坚实基础。四是部署了未来五年作为全面建设社会主义现代化国家开局起步的关键时期，需要实现的主要目标任务。五是揭示了中国式现代化准备经受重大考验，面临各种可以预料和难以预料的风险挑战的历史客观必然性，进而指出应对风险挑战必须牢牢把握的五项重大原则，即坚持和加强党的全面领导，坚持中国特色社会主义道路，坚持以人民为中心的发展思想，坚持深化改革开放，坚持发扬斗争精神。正如习近平总书记所总结的，党的十八大以来，"我们进一步深化对中国式现代化的内涵和本质的认识，概括形成中国式现代化的中国特色、本质要求和重大原则，初步构建中国式现代化的理论体系，使中国式现代化更加清晰、更加科学、更加可感可行"①。

在战略举措上，一是明确将高质量发展作为全面建设社会主义现代化国家的首要任务，科学把握发展，尤其是以新发展理念引导的高质量发展与中国式现代化的内在联系，深刻阐释了高质量发展的内涵，提出了高质量发展的要求。二是明确了加快构建新发展格局，建设现代化经济体系，全面贯彻新发展理念、着力推动高质量发展需要实践的主要战略措施，包括构建高水平社会主义市场经济体制，建设现代化产业体系，全面推进乡村振兴，促进区域协调发展，推进高水平对外开放等，从而在经济体制、经济发展、对外开放三者的高水平有机统一上，为实现中国式现代化提供经济社会发展上

---

① 《习近平在学习贯彻党的二十大精神研讨班开班式上发表重要讲话强调　正确理解和大力推进中国式现代化》，《人民日报》2023年2月8日第1版。

的支撑。三是明确深入实施科教兴国战略，强化现代化建设人才支撑，包括科教兴国战略、人才强国战略、创新驱动发展战略等一系列重大战略，为中国式现代化提供基础性、战略性支撑。正如习近平总书记所指出的，"我们在战略上不断完善，深入实施科教兴国战略、人才强国战略、乡村振兴战略等一系列重大战略，为中国式现代化提供坚实战略支撑"[①]。

在2020年10月召开的党的十九届五中全会上，作出"十四五"规划和2035年远景目标的建议，指出在全面建成小康社会、实现第一个百年奋斗目标之后，我国进入立足第二个百年奋斗目标，全面建设社会主义现代化国家的新阶段。在庆祝中国共产党成立100周年大会上，习近平总书记庄严宣告，中华民族迎来了从站起来、富起来到强起来的伟大飞跃，实现中华民族伟大复兴进入了不可逆转的历史进程。此后，在党的十九届六中全会深刻总结我们党百年奋斗历程时，又特别强调了这一"不可逆转"的历史发展方位。基于这一历史方位的判断，党的二十大报告中明确提出，实现中华民族伟大复兴进入了不可逆转的历史进程，从现在起，我们党的中心任务就是团结带领全国各族人民全面建成社会主义现代化强国、实现第二个百年奋斗目标，以中国式现代化全面推进中华民族伟大复兴。[②]

二、以中国式现代化推进中华民族伟大复兴具有深刻的历史逻辑和根据

以中国式现代化全面推进中华民族伟大复兴是中国共产党的初心使

---

① 《习近平在学习贯彻党的二十大精神研讨班开班式上发表重要讲话强调 正确理解和大力推进中国式现代化》，《人民日报》2023年2月8日第1版。
② 参见习近平：《高举中国特色社会主义伟大旗帜 为全面建设社会主义现代化国家而团结奋斗——在中国共产党第二十次全国代表大会上的报告（2022年10月16日）》，《人民日报》2022年10月26日第1版。

命，更是新时代的中心任务，是一百多年来我们党奋斗的基本纲领和根本目的，更是中国人民的共同愿望和期盼。特别是党的十八大以来的理论与实践在习近平新时代中国特色社会主义思想指引下，构建起中国式现代化理论体系，为中国式现代化提供了更为完善的制度保证、更为坚实的物质基础、更为主动的精神力量，从而使得这一伟大进程的不可逆转性具有深厚的历史根据和强大的发展动力。

实现中华民族伟大复兴的目标早在孙中山先生的《建国方略》中就已提出，但中国民族资产阶级并无实现这一目标的能力，中国共产党是这一目标的忠实继承者和真正践行者。早在1922年中国共产党第二次全国代表大会通过的《中国共产党第二次全国代表大会宣言》中，就明确提出，我们党的最高纲领是实现共产主义，最低纲领（或称不同历史时期的基本纲领）是"消除内乱，打倒军阀，建设国内和平；推翻国际帝国主义的压迫，达到中华民族完全独立；统一中国为真正的民主共和国"。正如党的十九届六中全会所总结的，我们党一百多年来的历史始终围绕这一基本纲领展开。在新民主主义革命时期，党的主要任务是推翻"三座大山"，建立新民主主义的新中国，为实现中华民族伟大复兴创造根本社会条件；在社会主义革命和建设时期，党的主要任务是进行社会主义革命，推进社会主义建设，为实现中华民族伟大复兴奠定根本政治前提和制度基础；在改革开放和社会主义现代化建设新时期，党的主要任务是探索中国特色社会主义的正确道路，为实现中华民族伟大复兴提供更具活力的体制保证和快速发展的物质条件；[①]进入新时代，党的中心任务和根本目的，即将中华民族伟大复兴推进到不可逆转的历史进程并在本世纪中叶前后实现这一宏伟目标，实现中国梦。

---

① 参见《中国共产党第十九届中央委员会第六次全体会议文件汇编》，人民出版社2021年版，第4—7页。

那么，怎样实现中华民族伟大复兴？我们党很早就明确要以现代化的方式，即通过把我们国家建设成为强大的现代化国家的方式，实现中华民族伟大复兴。"现代化"的精神和物质进入中国，是在列强瓜分中国的历史条件下发生的，因而对于中国来说，在认识上，"现代化"最初被称作"西化"或"洋化"，在实践上推动的是"洋务运动"，都以失败告终。真正把"现代化"与中华民族伟大复兴进程紧密结合在一起的是中国共产党人领导中国人民的探索。1945年召开的党的七大明确指出，我们进行新民主主义革命任务，不仅是为着建立新民主主义的国家，而且是为把我们国家建设成为工业化和农业近代化的国家。① 新中国成立后，从50年代到70年代，毛泽东、周恩来等党和国家领导人在全国人大、全国政协等多次会议上反复强调要把我国建设成为现代化国家，特别是在1975年召开的第四届全国人大会议上，周恩来在政府工作报告中，再一次强调了"四个现代化"的内涵和重要意义，并提出到20世纪末实现"四个现代化"的时间表和战略目标。进入改革开放新时期，邓小平首先提出"中国式的现代化"的范畴，并概括了中国式现代化的本质要求和基本特征，提出了实现中国式现代化"三步走"的战略步骤，使之成为邓小平理论中的重要组成部分，成为中国特色社会主义实践探索中的伟大成就。党的十八大以来，中国特色社会主义进入新时代，习近平总书记深入阐释了中国式现代化的历史逻辑、理论逻辑、实践逻辑，形成了关于中国式现代化的科学理论体系，使之成为习近平新时代中国特色社会主义思想理论体系中的重要组成部分，开拓了马克思主义中国化的新境界。在实践上，以习近平同志为核心的党中央领导全党、全国各族人民接续奋斗，把中华民族伟大复兴推进到不可逆转的历史进程，取得了历史性伟大成就。党的二十大报告从理论与实践的有机统一上，系统论述了中国式现代化的本质、特征，从人类文

---

① 参见《毛泽东选集》第3卷，人民出版社1991年版，第1081页。

明发展的普遍性与中国国情决定的特殊性的统一上论证了中国式现代化对于人类文明新形态的开拓和创造，使我们党关于中国式现代化的科学认识达到了崭新的历史高度。同时，进一步明确了中国式现代化分两步走的战略目标和实现步骤，明确了实现中国式现代化的基本原则和重大战略，尤其是部署了未来五年（党的二十大到二十一大召开）推进中国式现代化的基本方略和主要任务，使中国式现代化的实践进程有了清晰的方向和科学指引。

习近平总书记深刻指出，在我们党发展历史进程中，"我们走过弯路，也遭遇过一些意想不到的困难和挫折，但建设社会主义现代化国家的意志和决心始终没有动摇"①。尤其是党的十八大以来，我们党进一步成功推进和拓展了中国式现代化，在认识上不断深化，创立了习近平新时代中国特色社会主义思想，实现了马克思主义中国化时代化新的飞跃，为中国式现代化提供了根本遵循；在实践上不断丰富，推动一系列变革性实践、实现一系列突破性进展、取得一系列标志性成果，取得历史性成就、发生历史性变革，特别是消除了绝对贫困问题，全面建成小康社会，为中国式现代化提供了更为完善的制度保证、更为坚实的物质基础、更为主动的精神力量。②

三、以中国式现代化推进中华民族伟大复兴进入不可逆转的历史进程具有深厚坚实的物质基础和条件

中国的社会主义建设事业经过长期实践，特别是进入改革开放新时期

---

① 习近平：《新发展阶段贯彻新发展理念必然要求构建新发展格局》，《求是》2022年第17期。

② 参见《习近平在学习贯彻党的二十大精神研讨班开班式上发表重要讲话强调 正确理解和大力推进中国式现代化》，《人民日报》2023年2月8日第1版。

以后，中国特色社会主义的实践，极大地解放和发展了生产力，进入新时代进一步推进一系列变革性实践，使我国经济发展达到新的水平，进入新的发展阶段，为推进中华民族伟大复兴进程进入不可逆转的历史阶段奠定了坚实的生产力发展条件，为实现中国式现代化战略目标创造了更为坚实的物质竞争力。

就经济规模及相应的经济影响力而言，改革开放40多年来，我国GDP年均增长率达9%以上，党的十八大到党的二十大的十年间，排除各种干扰和叠加性冲击，年均增长率达到6.7%，2020—2022年，在全球经济全面衰退甚至出现负增长的背景下，年均增长率仍保持在4.5%，体现出我国经济强大的韧性，创造了经济持续发展和社会长期稳定的两大奇迹。到2022年末，我国的GDP总量已超过121万亿元人民币，按汇率法折算达到18万亿美元左右，稳居世界第二大经济体的位置。自2010年超过日本成为第二大经济体之后，与日本之间的距离越拉越大，与世界第一大经济体美国之间的距离则不断缩小，从改革开放初期相当于美国GDP总量的6.3%上升到2011年的50%以上，再上升到2016年的60%以上，到2021年则已达到美国的77%左右。尽管在个别年份上由于汇率变化，两国物价水平的差异和经济增长率在年度上的变化等原因存在波动，但从长期发展上看，中美经济总量差距不断缩小已成为趋势。这就从物质发展水平上极大地提高了我国经济的竞争力和国际影响力。改革开放初期的1980年，我国GDP总量折算为美元占全球比重仅为1.8%，到2022年则上升至18.5%，正是这种发展壮大，为中国式现代化目标的达成，为全面推进中华民族伟大复兴目标的最后实现赢得了更充分的力量和更大的机遇，正如习近平总书记所指出的，"我们最大的机遇就是自身不断发展壮大"[1]。

---

[1] 《中央外事工作会议在京举行　习近平发表重要讲话》，《人民日报》2014年11月30日第1版。

就经济结构及相应的质态演进而言，改革开放以来，特别是进入新时代以来，结构升级取得了实质性进展。结构升级是效率的函数，因而结构变化能够从根本上反映经济质态发生的变化，一是作为落后的发展中国家，传统农业获得了深刻的现代化改造，尽管与发达国家相比仍有显著差距（人均劳动生产率水平只相当于美国农业劳动力的6.4%），但与我们自身发展历史相比，取得了历史阶段性突破。改革开放初期我国农业劳动力就业比重高达70%（当代世界贫困国家农业劳动力就业比重为72%左右），到现阶段已降至23%左右（低于当代上中等收入发展中国家的平均值），虽然与发达国家平均5%左右的占比相比仍差距显著，但变化幅度是巨大的。究其原因，主要是在制度创新和技术创新推动下的农业劳动生产率水平的提升。谷物总产量稳居世界首位，十四多亿人的粮食安全得到有效保障，以占世界7%的耕地养活了占世界17.9%的人口。二是经过长期努力，到2020年基本实现了工业化。首次明确提出到2020年基本实现工业化目标，即把基本实现工业化作为全面建设小康社会目标，是在党的十六大上作出的决议，党的十七大、十八大报告都再次强调，到2020年全面建设小康社会目标实现的同时，基本实现工业化。根据相关预测评估，经过改革开放工业化高速发展期，进入2011年之后中国工业化水平达到工业化后期水平，2015年之后中国工业化水平推进到工业化后期的后半阶段，到2020年中国整体工业化水平指数已达93（100为全面实现工业化），基本实现了工业化，非农产业就业占比76%左右（农业就业占比23%左右），制造业增加值占商品增加值比例达到58%左右，制造业规模稳居世界第一位，服务业在三次产业总产值中占比超过55%，与之相适应，城镇化率达到64.7%（2022年达到65%以上），进入城市化加速期的后期。尽管在全国范围内工业化水平存在不均衡，但综合看可以说基本实现了工业化。[①]

① 参见陈佳贵、黄群慧、钟宏武：《中国地区工业化进程的综合评价和特征分析》，《经济研究》2006年第6期。

三是基础设施建设和关键核心技术及战略性新兴产业获得重大进展，建成世界最大的高速铁路网、高速公路网，机场港口、水利、能源、信息等基础设施建设取得巨大成就；全社会研发经费支出已居世界第二位，研发人员总量居世界首位，一些关键核心技术实现突破；战略性新兴产业发展壮大，进入创新型国家行列。①

就人均国民收入水平及相应的发展阶段而言，取得了跨越式成长，消除了绝对贫困，全面建成小康社会。从改革开放初期人均国民收入水平不到300美元，在当时世界银行的统计排序列出的196个国家和地区中排在第189位，属于温饱尚未解决的低收入发展阶段（贫困状态）；到1998年，人均国民收入水平达到世界银行划分的下中等收入水平线（温饱阶段）；到2010年，人均国民收入水平达到世界银行划分的上中等收入水平线（小康阶段）；到目前（2022年）达到12700多美元（人均8.6万元人民币），首次超过世界平均水平（人均12400多美元），实现了经济发展上的阶段性飞跃，特别是成功跨越"贫困的陷阱"。与之相联系，城乡居民收入水平与同期GDP增速总体保持同步，居民消费支出能力持续提升，进入新时代以来，消费支出占比已连续多年超过50%，成为拉动经济增长的首要动力，居民生活水平显著提升。以恩格尔系数变化为例，尽管与当代发达国家食品支出占家庭消费支出比重普遍达到20%以下仍有较大差距，但与我们自己发展历史相比，出现了前所未有的深刻变化，从改革开放前城乡居民家庭平均为60%以上（贫困型的消费结构），实现了跨越贫困进入温饱再跨越"温饱"进入"小康"阶段的持续发展，特别是进入新时代以来，降到30%以下，进入"富足"阶段，不仅摆脱了绝对贫困，而且在社会主义市场经济条件下贯彻"共享"发展理念，历史性地推进共同富裕，实现

① 参见习近平：《高举中国特色社会主义伟大旗帜　为全面建设社会主义现代化国家而团结奋斗——在中国共产党第二十次全国代表大会上的报告（2022年10月16日）》，《人民日报》2022年10月26日第1版。

精准扶贫，不仅体现了以人民为中心的发展思路和根本追求，而且使社会主义市场经济条件下的再生产循环畅通更具制度保证。

四、以中国式现代化推进中华民族伟大复兴进入不可逆转的历史进程具有更加成熟更加定型，进而更为完善的制度保证

根据马克思辩证唯物史观，人类文明的发展进步是在社会生产关系与生产力矛盾运动中实现的，物质文明的进步离不开制度演进的支持，尤其是在生产力的发展受到生产关系严重束缚的条件下，变革生产关系推进制度创新和完善便成为解放和发展生产力的关键。这一辩证唯物史观的基本观点，不仅为人类经济社会发展史所普遍证明，也为中国特色社会主义的制度创新和改革所证实。

我国经过对社会主义发展实践的长期探索，特别是改革开放以来探索中国特色社会主义这一主题，逐渐对中国特色社会主义的根本制度、基本制度、重要制度等形成了系统科学的认识，在对中国社会生产力发展水平和要求、现阶段中国社会的主要矛盾等根本问题展开深入分析的基础上，明确提出我们所进行的中国特色社会主义是初级阶段的社会主义，社会主义初级阶段是一个相当长的历史阶段，包含了从社会主义制度建立到实现现代化强国目标的全过程，要经历上百年的时间。根据社会主义初级阶段生产力的性质特点和发展要求，明确党在社会主义初级阶段的基本路线、基本制度、基本方略等一系列重大命题，特别是在中国特色社会主义基本经济制度的探索实践中逐渐形成了以公有制为主体、多种所有制经济共同发展的生产资料所有制，打破了将社会主义公有制经济与非公经济根本对立的传统，克服了片面追求所有制"一大二公"的教条，极大地解放和推动了生产力的发展，在深化国有企业改革不断发展壮大国有经济的同时，坚持"两个毫不动摇"，使所有制结构更加适应多层次生产力发展需要，

同时也为统一社会主义制度和市场竞争机制创造了制度基础。与生产资料所有制变化相适应，个人收入分配制度发生深刻变化，逐渐形成了以按劳分配为主多种分配方式并存的分配制度，进一步明确了"按劳分配"的社会主义性质和历史客观必然性，把按劳分配同按要素效率和贡献分配统一于社会主义初级阶段的个人收入分配制度中，极大地提升了公平与效率的历史统一性。在所有制和分配制度改革完善的基础上，形成了社会主义市场经济体制，在资源配置方式上打破了把社会主义制度与市场经济根本对立起来的传统教条，在理论与实践上推进了科学社会主义的发展，创造了市场经济文明新的制度形态，不仅根本区别于传统僵化的社会主义经济体制，更根本区别于"华盛顿共识"所倡导的资本主义私有化、自由化、市场化道路。党的十八届三中全会明确提出，要使我国社会主义制度更加成熟更加定型。党的十九届四中全会总结长期改革发展实践和理论探索，将中国特色社会主义基本经济制度概括为生产资料所有制、收入分配制度、经济运行机制三个基本方面。改革开放以来，尤其是进入新时代以来，我国经济社会发展取得了巨大进步，社会生产力水平和文明程度获得了历史性成就，充分表明中国特色社会主义制度的科学性和强大生命力。在这一制度不断完善的基础上，伴随改革开放的更加深入，我国治理体系和治理能力现代化水平的不断提高，与中国式现代化历史进程的适应性不断上升，为以中国式现代化推进中华民族伟大复兴提供更为完善的制度保证。

五、以中国式现代化推进中华民族伟大复兴进入不可逆转的历史进程具有习近平新时代中国特色社会主义思想指引，具有更为主动的精神力量

在我们党一百多年的奋斗历程中，坚持把马克思主义基本原理与中国具体实际相结合，与中华优秀传统文化相结合，正如党的十九届六中全

会所概括的，形成了马克思主义中国化的三次历史性飞跃，相应地产生了毛泽东思想、中国特色社会主义理论体系、习近平新时代中国特色社会主义思想，实现了马克思主义中国化时代化新的飞跃，全面系统科学地回答了以中国式现代化推进中华民族伟大复兴所面临的时代之问、中国之问、世界之问，为中国式现代化提供了根本遵循。党的十九届六中全会确立习近平同志党中央的核心、全党的核心地位，确立习近平新时代中国特色社会主义思想的指导地位，对于推进新时代中国特色社会主义发展，实现中华民族伟大复兴具有决定性意义。就经济社会发展而言，习近平新时代中国特色社会主义经济思想以开拓马克思主义政治经济学新境界为理论基础，创建中国特色社会主义政治经济学，运用这一基本理论科学分析新时代经济社会发展客观规律，深入阐释进入新时代经济社会发展条件、主要矛盾和现代化目标的系统性变化。在党的十八大之后深刻指出中国经济发展进入"新常态"的突出特征，深入剖析经济社会运动的新规律。以此为基础，在党的十八届五中全会上根据新时代发展的新要求，明确提出新的发展理念。在党的十九大上明确要求根据新的发展理念全面推进发展方式根本转变，提出并推动建设现代化经济体系，以现代化经济体系作为贯彻新发展理念的机制和途径。2020年春为建设现代化经济体系提出构建新发展格局，明确根本转变发展方式必须以构建新发展格局为战略基点，构建新发展格局必须以建设现代化经济体系为战略目的。在党的二十大报告中特别提出，2035年基本实现现代化战略目标，同时必须"建成现代化经济体系，形成新发展格局"；为实现这一战略目标，党的二十大部署了一系列战略举措，特别是突出强调了未来五年作为全面建设社会主义现代化国家开局起步的关键时期需要努力完成的重要战略任务和必须坚持的基本原则。进而，从理论逻辑与实践逻辑的统一上使我们党关于中国式现代化的探索达到了崭新的历史高度，初步构建起中国式现代化的理论体系，为中国式现代化提供了科学指引和更为主动的精神力量。

六、以高质量发展推进中国式现代化，为中国式现代化提供坚实战略支撑

改革开放以来，我们党很早就提出了高质量发展这一要求，至少在党的十五大、十六大、十七大中都有类似表述。但是从党的十八大以来的实践到党的二十大报告，对高质量发展作出了更为系统的阐述和战略安排，把高质量发展作为实现中国式现代化的首要任务，明确提出高质量发展的含义、要点，同时对高质量发展具体的实施路径、需要采取的战略措施作出全面系统布置。

以高质量发展推动中国式现代化，其中，对于高质量发展有以下五点要求。一是在宏观上，高质量发展要求的是供给和需求良性互动、趋向于均衡的发展；二是在微观上，高质量发展是建立在以要素生产率和全要素生产率为主要动能上的经济发展；三是在结构上，高质量发展是城乡、区域、产业协调的发展；四是在风险防范上，高质量发展是安全的、有韧性的发展；五是在对外开放上，高质量发展是高水平的内外联动的发展。

如何实现高质量发展？习近平总书记指出，首先要把应该树立什么样的发展理念搞清楚，发展理念是战略性、纲领性、引领性的东西。[①] 党的十八届五中全会上提出了新发展理念，党的二十大将高质量发展作为首要任务，因此在新的发展阶段，贯彻新发展理念有了更加迫切的历史性重要意义。理念不变，发展方式就不可能发生改变。如何贯彻新发展理念，使它落实于实践，而非仅仅停留在理念层面呢？习近平总书记指出，必须构建现代化经济体系。党的十九大召开后，在2018年1月中共中央政治局集体学习时，习近平总书记就系统阐释了现代化经济体系的七方面内容，这七方面内容体现了在新时代、新历史条件下改革、发展、开放的有机统一

[①] 参见习近平：《论把握新发展阶段、贯彻新发展理念、构建新发展格局》，中央文献出版社2021年版，第39页。

的新历史要求。如何构建现代化经济体系？这就需要采取新的战略举措，也就是构建现代化经济体系所要求的新发展格局。新发展格局提出了一系列的战略原则，包括要以扩大内需为战略基点、以深化供给侧结构性改革为战略主线、以创新驱动为战略支撑、以高水平开放为战略前提，要将稳中求进作为战略方针，即工作总基调，等等。

2023年2月，习近平总书记在学习贯彻党的二十大精神研讨班上发表重要讲话，强调要正确理解和大力推进中国式现代化。习近平总书记指出，构建新发展格局从提出至今已经两年多了，两年多实践过程中取得了成效，但也发现了一些问题，加快构建新发展格局必须有效解决这些问题。习近平总书记把它们概括为五个方面问题，也是我们下一步加快构建新发展格局要解决的主要任务。[1]

一是如何统筹供给和需求之间的相互关系。要将深化供给侧结构性改革和扩大内需统一起来，而非割裂开来。实现统筹必须通过市场竞争，只有通过有效的社会主义市场经济机制才能真正协调供需。二是如何统筹现代化的产业体系和现代化的经济体系建设之间的关系。这就涉及第一、二、三产业之间的结构问题，涉及工业化和新型工业化的关系问题，涉及新型工业化、数字化、智能化、信息化的关系问题，涉及中国的现代化问题。习近平总书记提出中国式现代化是"并联式"的工业化、信息化、城镇化、农业现代化同时推进，[2] 与历史上"串联式"的传统现代化不同，如何处理这一关系亟待解决。三是如何统筹解决"卡脖子"问题和"上水平"问题，"卡脖子"是补短板，"上水平"是提强项，这二者之间如何统筹至关重要。四是如何统筹乡村振兴和新型城镇化之间的关系，包括乡

---

[1] 参见习近平：《加快构建新发展格局　把握未来发展主动权》，《求是》2023年第8期。

[2] 参见中共中央文献研究室编：《习近平关于社会主义经济建设论述摘编》，中央文献出版社2017年版，第159页。

村振兴与县城发展、与城市群等相互关系，这在中国式现代化进程中是要处理的重大课题。五是如何统筹国内国际内外联动问题，关键是既不能封闭，而是高水平制度型开放，又要立足自强自立，以国内大循环为主体。不难看出，这五方面的关系统筹在构建或者加快构建新发展格局的过程中，都存在一系列的新问题和新矛盾，需要我们在实践中认真探讨，深入研究，找到针对性的办法来解决，这样才能切实加快构建新发展格局。

通过加快构建新发展格局，推动建设现代化经济体系；通过现代化经济体系，为实现新发展理念创造机制，把新发展理念贯穿于我们的发展实践中；通过新发展理念的引领和贯彻，推动发展方式的根本转变，实现高质量发展；通过高质量发展应对我们面临的挑战，从而把握历史性机会，为中国式现代化提供坚实战略支撑，确保以中国式现代化推进中华民族伟大复兴的历史进程的目标能够如期达成。

目 录

第一章 中国式现代化的本质特征：历史内涵和内在逻辑 / 001

第一节 现代化的历史内涵 / 002

第二节 现代化的历史进程 / 008

第三节 现代化的历史方式 / 017

第四节 中国式现代化的探索 / 028

第五节 中国式现代化的鲜明特色 / 034

第二章 中国式现代化的领导核心：党的基本纲领和中心任务 / 039

第一节 新民主主义革命时期的基本纲领和主要任务 / 041

第二节 社会主义革命、建设时期的基本纲领和主要任务 / 048

第三节 改革开放、社会主义现代化建设新时期的基本纲领和
主要任务 / 055

第四节 中国特色社会主义新时代的奋斗目标和中心任务 / 058

第五节 中国式现代化是党领导的社会主义现代化 / 065

**第三章 中国式现代化的基本制度基础：坚持和完善中国特色
社会主义经济制度** / 075

第一节 基本经济制度的本质及特征 / 077

第二节 中国经济改革的性质及导向 / 087

第三节　中国经济改革的逻辑及特点 / 102

第四节　中国式现代化要求不断深化改革 / 117

第四章　中国式现代化的时代方位：新发展阶段的机遇与挑战 / 137

第一节　经济发展新阶段的新增长目标 / 140

第二节　进入新发展阶段我国仍是发展中国家 / 150

第三节　新发展阶段仍处于社会主义初级阶段 / 161

第四节　新发展阶段我国进入战略机遇和风险挑战并存、不确
　　　　定难预料因素增多的时期 / 172

**第五章　中国式现代化的发展主题：高质量发展与新理念、
新格局** / 185

第一节　新发展理念的提出是适应并引领经济新常态的历史要求 / 187

第二节　推进中国式现代化要求坚持以高质量发展为主题 / 198

第三节　新发展格局的本质特征与内在逻辑 / 203

第六章　中国式现代化的基本方略：构建现代化经济体系 / 223

第一节　现代化经济体系的意义和内涵 / 224

第二节　构建新发展格局、建设现代化经济体系与深化供给侧
　　　　结构性改革 / 232

第三节　构建新发展格局、建设现代化经济体系与绿色低碳
　　　　发展 / 250

第四节　构建新发展格局、建设现代化经济体系与构建人类命
　　　　运共同体 / 267

第一章

中国式现代化的本质特征：
历史内涵和内在逻辑

　　现代化是人类文明史上最为深刻的进步和变革，其以经济社会发展、社会生产力的解放为基础，要求并推动整个人类社会各方面发生极为深刻和系统的革命，这一革命以人类社会由农耕文明向工业文明的转变为起点，同时也是最为核心的内容。这种以工业革命为代表的产业革命自开始至今不断深化，在科技革命和制度创新的驱动下，不断丰富着其历史内涵。现代化作为人类文明的进展，具有许多共同的要求，同时现代化作为不同国家民族的具体历史实践，又有着许多不同的特征。认识和把握这种关于现代化的共性和特性的能力水平，是一个国家和民族推进现代化历史实践进程的自信和自觉程度的重要标志。"中国式现代化"命题的提出和实践，是中国共产党领导中国人民在实现中华民族伟大复兴道路上的艰苦探索，是中国特色社会主义的道路自信、理论自信、制度自信和文化自信的集中体现。

第一节　现代化的历史内涵

现代化是人类文明进程中最为重要的历史内容，是一个全球性的世界历史运动，而不仅仅是某些民族或国家的个别社区性的历史。所谓现代化，从生产力形态的根本性演变而言，就其发生和发展的历史进程看，一般而言，现代化的开启和推进指的是人类社会从农业传统社会向现代工业社会转变的过程，也可以说是对人类社会发展进入工业革命以来的历史运动的某种概括。而这一工业化进程伴随发展不断深化，不断具有新的科技、产业及经济社会发展的历史内涵。从社会生产力根本性的变化形态而言，在漫长的历史进程中，人类经历了从渔猎采集时代向农业时代的大变迁，开创了真正意义上的人类文明，但可以说从渔猎采集的石器时代到新石器时代变革后进入农耕文明，生产力虽有革命性意义上的变革，但总体而言发展和变化是迟缓凝重的。自人类文明经西欧商业资本活跃后进入工业革命时代，200多年来工业革命推动的社会生产力发展远远超过此前人类文明创造的全部成果，构成了人类社会发展史上变化速度最快、矛盾运动最为复杂的现代化变迁。人类社会生产方式的变迁从根本上是与社会生产力性质和运动形态的变化相适应的，即与原始生产力、农业生产力、工业生产力三大生产力形态及其转换相适应的。其中最具革命性的是工业革命以及由此带动的社会变革，包括由此产生的物质文明和精神文明进展以及社会变革的方式，都发生了与历史上截然不同的变化。就其当代特征及逻辑趋势而言，本质上是以产业结构不断升级为基础的社会经济发展质态的高级化进程。与工业革命带来的生产力解放和发展相比较，人类以往的文明史根本无可比拟，工业革命的社会生产力发展的技术基础才是真正具有革命性的。正如马克思所指出的："资产阶级在它的不到一百年的阶级统治中所创造的生产力，比过去一切世代创造的全部生产力还要多，还要大。"① 所以，从社会经济发展的角度，我们可以把"现代化"称为人类文明自工业革命以来的社会发展和进步的历史过程。②

关于"现代化"，在学术界并无公认的定义，特别是人们从不同学科出发，基于不同的历史价值观，对人类社会发展最为复杂的这一历史运动过程会产生不同的认识。比如人们从文化人类学、心理学的角度，把现代化解释为一种心理态度、价值观和生活方式的改变过程，把现代化视为代表当代人类的"文明形式"〔如马克斯·韦伯（Max Weber）等〕。又比如人们从社会学〔结构功能学，西里尔·E. 布莱克（C.E.Black）〕把现代化解释为"在科学和技术革命的影响下，社会已经发生了变化或者正在发生着变化"③，即把现代化视为自17世纪科学革命发生以来社会急剧变动的历史过程，"由于人类知识史无前例地增长而使人类得以控制其环境，各种传统制度适应于因知识增长而发生的各种功能性变化"④，并且特别强调现代社会"现代性"特征，包括民主化、法制化、科学化、信息化、都市化，也包含工业化，等等。但是，从现代化所体现的自然形态上的社会生产力发展演变而言，如果从社会生产力发展的维度，从经济社会生产方式变迁的自然形态上认识"现代化"，那么，从现代化已有的相当长的历史进程看，特别是从现代化的起源和所取得的最伟大的经济社会文明成果来看，现代化的实质就是工业化。战后，以工业化为根本动力和时代标志的

① 《马克思恩格斯选集》第1卷，人民出版社2012年版，第405页。
② 参见罗荣渠：《论现代化的世界进程》，《中国社会科学》1990年第5期。
③ 〔美〕西里尔·E. 布莱克等：《日本和俄国的现代化——一份进行比较的研究报告》，周师铭、胡国成、沈伯根、沈丙杰译，商务印书馆1984年版，第18页。
④ 罗荣渠：《现代化理论与历史研究》，《历史研究》1986年第3期。

"现代化"进一步演变为"经济现代化"，除以现代化科技进步为动力拉动经济增长外，更强调经济结构的高级化，强调经济发展的可持续性，强调经济分工格局的全球化；除已有先行工业化国家作为经济发达国家进入现代化外，更多经济落后的发展中国家通过赶超式发展进入现代化，或以现代化为目标规划发展，使现代化作为人类文明全球化历史进程的特征更加凸显。正如马克思恩格斯经典作家所指出的，工业革命是"人类以往从来没有经历过的一次最伟大的、进步的变革"①，率先进行工业化的"英国发生的革命是社会革命，因此比任何其他一种革命都更广泛，更深刻。人类知识和人类生活关系中的任何领域，哪怕是最生僻的领域，无不对社会革命有所影响，同时也无不在这一革命的影响下发生某些变化"②。马恩经典作家特别概括了工业革命所产生的对全世界发展未来的深远影响，指出：大工业创造了交通和现代化市场，创造出新的交往方式；建立了现代化大工业城市，使商业城市最终战胜了乡村；消灭了以往自然形成的各国孤立状态，消灭了各民族的特殊性，并使非工业国由于世界贸易而被卷入普遍的竞争中，首次开创了世界历史，等等。③可以说，直到现阶段，工业化仍然构成现代化的核心，一是从人类生产力发展的基本形态演变看，原始生产力阶段，实际上是人类直接获得并使用自然生成的成果以满足自身生存需要，以人类自身的原始自然劳动能力为生产基础；进入农耕时代则以农业生产力为基础，虽然仍以自然力为生产依赖，但自然力的范围较原始生产力条件下有了很大的变化，除人自身的自然劳动能力外，畜力和

---

① 恩格斯：《自然辩证法》，中共中央马克思恩格斯列宁斯大林著作编译局编译，人民出版社2018年版，第9页。

② 恩格斯：《英国状况》，载《马克思恩格斯全集》第1卷，人民出版社1956年版，第656页。

③ 参见罗荣渠：《"现代化"的历史定位与对现代世界发展的再认识》，《历史研究》1994年第3期。

土地等自然资源和光合作用等自然能力得到了人类主动的使用；人类进入工业化时代，社会生产开始建立在大机器工业基础之上，在很大程度上摆脱了自然力的限制，机械力替代了自然力，工业化使人类社会生产及相应的生产方式发生了根本性的变革。正如马克思所说："现代工业的技术基础是革命的，而所有以往的生产方式的技术基础本质上是保守的。"① 大机器生产的形成发展，不仅逐渐用科学驾驭的自然力、机械力、化学力等代替了人力和畜力，而且将人们长期形成的经验和技巧从生产者身上分解出来，形成专门化的机器体系和规范化的生产技术，从而突破了生产力要素的人身器官自然限制，使生产力由经验的改造成为科学的生产力。"大工业则把科学作为一种独立的生产能力与劳动分离开来，并迫使科学为资本服务。"② 二是现代化进程中的科学技术创新和进步集中于工业化过程，工业化的发展和深化带动促进科技进步，国家科技创新最坚实和广阔的运用也集中于工业化领域，几乎所有的发达国家都经历了以工业化为主体的发展过程，因而它们发达的根源可以归结为工业化发达；几乎所有不发达国家的根源在经济上都可以归因于现代工业不发达。直到现代服务业获得长足发展的现阶段，后工业化社会的经济发展和科技创新仍需以工业化，尤其是需要以现代制造业的发展为基础，并在此基础上不断深化，脱离制造业的现代化是一种"虚高度"的现代化（例如石油输出国形成的高收入条件下的现代化）。当然，现代化在当代的重要趋势是工业化的再现代化，在此基础上的国民经济各产业的现代化，包括国民经济的数字化、智能化、信息化的深化，都是在与工业化的不断现代化相互促动中实现的。三是工业化将生产过程的经营管理由过去"天然首长"的特权变成了

---

① 马克思：《资本论》第1卷，中共中央马克思恩格斯列宁斯大林著作编译局译，人民出版社2004年版，第560页。

② 马克思：《资本论》第1卷，中共中央马克思恩格斯列宁斯大林著作编译局译，人民出版社2004年版，第418页。

生产过程内在的，从属于客观科学规律和技术规律的社会职能，管理的性质也相应地从以往的随意性、经验性、粗糙性发展至现代的规划性、系统性、精确性，管理本身作为科学成为关键的生产要素纳入社会生产过程。

"最墨守成规和最不合理的经营，被科学在工艺上的自觉应用代替了。"[①] 四是大工业不仅使生产过程应用的科学成了生产力，也使创造科学成果的研究发明活动成为专门的职业并入整个社会生产力发展系统，推动人类社会进入一个需要科学同时也创造性地产生科学的科学时代，现代化越是深入，科学技术的创新和生产越成为关键支撑性因素。五是工业化使劳动力的性质发生了深刻变化，因为大工业的特殊生产方式和生产手段，使工人的职能与劳动过程的社会结合不断地随着生产的技术基础变化而变化，并且变革速度远远超过人类文明以往的时代，从而使得整个社会生产结构不断发生变革，"大工业的本性决定了劳动的变换、职能的更动和工人的全面流动性"[②]。进而，工业化一方面打破了过去各种劳动职能分割为世袭职业的僵化分工，推动了劳动者本身的发展，另一方面，使"失业与空位并存"的矛盾日益尖锐，在需要构建更加通畅的社会流动机制的同时，从经济社会发展的内在构成上使教育成为生产力，作为对科学技术知识普及传播的与社会生产相结合的教育，"不仅是提高社会生产的一种方法，而且是造就全面发展的人的惟一方法"[③]。

正因为如此，马克思从人类文明演进的历史高度，把特定历史区间里的经济发展过程归结为工业化进程，将这个特定历史区间的社会经济史

---

① 马克思：《资本论》第1卷，中共中央马克思恩格斯列宁斯大林著作编译局译，人民出版社2004年版，第578页。

② 马克思：《资本论》第1卷，中共中央马克思恩格斯列宁斯大林著作编译局译，人民出版社2004年版，第560页。

③ 马克思：《资本论》第1卷，中共中央马克思恩格斯列宁斯大林著作编译局译，人民出版社2004年版，第557页。

归结为传统农业同现代工商业的矛盾运动史。马克思指出："工业较发达的国家向工业较不发达的国家所显示的，只是后者未来的景象。"① 马克思把"工业较发达的国家"视为"现代国家"，其历史观所规定的历史发展阶段论，就是根据其所创立的辩证唯物史观，从生产力与生产关系、经济基础与上层建筑的矛盾运动中划分历史社会发展不同阶段并阐释其内在演变的动力，以社会生产方式的本质特征为标准划分不同时代。马恩经典作家在《政治经济学批判》序言中明确提出了自己的社会历史形态划分，放弃了早期沿用欧洲人文主义者使用的古代、中世纪、现代的三分法，不以时间的自然顺序为划分标准，提出"大体说来，亚细亚的、古代的、封建的和现代资产阶级的生产方式可以看作是经济的社会形态演进的几个时代"②。马恩经典作家所说的"现代"指的是以工业革命催生的大机器工业为生产力基础的资本主义生产方式时代。这种现代社会生产方式就其体现社会历史性的生产关系而言，是资本主义制度。就其生产方式的自然形态即物质生产力内容而言，是大工业生产能力及工业化。③ 马克思所处的时代的工业化是传统农业被现代工商业取代其支配地位的过程，所以马克思将那一时代的"现代"进程概括为："一切发达的、以商品交换为中介的分工的基础，都是城乡的分离。可以说，社会的全部经济史，都概括为这种对立的运动。"④ 在马克思经典作家著作中所论述的那个时代——产业革命和资产阶级革命时代，城市是作为现代工商业发育、形成、发展所在，农村则是传统农业聚集空间。

---

① 马克思：《资本论》第1卷，中共中央马克思恩格斯列宁斯大林著作编译局译，人民出版社2004年版，第8页。
② 《马克思恩格斯选集》第2卷，人民出版社1995年版，第33页。
③ 参见罗荣渠：《现代化理论与历史研究》，《历史研究》1986年第3期。
④ 马克思：《资本论》第1卷，中共中央马克思恩格斯列宁斯大林著作编译局编译，人民出版社2004年版，第408页。

从人类开启"现代化"进程以来，以英国为代表的西欧诸国及美国等国家先后以资本主义制度为制度基础，以工业革命及其不断深化为发展内涵，进入了现代化序列。而后的欠发达或称之为发展中的国家开启现代化进程，在物质形态的社会经济发展目标上，也都无不以实现工业化及与之相联系的产业结构和整个社会经济结构的高级化升级为目标，把欠发达的原因归结为现代工业的落后，进而把工业化作为发展的中心内容，或者说以工业化为基础和核心的产业现代化及产业结构的高级化。在当代经济发展中，无论是发达经济体还是欠发达经济体，无论是继续深化现代化并保持领先，还是努力赶超并尽快实现现代化，在经济发展上，都是以现代化的农业为基础，以现代化的制造业为支撑，以现代化服务业为引领，推动产业结构不断升级和赶超，包括现阶段的数字经济时代的产业数字化、数字产业化、经济信息化、智能化、绿色发展，等等，都是在这一现代化的发展逻辑结构下展开的。

第二节　现代化的历史进程

一、现代化的准备

现代化作为一个世界性的历史发展现象，这一历史进程开启于西欧。如果以工业革命为现代化的起点（18世纪中叶），那么自13世纪西欧农奴制开始崩溃，经14、15世纪商业资本的发展，到16世纪地理大发现及海外扩张，直到18世纪中叶英国工业革命的发生，把人类文明带入以工业文明为特征的现代化时代。总体上看，在18世纪中叶工业革命之前的商业资本活跃时期以及由此带来的制度演变，是西欧商业资本积累和发展阶段。商业资本的发展对于资本主义生产方式的建立和资本主义市场经济体制的发育具有重要意义，但其并不等同于产业革命形成的以大机器生产为特征的工业资本。在西欧资本主义制度建立发展历史上，商业资本革命发生在产业资本革命之前，因而在历史逻辑上是通过商业资本的资本主义革命，形成大量资本主义市场经济因素的历史积淀，甚至推动了资产阶级革命，建立了现代民族国家，形成了资本主义生产关系，进而打破了中世纪以来对生产力发展的制度束缚，推动了生产力的解放，形成了产业革命。所以说，资本主义制度建立之初并不具备工业化的大机器生产基础，而是在资本主义商业革命基础上发生的，因此也不具稳定性，但它推动了产业革命的发生。当产业革命发生之后使资本主义制度真正建立在大机器工业的社会化大生产基础上，才真正奠定了其制度的生产力基础，因而西欧商业资本主义发展阶段虽然与以工业化为内核的现代化有深刻的联系，但并不构成以工业革命为发展内涵的现代化本身的内容。"从15世纪后期到18世纪中期的西欧，在经济上是各国商业资本和大西洋贸易兴起并向海外殖民扩张的过程；在政治上是王权兴起及随之而来的重商主义和中央集权化的过程；在思想上是宗教改革、科学革命与启蒙运动的过程；在国际上是列国争雄互相淘汰和优胜劣败的过程。从这些过程中孕育出推动西欧内生型现代化的基本动力和各类现代化的基本因素——如早期城市化、早期商业化、早期工业化、世俗化等。上述这个总过程，我们称之为原始现代化（primodial modernization），是现代化大转变前的一个过渡时期。"[①] 在这一过渡期，英国率先建立了领先优势，形成了推动资本主义产业革命的条件，作为人类文明史上现代化的先行者率先进行了工业革命，进入了现代化社会，同时也对全世界的现代化发展产生了广泛而深远的具有示范效应的影响。现代化浪潮起先在西欧，再由西欧到中东欧、北美，然后影响西亚、北非，再进入南亚、东亚和南美；到20世纪现代化已成为不可抗拒的

---

① 罗荣渠：《论现代化的世界进程》，《中国社会科学》1990年第5期。

世界性潮流。①

二、现代化的发展

以从农业社会向工业社会转变为开端和核心内容的现代化的历史推进，是以产业革命为基础的。以产业革命的历史特征为根据，现代化的历史推进可以划分为若干历史阶段。

第一次现代化大推进是由第一次产业革命推动的，大体上是由18世纪后期到19世纪中叶，是由英国开始而后向西欧其他国家推进的工业化过程，而工业革命的动力来自经济变革（特别是物质技术革命）和政治革命（即所谓"大西洋革命"）。这种经济和政治的革命，深刻改变了英国和西欧其他国家，同时也对世界产生了极其深远的影响。第一次工业革命的物质技术基础是煤和铁，以使用蒸汽能源、蒸汽机为动力，从纺织品、农产品加工和再加工以及轻工业消费品生产开始，逐渐扩展至国民经济其他部门和领域。第一次工业革命使英国经济获得显著增长的同时，也使其经济结构发生了深刻变化，使之成为当时历史条件下领先的工业化国家，使之从18世纪前经济社会发展相对落后于法国、意大利、西班牙等国的状态一跃成为世界文明的中心。第二次现代化大推进是发生在19世纪下半叶至20世纪初，以工业化为核心内容的现代化在欧洲核心地区获得巨大成就，并超越欧洲向周边地区和其他文化地区扩散，在世界范围内形成了"西化"的历史发展潮流。欧洲、北美等基督教文明世界的国家在产业革命开辟的现代化道路上，开启了后起追赶的进程，除不具备推进现代化的政治和社会变革条件的部分欧洲国家外（如当时的法国、德国、意大利、

① 参见钱乘旦：《现代化研究的理论与实践》，《光明日报》2016年7月6日第14版。

俄国及东欧国家等），一些独立的欧洲小国（如比利时、瑞士等）一跃成为工业化的先驱并为以后的北欧国家现代化开辟了道路。美国作为"新世界"，在农业产业化基础上开启了工业化的现代化进程，并为后来的加拿大、澳大利亚、新西兰等自由移民国家开启了现代化道路。在非西方文明的东方世界，也受到"西化"的强烈冲击，特别是日本走上了军国主义的工业化道路。第二次现代化大推进物质技术基础是电力与钢铁，内燃机和电动机成为主要动力，全球经济大幅增长，现代化程度在世界范围明显提升。到20世纪初，第一次世界大战前，美国经济实力超过英国，多中心的资本主义世界经济体取代了英国单一中心地位。第三次现代化大推进发生在20世纪下半叶，在新的工业革命冲击下，工业化的再升级和产业结构的高级化成为发达经济体的重要发展特征。更重要的是，大批发展中国家进入现代化经济增长和发展进程，使现代化前所未有地成为全球性浪潮，也使实现现代化的途径和方式呈现出更为丰富和复杂的形态。这次大推进是以新的工业（产业）革命（工业再革命）为基础的，其新的物质技术基础是石油能源、人工合成材料、微电子技术等，即所谓新能源、新材料、高科技。美国成为战后全球经济中心。[①] 进入21世纪，人类文明进程正迎来新一轮工业（科技）革命。

第四次产业革命以人工智能、清洁能源、机器人技术、量子信息技术、生物技术等为主，其特点是以全面全新的技术创新为基础的智能化时代到来。智能工厂、智能生产、智能物流成为第四次工业革命的突出产业特征，而其全球现代化进程中的历史格局特征则在于，虽然美国仍是世界第一大经济体和科技最为领先的创新体，但中国以及一批新兴工业化国家迅速崛起，成为这次现代化浪潮的积极参与者和推动者，并努力实现

---

① 以上三次现代化大推进的内容参见罗荣渠：《论现代化的世界进程》，《中国社会科学》1990年第5期。

赶超。

尽管现代化的历史进程源自产业革命并以工业化为核心，以产业现代化和结构不断升级为发展趋势，但是现代化并非仅仅是人类文明进程中社会经济形态的转变，也不仅仅是一个从农业农村传统社会向现代都市化和工业化社会的巨大转变，而且是以此为基础的一种新的文明状态的逐渐形成、发展、确立和深化的历史过程。这一历史过程不仅包括经济结构和科学技术的质态转型升级，而且包括政治、社会、文化、价值、道德等多方面的革命性转型。[①]

三、现代化的制度基础

所谓现代化的制度基础最根本的是社会生产方式，或者说作为经济基础的基本经济制度。从现代化的主体内涵和主流进程看，这一基本经济制度培育和完善的过程，即为市场化的发育过程。现代化的进程从资源配置方式的演变来讲，实质上是从传统的封建自然经济方式转变为现代社会化的市场竞争方式。因而也有学者，特别是强调制度作用的发展经济学家，甚至把现代化，把发展的实质归结为市场化。市场经济作为生产方式运行的特定历史形态使人类生产活动打破了以往的小生产式的封闭隔绝，建立起真正的社会化的大生产组织方式，使个人分散孤立的生产行为转变为一种普遍的社会联系，并且使这种普遍的社会联系（价值形成及其交换）成为支配生产者的异己的外在社会统治力量，决定并支配其命运。从人类文明发展和人的全面发展的历史进程看，市场经济制度形态创造的生产的社会性及人与人之间的普遍社会联系，与传统农耕文明下的自然的小生产方

[①] 参见［美］吉尔伯特·罗兹曼主编：《中国的现代化》，国家社会科学基金"比较现代化"课题组译，江苏人民出版社2005年版，第1页。

式相比，不是那种含有固定差别、等级差别、种姓差别甚至地缘差别等种种"身份"特征所规定的社会性，而是一种无特权的、普遍的、共同遵守机会均等准则的法权式的社会联系；不是凌驾于人们经济活动之上的超经济强制推动的社会联系，而是一种独立的摆脱超经济强制和人身依附关系的、因而首先服从经济竞争规则而不是首先服从超经济权力约束的社会运动；不是由经济活动之外的拥有特权的"天然首长"设计制定的社会联系，而是由经济活动过程之中的分散竞争行为收敛而来的市场秩序和社会准则。而这一个体的人的能动参与竞争的过程，也正是人的才能、素质、观念甚至语言等全面发展的过程，市场经济以及残酷普遍的竞争方式，使人的能力和全面发展水平提升到历史新高度。正如马克思所指出的："全面发展的个人——他们的社会关系作为他们自己的共同的关系，也是服从于他们自己的共同的控制的——不是自然的产物，而是历史的产物。要使这种个性成为可能，能力的发展就要达到一定的程度和全面性，这正是以建立在交换价值基础上的生产为前提的，这种生产才在产生出个人同自己和同别人的普遍异化的同时，也产生出个人关系和个人能力的普遍性和全面性。"[1] 正由于如此，市场化才与现代化成为人类文明转型的同一过程，人类全面发展成长的内在动力和解放发展社会生产力的历史要求相互交汇，形成了人类文明现代化的磅礴进程。

英国（包括西欧部分内生型现代化国家，或称原生型的现代化国家）之所以能够率先开启现代化，除具备较为明显的经济发展基础条件上的优势外，其以市场化为目标导向的制度创新走在其他国家前面是重要的制度因素。当然，英国等西欧国家的市场化历史进程是建立在资本主义制度基础之上的，即资本主义市场经济体制（也正是由于市场经济体制在历史上的产生首先是与资本主义制度、与资本主义生产方式联系为统一体，使

---

[1] 《马克思恩格斯全集》第46卷上册，人民出版社1979年版，第108—109页。

得人们后来甚至在理论和实践上形成了把市场化等同于资本主义化的传统）。资本主义生产方式及与之相适应的市场经济机制的产生，原因是极其复杂的，要求的社会历史条件更是多方面的。在历史进程中，土地制度上，西欧形成多层次的封土封臣的等级封建制度结构，土地的产权边界和排他性并不十分严格，难以开展真正的市场交易。但正因为如此，在降低土地资源生产效率的同时，也存在产权制度上的混乱，为后来的变革提供了制度"松动"。权力结构上，教权与王权的权力分立的双重权力结构，也为后来的制度变迁留有一定的弹性。经济结构上，西欧封建采邑的自足体系与新兴城市的自治体系并存，为后来形成新的经济体系提供了历史"缝隙"。国际格局上，西欧众多小国林立的多元格局，为后来资本主义市场化所要求的开放性提供了更多的历史适应性，等等。[①] 这些历史特点集中起来，尤其首先在英国经过17、18世纪的长期积累，在已有的历史多元性基础，以及与这种历史多元性相联系的历史变迁所需要的弹性、社会流动性、开放性与适应性基础上，进一步推进了生产要素商品化程度，较早地形成了包括劳动力、土地等在内的要素市场；推进了社会分化、市民阶级兴起，社会内部出现大分裂；推进了资产阶级革命，限制了王权，加快了封建地主贵族的衰败，等等。从而为资本主义生产方式的产生创造了必要条件，包括：第一，资本主义生产方式产生建立所需要的商品货币关系，以及在此基础上的市场交换机制。尽管商品货币关系古已有之，且并不等同于资本主义经济关系，但一方面资本主义的资本雇佣劳动关系是产生于小商品生产的分化；另一方面资本主义制度不等同于简单的商品交换关系，其必须以普遍的而不是偶然的市场交换为基础。第二，资本主义生产方式及与之相适应的市场机制所需要的所有制关系和企业产权制度。尽管在资本主义制度产生的历史起点上，英国及西欧其他国家中世纪遗留下

---

① 参见罗荣渠：《论现代化的世界进程》，《中国社会科学》1990年第5期。

来的土地制度及产权边界并不清晰，但资本主义制度确立要求明确私人产权的可交易性和法律对私人产权的有效保护，也就是说在历史逻辑上并不是先建立起严格纯粹的私有资本制度，才有资本主义市场经济。实际上资本私有制的清晰与资本主义生产方式的形成是同一历史过程，但资本主义生产方式的确立和市场竞争的有序有效，必须以清晰的产权制度为基础。

第三，政治大革命为资本主义经济制度革命创造必要的社会上层建筑条件。英国工业革命的发生有着深刻的政治革命准备，有人称之为"双元革命"。英国资产阶级革命自1640年新议会的召开到1688年"光荣革命"，以新贵族阶级为代表的资产阶级革命推翻了封建统治，建立起资本主义制度，并在1689年颁布《权利法案》，以法律的形式对王权加以明确的制约，确立了议会君主立宪制，实现人治向法治、专制向民主的现代政治文明的深刻转变，催生了产业革命时代的到来，推动了工业化和现代化。与此同时，北美爆发了独立革命（1775年），法国在稍后也爆发了大革命（1789年），然后是拉美殖民地革命（18世纪末19世纪初）以及再后来的欧洲革命（19世纪40年代）。"这些革命前后联成一气，构成一个整整的'大西洋革命'时代。这一'独特的历史规定性'使历史上最大的经济革命与最大的政治革命相结合，也就是现代工业主义与国家主义（或译民族主义，nationalism）相结合，形成了推动社会巨变的最大冲力，首先把西欧和北美局部地区卷入工业化和现代化的大浪潮之中。"[①] 并不是说政治制度变革决定经济制度变革，而是说经济制度变革作为社会形态最为深刻和基础性的变革，需要政治变革的支持。现代化进程固然需要经济革命的制度基础，但也必须有政治和社会改革的条件，世界各国的现代化进程之所以存在显著的历史错落，与这种经济革命和政治革命推进的历史错落有深刻的联系。第四，凝聚资本主义生产方式所需要的精神动力。这种精神

---

① 罗荣渠：《论现代化的世界进程》，《中国社会科学》1990年第5期。

动力，一方面，表现为社会理想的凝聚以及理想目标的理性化，即把资本主义生产方式及其所倡导的准则作为全社会普遍认同的奋斗目标。16、17世纪荷兰和英国的新教徒在新教伦理的影响下，推进了将资本主义生产方式竞争准则作为行为目标的理性化。当然，这种理想目标的理性化可以通过宗教，也可以通过非宗教的其他力量；即使是以宗教方式实现，可以是新教，也可以是传统天主教（如大革命后的法国和19世纪中期后的意大利）。另一方面，表现为与传统道德秩序根本对立的"市民意识"，即城市精神。正如马克思所指出的，一切发达的、以商品交换为中介的分工的基础，都是城乡的分离。可以说，社会的全部经济史，都概括为这种对立的运动。① 乡村在历史上既是西欧传统中世纪社会的财富、经济中心，也是行政、政治权力中心。城市本身是作为与传统乡村对立的产物而发生和发展的。在这种对立的历史运动中，逐渐形成与传统道德对立的市民意识和城市精神，即要求平等、自由、自主、自治的精神，要求摆脱建立在"人身依附"基础上的以"忠诚"为核心的传统农耕社会的道德标准，代之以建立在独立权利和责任约束机制基础上的以"诚信"为核心的现代城市经济的道德标准。这种市民意识在西欧城市发展中是突出的，并不是说资本主义生产方式以及在此基础上开启的现代化是由精神力量所决定，而是说人类文明现代化进程中精神力量具有重要作用。正是由于上述制度条件的形成和集合，推进了资本主义商业革命，而资本主义商业革命奠定了资本主义市场经济制度框架，在这一生产方式下推动了产业革命，这些制度条件不是孤立存在的，也不是简单机械地与资本主义制度产生之间形成因果关系，而是极其复杂的社会历史运动过程。②

---

① 参见马克思：《资本论》第1卷，中共中央马克思恩格斯列宁斯大林著作编译局译，人民出版社2004年版，第408页。

② 参见并援引厉以宁：《资本主义的起源——比较经济史研究》，商务印书馆2003年版，第5—37页。

　　除上述制度条件外，西欧能够成为工业革命的先行者，本身也具备相应的社会经济发展条件，或者说这些制度条件的形成是以相应的社会生产力发展为基础的，也是适应生产力发展要求才产生的。比如早期工业革命所需要的物质资源条件，特别是第一次产业革命所需要的煤炭资源和铁矿资源等；已经达到相当水平的农业劳动生产率，农业革命已经获得必要的进展，并以此为基础建立起较为独立完整畅通的国民经济体系，从而能够为工业革命提供必要的农业生产的社会条件；科学技术水平达到领先水平，教育和科学研究能力获得显著提升，技术创新水平领先于世界，从而形成较强的产业结构升级的动能，等等。

第三节　现代化的历史方式

一、现代化的内生性与外生性

　　毫无疑问，现代化是人类文明全球性的世界历史进程，但在这个总的发展趋势下，具体的实践过程，则是由来自不同国家不同民族的不同历史实践构成的，因而，现代化是人类世界的，也是具体国家的，具有全球性的一般发展趋势，也具有民族性的特殊实践道路。现代化的历史说到底是各民族的现代化汇聚为世界文明潮流的历史。习近平总书记指出："世界上既不存在定于一尊的现代化模式，也不存在放之四海而皆准的现代化标准。"[①]

　　就现代化的变革动力而言，人们常常将其区分为创新性变革和传导性变革两类。由于这种变革动力的区别，各国现代化的道路被划分为两大

---

　　① 习近平：《新发展阶段贯彻新发展理念必然要求构建新发展格局》，《求是》2022年第17期。

类，一是"内生的现代化"（modernization from within），或称之为"内发变迁"（endogenous change），其现代化进展主要由本国社会经济发展内部力量驱动，外来的影响或有作用，但居次要地位，尤其是英国作为人类现代化历史的首创国家不存在借鉴他国经验的可能，只能主要依靠自身的力量推动。二是"外生的现代化"（modernization from without），或称"外诱变迁"（exogenous change），其现代化的推动主要受外部国际因素的影响并模仿现代化先行国，形成内部变革导向、机制和目标，内部的力量是在外部力量冲击下逐渐积累变化的，制度创新和技术创新动力主要是受国际环境冲击产生的。在现代化推进历史进程中，相对后发的或非原生的现代化国家大都属于这一类。这两类不同的现代化道路具有不同的特点。一是，内生的现代化是自发的、自下而上的渐进和连续的变革过程；外生的现代化则主要受外来因素的冲击和推动，与自身社会的内部结构会产生强烈的冲突，变革虽然急速但可能"断裂"。二是，内生的现代化是在生产力发展基础上，由商业革命为建立市场交易制度做准备，然后再历史地推进产业革命，具备相应市场制度条件的同时，市场能够更大地发挥资源配置功能，而政府更多的是作为市场秩序的维护者，即市场自由竞争的"守夜人"；外生的现代化国家，尤其是落后的发展中国家或相对欠发达的后发国家，在实现赶超发展时，并不具备现代经济市场化的制度基础和文化条件，其工业化和市场化往往是在同一历史过程中推进，甚至市场化严重滞后于工业化的发展要求，政府在现代化过程中往往直接作为控制者和推进者发挥作用。[①] 但是，即使在同一类制度变迁和技术创新方式推动的现代化模式下，具体国家和民族由于不同社会历史条件和发展环境，也存在完全不同的特征。

由于现代化的开启首先是在资本主义生产方式下实现的，尤其是现代

---

① 参见罗荣渠：《论现代化的世界进程》，《中国社会科学》1990年第5期。

化所要求的市场化制度条件首先是在资本主义基本制度基础上形成的，因而，关于内生的现代化和外生的现代化的讨论，人们往往将其与资本主义生产方式的起源类型问题联系起来，即所谓原生型的资本主义和非原生型的资本主义。原生型的资本主义是指：在国家内部产生了资本主义经济关系，资本主义是在本国封建社会解体过程中，由于内部因素的发展积累发生作用而产生并发展起来的。非原生型资本主义则主要不是起源于本国封建社会内部，而是主要由于外界力量冲击，导致本国封建社会解体，在此基础上产生了资本主义。在历史上，原生型资本主义出现在先，非原生型资本主义产生于后，英国是原生型资本主义国家，美国是在英属北美殖民地基础上发展起来的，加拿大、澳大利亚、新西兰的情况也大体相似，都可以视为原生型资本主义。原生型资本主义国家属于少数，大多数都是非原生型资本主义，包括印度、东亚、拉美、日本等，此外还包括俄国资本主义的产生和发展，以及中国的资本主义萌芽等，都有其特殊性。[①] 总体上说，非原生型的资本主义发展历史要比原生型资本主义复杂，也更具历史多样性，而原生型的资本主义具有一定的示范性。非原生型的资本主义之所以受到外部强力冲击而诱发产生，其冲击力量主要是来自原生型资本主义发展及由此产生的对世界的影响力。

正由于如此，形成了关于"'现代化'等同于'西化'或'欧化'"的历史解读。西方学者在解读现代化历史内涵时，把欧美作为现代化的先行国家，进而从其发展历史中抽象概括出一系列准则和标准，并据此来判断和规范、引领后发国家的现代化。在西方学术著作中最初关于"现代化"的概念，是用"西化"或"欧化"来定义的，而后起的非原生型资本主义发展国家的学者，从以欧美为现代化的标准的历史实践逻辑出发，也

---

① 参见厉以宁：《资本主义的起源——比较经济史研究》，商务印书馆2003年版，第8—11页。

大都承认"现代化"即为"西化"。从文明传播上来讲，事实上是承认西方的资本主义工业文明作为现代化的主体内容，同时也作为历史发展中的主流文化的主流地位和支配性作用，这既是西方学者把西方文化凌驾于世界其他地区和民族文化之上的文化霸凌，也是现代化后起的相对落后的发展中国家缺乏文化自信的重要体现。因此，在思想史上以"西化"来表述"现代化"并不仅仅是一个自然地理的概念，而是19世纪西方学术界广泛流行的"西方中心论"的具体体现。后来以"现代化"概念来取代"西化"概念，实际上是在思想史上对"西方中心论"的重要修正和突破，而这种修正和突破又是基于现代化在世界范围内广泛而深入展开的历史事实。① 各民族在不同历史条件下展开的现代化不可能以西方现代化为模板，更不可能走同样的道路，各国现代化作为漫长复杂而又宏大的世界进程的组成部分，根本就不存在固定标准的模式，不存在以西方模式来格式化本民族现代化进程的历史可能。从"西化"到"现代化"概念的演变，是各国实现现代化的民族自觉意识和文化自信水平的提升，是深刻的历史觉悟。

二、现代化与市场化和计划经济体制

由于现代化的先行国是以资本主义制度基础上的市场经济机制作为实现现代化的方式的，因而其资本主义制度建立与市场化是一致的，而这种市场化的培育又与由农耕文明向工业文明转型的历史变迁相统一，因此，使得人们一方面把工业化与市场化作为同一历史过程的两个相互联系相互依赖相互统一的基本方面，另一方面把实现现代化的进程解释为市场化的进程，并从这种制度变迁的角度解释工业化的动力。不可否认，

---

① 参见罗荣渠：《"现代化"的历史定位与对现代世界发展的再认识》，《历史研究》1994年第3期。

资本主义基本经济制度与市场经济机制不仅有着极其深刻的内在联系和有机统一性，而且有着历史实践上的首创性和革命性，但人类现代化的文明史是开放的世界性运动，更是发展的创新性探索。资本主义制度与市场经济机制之间是不是具有排他性的唯一的制度机制组合方式？各国的现代化进程是不是都要以先行国的资本主义制度下的市场化来作为实现模式？这些问题已经成为各国各民族现代化发展历史进程中重大的理论和现实问题。

从历史变迁意义上审视，市场化是一场深刻的革命，它极大地解放和发展了社会生产力，迄今为止作为一种资源配置的社会方式，其效率和推动生产力发展的能力是其他各种资源配置方式根本无法比拟的。同时，市场化是一种巨大的历史进步，它极大地促进了社会公平和效率，也极大地推进了人的全面自由发展的历史高度。但市场经济机制的建立需要一系列制度条件和发展基础，而这些制度条件及发展基础在历史上首先是在资产阶级革命建立的资本主义制度下实现的，因而形成了现代化与资本主义市场经济制度相互联系的历史认识的误区，以至于后来欠发达国家的现代化追求被解释或规范为建立资本主义私有制基础上的具有充分自由竞争性的市场化过程，形成了所谓资本主义私有化加资本主义自由竞争的市场化等于现代化的实现途径的传统。这是从第一次工业革命一直到20世纪欧美各现代化先行国遵循的唯一发展模式。

这一传统，在后来资本主义发展历史上由于种种危机的发生，受到质疑。特别是20世纪30年代的经济大萧条之后，第二次产业革命带来的生产力发展引起了资本主义制度的变化，这种制度变化的直接动因是科技革命推动的经济社会新的成长使得资本主义生产关系与生产力之间的矛盾运动进一步尖锐化，引发了资本主义世界的深刻变化，包括资本主义生产方式的运行和调控机制上，从古典资本主义向现代资本主义的改变，也包括资产阶级经济理论从古典经济自由主义向凯恩斯国家干预主义的转变。在这些深刻变化发生的同时，也催生了无产阶级领导的社会主义革命，以列宁领导的俄国十月革命冲击资本主义世界体系中的薄弱环节，建立起苏维埃社会主义制度，构建起根本不同于资本主义市场经济传统的发展工业化的模式，即以社会主义公有制为基本经济制度基础，包括城市实行国有经济的垄断，农村实行集体经济配合，以国家控制经济运行，尤其是中央集中计划经济为运行特征。苏维埃社会主义制度的建立有力地推动了苏联经济发展，有效地缩短了与工业化先行国之间的经济发展差距，在人类文明史的现代化进程中创造出另一条道路，并对以后的世界各国现代化发展产生了广泛而深远的影响，尤其是第二次世界大战之后，包括中国和东欧在内的一批落后国家都纷纷选择了这一道路。但是，这种苏联模式，即传统社会主义公有制加集中计划经济来加速推进工业化的发展模式也具有深刻的历史局限。一方面具有僵化性，完全否定市场存在，严重脱离生产力发展的客观要求，国民经济缺乏竞争力；另一方面具有教条性，各国不同的国情统一照搬苏联模式，严重脱离各国具体实践，经济社会发展不具可持续性。因此，进入20世纪末掀起了以苏联传统计划经济模式为改革对象的经济改革、体制转轨浪潮，包括中国和东欧等传统计划经济体制国家都卷入了这一浪潮，改革的根本目的就是探索适合本民族、本国家实现现代化的道路。①

　　问题的关键在于，选择怎样的道路？西方主流经济学提出所谓"华盛顿共识"。②"华盛顿共识"原本是美国财政部、世界银行和国际货币基金组织为应对20世纪80年代拉美国家出现的严重债务危机和恶性通货膨胀等经济社会发展问题而提出的一系列政策主张，其理论依据是西方资产

---

　　① 参见刘伟、平新乔：《经济体制改革三论：产权论·市场论·均衡论——关于社会主义经济思想史的思考》，北京大学出版社1990年版，第335—410页。

　　② 参见［美］简·克莱格尔：《华盛顿共识脱魅》，李黎力、李佳佳译，《拉丁美洲研究》2011年第3期。

阶级经济学在20世纪80年代开始复兴的新古典和新自由主义经济学。特点在于主张政府角色最小化、快速彻底私有化、市场竞争充分自由化，并将此应用于经济转轨国家，作为改革转型的标准模式，形成所谓转轨教条的正统。基于这一正统经济学理论的"华盛顿共识"和实践上的"休克疗法"，隐含着强烈的制度假设，即认为市场化、自由化和私有化具有高度的互补性和相互依赖的不可分割性，经济转轨的目标导向不是单纯的市场化，而是实现社会经济制度的系统转变，即实现生产资料所有制的彻底私有化，资源配置方式的全面市场化，民主政治制度的完全自由化，形成"三位一体"的一揽子改革，推动改革目标趋同于现代资本主义制度。就具体政策措施而言，"华盛顿共识"包括的主要手段有：实施财政紧缩政策，减少赤字以防止通货膨胀；实施国有企业私有化；实施贸易和金融自由化，开放外国直接投资，取消政府对企业的管制；实行统一汇率并保持其竞争性，等等。进入20世纪90年代，经过重新审视拉美国家和转轨国家的实践，面对这些国家并未实现有效发展的历史事实，"华盛顿共识"的政策设计者们又为其增加了新内容，形成所谓"新华盛顿共识"。虽然对财税、央行、司法、企业、汇率、产权、市场等方面的制度建设和监管约束等有所强调，但其理论依据和制度假设在实质上与"华盛顿共识"并无根本区别。在实践上不仅未能给贯彻"华盛顿共识"的转轨国家及发展中国家带来现代化的稳定发展，反而产生了严重的混乱和倒退。

这种混乱和倒退使得"华盛顿共识"，包括调整后的所谓"新华盛顿共识"受到了强烈的怀疑和批判。在西方主流正统经济学的怀疑和修正中，形成了所谓"后华盛顿共识"[①]。认为"华盛顿共识"失败的根本原因在于转轨国家及发展中国家并不存在市场经济原教旨主义强调的市场经济

---

① "后华盛顿共识"是由时任世界银行首席经济学家的斯蒂格利茨在1998年1月发表的题为"更多的工具和更广泛的目标：迈向后华盛顿共识"的演讲中首次提出的。

的三个基本要素，即市场价格、私有产权、利润激励的自发形式并有效运行的机制。从制度建设和转轨而言，在欠发达的和转轨国家培育市场机制是一个长期历史过程，不可能短期生成，要考虑制度转轨的次序和路径依赖的作用，不能休克式一揽子推进。从发挥市场功能而言，市场经济之所以能够对经济发展起到成功的推动作用，关键在于市场具有竞争性，因而不能把改革和政策的重点集中于促进市场竞争的手段上，而应集中在提升竞争性这一核心目标上，相应的不应把注意力集中在建立市场经济所需要的私有化和贸易自由化等方面，至少在短期内应当把注意力更多地集中于采取更多更有效的竞争性政策上，市场化所需要的制度基础和条件应是一个长期建设过程，并且这一过程因不同国家条件的不同而有所差异。进入21世纪后，"后华盛顿共识"进一步扩展为关于经济增长政策和发展战略的"新共识"。福山等学者认为，世界金融危机是对新自由主义的批判，也使人们意识到自由化的次序和社会安全网的重要性以及产业政策的作用，不应再突出强调私有化和自由化在促进经济增长中的优先位置。[①]

　　但是，"后华盛顿共识"并没有否定现代资本主义市场经济机制，或者说没有否定西方市场化模式是实现经济发展的标准模式，只是在构建这一模式的次序和方式上提出了与"华盛顿共识"及"新华盛顿共识"不同的设计。但它们的根本目标并无本质区别，都将现代发达经济体的资本主义市场经济制度作为实现现代化发展和经济转轨的必要条件。换句话说，上述"共识"的存在本身就是将这种市场化作为现代化发展的标准范式。因而，"后华盛顿共识"在批判修正"华盛顿共识"的同时，提出推进现代经济市场化的转轨和发展具体进程的方案应由各国具体制定和选择，这就又与其讨论的前提，即存在所谓"共识"相矛盾，本质上都是将现代西

---

　　① 参见［美］南希·伯索尔、［美］弗朗西斯·福山：《后华盛顿共识：次贷危机之后的发展》，陈雄兵、张甜迪译，《经济社会体制比较》2011年第4期。

方发达经济体的资本主义生产方式的市场机制作为"模板"。[①]

三、基于现代化历史进程的启示

现代化的历史进程表明，它是一场开启自产业革命至今远未完结的文明发展变迁过程，是自有人类文明以来最为深刻、最为复杂也是最为丰富和最为不可预测的变迁过程。在理论上，关于现代化的内涵至今仍是一个有待深入探索的重要问题，关于现代化的理论研究从一定意义上落后于现代化发展的历史实践，不仅理论反映滞后于历史实践，而且对现代化未来趋势的理论展望也往往偏离实践创造。但从已有的人类现代化历史进程和理论探索的思想史来看，我们还是可以得出一些重要启示的。

（一）现代化是人类文明进程史上最深刻的历史变革

以农耕文明向工业文明转变为开启，在工业化演进的基础上，推进整个社会经济结构和政治、文化及社会各方面结构性变革，并在这种广泛深刻的结构性变革中，推动工业化及全部产业的现代化不断深化，产业结构和社会结构高级化进程不断深入，直至现阶段的智能化、数字化、信息化、网络化时代的到来。现代化是不断发展的而不是静止的历史过程。首先是科技革命的不断深化并带动人类文明创造性探索的过程，具有鲜明的发展性和开拓性，不是可以事先主观规划的既定发展模式。

（二）现代化的经济实现机制是市场与政府的统一

从以古典经济自由主义为理论依据，以资本主义市场化发育为实践

---

① 参见刘伟、方敏：《中国经济改革历史进程的政治经济学分析》，《政治经济学评论》2016年第2期。

基础的现代化先行国的体制开创性准备，到逐渐引入政府作用，甚至出现根本否定资本主义市场机制的社会主义计划经济体制下的苏联模式实现的工业化，再到"华盛顿共识"关于发展中国家和转轨国家实现现代的私有化、市场化、自由化模式设计，表明现代化既不存在绝对市场化模式，也不存在纯粹计划经济模式，只能是市场与政府的有机统一。而这种统一的具体制度形式在各国应有不同的目标和途径，是各国具体革命和改革实践的探索过程，没有固定的体制制度模式和统一的改革模式。

（三）现代化的经济社会发展本质在于经济结构质态的升级，而不仅仅是经济规模扩张和总量增长

尽管现代化的成长必然带来经济显著增长。历史上第一次产业革命发生并推动英国及其他西欧国家等工业化先行国率先进入现代化时，其经济总量在相当长的时间里，甚至到19世纪上半叶都还未能超过中国，但那时的中国远远谈不上进入现代化，而是传统的以农耕文明为基础的封建王国，并且正逐步沦为半殖民地半封建社会。二战后一批发展中国家在政治上获得独立后致力于发展经济，其与发达经济体的真正差距也主要在于经济结构上的落后，所面临的发展困难和障碍也突出体现于经济结构升级转变上的矛盾，现代化的经济发展本质在于结构升级。当代石油输出国虽然是高收入国家，但并不是严格意义上的发达国家或真正实现现代化的国家，重要的原因也在于其经济结构的单一和陈旧。结构变化是效率的函数，而效率提升是创新的函数，创新包括技术创新和制度创新，这是发展的本质。正因为如此，结构变化建立在创新带来的效率提升基础上，因此结构升级对于欠发达的后发国家而言，不是简单机械地以发达国家现在的经济结构为其实现赶超发展目标的模仿结构状态，而是基于本国绝对或相对优势的创新过程，脱离本国优势的结构模仿不可能实现有效赶超，只能是在发达经济体之后亦步亦趋，结构质态差距不仅难以缩小，反而会继续

扩大。而创新更是具有创造性，其所带动的结构升级的方向和状态具有很强的不确定性，不可能沿着直线方向、循着发达国家经济结构升级的轨迹机械地运行，现代化文明进程是充满生机活力和矛盾的不平衡运动过程。

（四）现代化的主体是由工业文明和不断深化的产业革命推进的生产社会化进程，但绝不仅是经济社会发展，与工业化及生产社会化相伴随的是社会政治生活的民主化、法治化，经济生活的市场化和社会主流意识及价值伦理、道德秩序的时代化

尽管这些方面在历史演进中的相互关系极其复杂，但不能简单地以因果决定加以判断，尽管这些相互联系的历史变化首先与资产阶级革命和资本主义制度建立相统一，但不能说现代化的文明及其各方面的发展只能与资本主义制度相联系。人类社会发展有能力也必然不断创造文明的新形态，本质上这种人类文明新形态的创造过程是生产力与生产关系、上层建筑与经济基础矛盾运动的过程。这个运动过程既是唯物的，也是辩证的。就唯物史观而言，一切制度变迁，首先是经济制度及相应的社会生产方式的变迁，都是建立在一定社会生产力发展基础之上，一切社会生产方式变迁的进步与否都是以是否解放和发展生产力为根本尺度，社会生产方式的建立和变革既不能落后于生产力发展要求，也不能超越生产力发展的客观规定。就辩证唯物主义而言，生产力与生产关系及与之相适应的经济基础与上层建筑的矛盾运动不是机械的，而是辩证的。尤其是当社会生产方式严重束缚生产力发展，变革生产关系及制度创新成为首要任务时，反映新的社会生产力发展要求的制度革命可能在形成新的社会生产力之前展开，进而为新的社会生产力发展创造制度基础并在此基础上解放和发展生产力，从而为新的社会生产方式奠定真正与之相适应的社会生产力基础。在社会发展史上，就生产力与生产关系的对应来看，资本主义生产方式是以大机器工业生产为基础，但资产阶级革命和资本主义制度的建立却是发生

在工业革命之前，并不是已经准备好了相应的生产力基础才建立起资本主义制度，而是首先通过资产阶级革命建立资本主义制度继而推动了产业革命，大机器工业生产力的形成和发展才真正使资本主义生产方式获得牢固的基础。

第四节　中国式现代化的探索

一、中国现代化滞后于世界现代化历史进程

在人类文明的现代化历史上，中国是落伍者，多次错过产业革命推动下的现代化机遇。中国的封建社会经济制度有自身的特点，封建的土地所有制主要是地主土地私有制，农业生产劳动者与土地结合的方式主要是租佃制。在封建制度下商品生产和交换得到一定发展，土地可以买卖、继承，与西欧封建社会相比较，有着显著差别。西欧封建主之间存在封君封臣关系，通过土地封授形成人身依附关系，君臣之间互有义务，而且多层封授、一田多主、产权不清，土地不能买卖。而中国封建主对土地权利的自由度要更大。西欧封建主在领地上控制着庄园法庭，所有权与统治权合一。在西欧封建社会，所有权除具经济属性外，还具司法职能和行政职能，土地产权的运动首先服从经济规划，公法与私权合一。而中国自秦汉即形成统一的中央集权，土地所有权和统治权是相分离的，中国封建地产不具有西欧封土那样强烈的政治附属性和超经济属性。中国的封建地主阶级的核心由官僚组成，官职不能世袭，其地产不同于西欧的封土，不实行长子继承制，而是分割继承，代际之间财产变化具有更大的不稳定性，同时，中国封建官僚体系具有一定的开放性，中世纪西欧的城市获得一定的自治权，城市及封建领地具有行政、司法实体独立性，中国封建时代基本

上是统一大国，行政管理严密、法令统一，城市居民也不曾发挥中世纪欧洲市民那样的作用，等等。与这种制度差异相适应，中国封建时代的农耕文明较西欧要更为发达。[①]

与这种历史特征相联系，中国的资本主义生产关系发展相比较西欧更为迟滞，大体上发端于明末，比西欧大约晚了两个世纪。其基本原因在于我国封建社会经济、政治、文化发展非常成熟。生产上小农业和家庭手工业的牢固结合使我国小农经济对封建剥削具有较大的负荷能力，对新的生产方式具有较强的排斥力；流通中市场的狭隘性和自然经济的绝对优势地位，限制了资本主义萌芽的发展；分配上地主、商业、高利贷三位一体，资本主义萌芽不能把地主、商人、高利贷者手中的货币吸引过来并转化为资本，遏制了资本主义萌芽；政治上封建上层建筑和重本抑末及闭关禁海的政策，限制了资本的原始积累。

鸦片战争后，帝国主义的入侵和外国资本的进入，对于中国资本主义的发展产生了两方面作用。一方面，破坏了中国传统的封建关系，推动了资本主义因素的萌发；另一方面，其目的不是把中国发展为资本主义，更不是推动中国实现现代化，而是将中国作为殖民地，结果是使中国进入半殖民地半封建社会状态。要真正推动中国的发展，首先必须改变半殖民地半封建社会形态，使之成为独立的民主主义社会。从鸦片战争以来的太平天国运动、戊戌变法、辛亥革命都是为实现这一目标，尤其是辛亥革命是比较完全意义上的反帝反封建的革命。按其革命性质而言，是中国资产阶级的民主主义革命，是属于旧的世界资产阶级民主主义革命的一部分。中国民族资产阶级具有软弱性并缺乏革命精神，同时作为旧的世界资产阶级民主主义范畴之内的中国资产阶级革命受到帝国主义的根本限制，这就决

---

① 参见马克垚：《中国和西欧封建制度比较研究》，《北京大学学报（哲学社会科学版）》1991年第2期。

定了中国资产阶级无法取得旧式民主主义革命的胜利，因而辛亥革命作为中国旧的资产阶级民主主义革命的顶峰，从根本上动摇了中国几千年的封建专制统治，但并不能实现民族独立、国家统一的革命目标，更不可能建立资产阶级的资本主义制度，不可能为资本主义工业化的实现奠定必要的制度基础。正如习近平总书记所指出的："近代以来，在外国列强入侵和封建腐朽统治下，我国错失了工业革命的机遇，大幅落后于时代，中华民族也遭受了前所未有的苦难。鸦片战争之后，中国人民和无数仁人志士不屈不挠，苦苦寻求中国现代化之路。孙中山先生的《建国方略》被称为近代中国谋求现代化的第一份蓝图，但在半殖民地半封建社会的条件下，中国现代化没有也不可能取得成功。"①

1914年爆发的第一次世界大战和1917年俄国十月革命改变了世界历史的方向，相应地，中国反帝反封建的民主主义革命作为新的无产阶级世界革命的一部分，其性质和前途均发生了根本性的变化，成为新式的民主主义革命，即资产阶级新民主主义革命。其前途是在建立新民主主义制度基础上，向社会主义社会发展。虽然新民主主义革命与旧民主主义革命具有深刻的历史联系，但新民主主义革命已不是由资产阶级领导的，而是由无产阶级领导的，以反帝反封建反官僚资本主义为任务的人民民主革命，其群众基础是城市中的工人阶级和农村中的农民阶级。毛泽东指出："中国现在的革命任务是反帝反封建的任务，这个任务没有完成以前，社会主义是谈不到的。中国革命不能不做两步走，第一步是新民主主义，第二步才是社会主义。而且第一步的时间是相当地长，决不是一朝一夕所能成就的。"②1921年中国共产党第一次全国代表大会在上海开幕，随后在1922年召开的第二次全国代表大会上便提出革命分两步走的思想，制定了党的

---

① 习近平：《新发展阶段贯彻新发展理念必然要求构建新发展格局》，《求是》2022年第17期。

② 《毛泽东著作选读》上册，人民出版社1986年版，第372页。

最高纲领和最低纲领，指明了中国人民革命斗争的方向。毛泽东在《新民主主义论》中明确党的首要使命"在于建设一个中华民族的新社会和新国家"，使政治上受压迫、经济上受剥削、文化上落后愚昧的旧中国变为政治上自由、经济上繁荣、文化上文明先进的新中国。[①] 习近平总书记指出："中国共产党建立近百年来，团结带领中国人民所进行的一切奋斗，就是为了把我国建设成为现代化强国，实现中华民族伟大复兴。"[②] 中国共产党人成为孙中山建国蓝图勾画的现代化事业的真正继承者。早在1945年党的七大和七届二中全会上就提出，新民主主义革命胜利后，新中国的建设目标是把中国稳步地由农业国转变为工业国，把中国建设成一个伟大的社会主义国家。[③]"新中国成立以后，我们党孜孜以求，带领人民对中国现代化建设进行了艰辛探索。"[④]

二、中国式现代化的提出

早在1954年9月第一届全国人民代表大会第一次会议上，毛泽东就提出把中国由经济文化上落后的国家建设成为工业化的并且具有高度现代文化程度的国家的中长期发展目标。在这次会议上，周恩来在《政府工作报告》中首次阐释了我国要实现的现代化的含义，包括"强大的现代化的工业、现代化的农业、现代化的交通运输业和现代化的国防"[⑤]。后来毛泽东

---

① 参见《毛泽东著作选读》上册，人民出版社1986年版，第349页。
② 习近平：《新发展阶段贯彻新发展理念必然要求构建新发展格局》，《求是》2022年第17期。
③ 参见《毛泽东选集》第4卷，人民出版社1991年版，第1433页。
④ 习近平：《新发展阶段贯彻新发展理念必然要求构建新发展格局》，《求是》2022年第17期。
⑤ 《中华人民共和国第一届全国人民代表大会第一次会议文件》，人民出版社1955年版，第53页。

又多次强调要把"科学文化现代化"包含进来。到1963年二届全国人大四次会议，第一次把科学技术现代化纳入中国现代化的内容，提出要把我国建设成为一个具有现代农业、现代工业、现代国防和现代科学技术的强大社会主义国家。此后又进一步明确了实现四个现代化"分两步走"的发展战略。特别是在1975年四届全国人大一次会议上，周恩来在《政府工作报告》中再次强调分两步走战略，从而达到在本世纪内"全面实现农业、工业、国防和科学技术的现代化"①发展目标。

"中国式现代化"概念的明确提出，是在党的十一届三中全会之后，中国进入改革开放新时期，现代化的建设真正进入快速发展的轨道。作为改革开放的总设计师，邓小平在提出"有中国特色的社会主义"思想的同时，首次提出"适合中国情况，走出一条中国式的现代化道路"②。并且概括了"中国式的现代化"的主要特点：一是就制度特征而言，中国式的现代化是社会主义的现代化，是通过有中国特色的社会主义制度实现的现代化，不是走资本主义道路，也不能依靠资本主义制度。二是就发展水平而言，中国式的现代化是在人口总量最大的发展中国家的现代化，因此，"中国式的现代化，就是把标准放低一点。特别是国民生产总值，按人口平均来说不会很高"③。三是就中国式的现代化所包含的内容而言，在充分肯定以往明确的工业、农业、国防和科学技术四个现代化基础上，进一步突出强调了现代化的社会、政治、经济、文化诸方面的含义，党的十三大报告首次在"四个现代化"基础上，提出"把我国建设成为富强、民主、文明的社会主义现代化国家"。四是在实现战略步骤上，1987年党的十三

---

① 中共中央文献研究室编：《建国以来重要文献选编》第20册，中央文献出版社1998年版，第442页。

② 《邓小平文选》第2卷，人民出版社1994年版，第163页。

③ 中共中央文献研究室编：《邓小平思想年谱（1975—1997）》，中央文献出版社1998年版，第132页。

大确定了"三步走"发展战略。第一步，到20世纪80年代末解决温饱，国民生产总值较1980年翻一番；第二步，到20世纪末实现小康，国民生产总值较1980年翻两番；第三步，到21世纪中叶，实现现代化目标，人均GDP水平赶上中等发达国家。①

伴随改革开放不断深入，我国现代化发展不断取得新的进展，特别是到20世纪末实现GDP较1980年翻两番（提前完成），达成初步小康的发展目标，并在此基础上，紧紧抓住21世纪前20年重要战略机遇期，到2020年实现GDP较2000年再翻两番，全面建成小康社会，达成第一个百年奋斗目标。在这一历史实践过程中，在理论上，我们党对中国式现代化的认识进一步丰富和深化。在发展目标上，从初步小康上升为全面小康。② 党的十八大进一步提出"两个一百年"奋斗目标，明确提出到21世纪中叶实现第二个百年奋斗目标的时间表，在20世纪末实现小康的基础上，在进入21世纪头20年加速推进现代化，全面建设惠及十几亿人口的更高水平的小康社会，到21世纪中叶，基本实现现代化，"建成富强民主文明的社会主义国家"③。在发展方略上，党的十七大针对现代化进程中出现的新矛盾，特别是发展中的不平衡不协调等问题，提出坚持以人为本，坚持全面协调可持续发展，促进经济社会和人的全面发展的科学发展观，统筹城乡、区域、经济社会、人与自然、国内发展和开放等五个方面，把第二个百年奋斗目标所追求的中国式现代化的内涵扩展为"建成富强民主文明

---

① 参见中共中央文献研究室编：《十三大以来重要文献选编》中册，人民出版社1991年版，第619页。

② 参见江泽民：《高举邓小平理论伟大旗帜，把建设有中国特色社会主义事业全面推向二十一世纪——在中国共产党第十五次全国代表大会上的报告》，人民出版社1997年版，第32页。

③ 江泽民：《全面建设小康社会，开创中国特色社会主义事业新局面》，载中共中央文献研究室编：《十六大以来重要文献选编》上册，中央文献出版社2005年版，第15页。

和谐的社会主义现代化国家"。党的十八大进一步强调"四化同步"，指出："坚持走中国特色新型工业化、信息化、城镇化、农业现代化道路，推动信息化和工业化深度融合、工业化和城镇化良性互动、城镇化和农业现代化相互协调，促进工业化、信息化、城镇化、农业现代化同步发展。"[1]

第五节　中国式现代化的鲜明特色

首先，必须充分体现中国式现代化的本质要求。党的十八大以来，我们党在已有基础上，不断实现理论和实践上的创新突破，成功推进和拓展了中国式现代化，进一步深化对中国式现代化的内涵和本质的认识，概括形成中国式现代化的中国特色、本质要求和重大原则；在实践上不断丰富，推进一系列变革性实践，实现一系列突破性进展，取得一系列标志性成果。党的二十大报告明确指出："中国式现代化的本质要求是：坚持中国共产党领导，坚持中国特色社会主义，实现高质量发展，发展全过程人民民主，丰富人民精神世界，实现全体人民共同富裕，促进人与自然和谐共生，推动构建人类命运共同体，创造人类文明新形态。"[2] 其中，党的领导直接关系中国式现代化的根本方向、前途命运、最终成败，决定中国式现代化的根本性质，党的领导确保中国式现代化锚定奋斗目标行稳致

---

① 胡锦涛：《坚定不移沿着中国特色社会主义道路前进　为全面建成小康社会而奋斗——在中国共产党第十八次全国代表大会上的报告》，人民出版社2012年版，第20页。

② 习近平：《高举中国特色社会主义伟大旗帜　为全面建设社会主义现代化国家而团结奋斗——在中国共产党第二十次全国代表大会上的报告（2022年10月16日）》，《人民日报》2022年10月26日第1版。

远，一以贯之；党的领导激发建设中国式现代化的强劲动力，为中国式现代化注入不竭动力；党的领导凝聚建设中国式现代化的磅礴力量，充分激发全体人民的主人翁精神。① 中国式现代化是极为深刻的革命，是社会利益关系的深刻变革，需要改革创新，破除各方面体制机制弊端，凝聚各方面推动文明进步的发展力量，无论是从我们党的性质目标和宗旨纲领上，还是从我们党百年奋斗发展历史上看，以中国式现代化全面推进中华民族伟大复兴，不仅是我们党自成立以来始终不渝的初心使命，更是新时代党的中心任务，"只有毫不动摇坚持党的领导，中国式现代化才能前景光明、繁荣兴盛；否则就会偏离航向、丧失灵魂，甚至犯颠覆性错误"②。

其次，必须充分展现中国式现代化的中国特色。现代化作为人类文明的发展进步，具有普遍的发展规律性；但现代化的具体进程又是民族和国家的具体历史实践，因而具有不同的特殊性。普遍性是对特殊性的概括和抽象，存在于特殊性之中，特殊性体现普遍性，构成普遍性存在的基础。中国式现代化既有各国现代化的共同特征，具有人类文明进步的普遍性，更有基于中国国情的鲜明特色，具有中国国情规定的特殊性。正如党的二十大报告所概括的，中国式现代化具有五方面的中国特色，同时这五方面特色又是现代化作为人类文明发展的一般规律的集中体现。一方面，党的二十大报告关于中国式现代化的科学内涵的揭示，指出中国式现代化是人口规模巨大的现代化，是全体人民共同富裕的现代化，是物质文明和精神文明相协调的现代化，是人与自然和谐共生的现代化，是走和平发展道路的现代化。这既是理论概括，也是实践要求，坚持走具有中国特色的中国式现代化道路，是全面建成社会主义现代化强国，实现中华民族伟大

---

① 参见《习近平在学习贯彻党的二十大精神研讨班开班式上发表重要讲话强调　正确理解和大力推进中国式现代化》，《人民日报》2023年2月8日第1版。

② 《习近平在学习贯彻党的二十大精神研讨班开班式上发表重要讲话强调　正确理解和大力推进中国式现代化》，《人民日报》2023年2月8日第1版。

复兴的康庄大道，也是唯一正确道路。① 另一方面，中国式现代化这五方面的鲜明特色开拓了人类文明新形态，"深深植根于中华优秀传统文化，体现科学社会主义的先进本质，借鉴吸收一切人类优秀文明成果，代表人类文明进步的发展方向，展现了不同于西方现代化模式的新图景，是一种全新的人类文明形态"②，打破了现代化等于西方化的迷思。中国式现代化从物质文明、制度文明、精神文明、生态文明、开放文明等多方面拓展着现代化的路径，所"蕴含的独特世界观、价值观、历史观、文明观、民主观、生态观等及其伟大实践，是对世界现代化理论和实践的重大创新"③。

只有坚持上述本质要求和基本特征的现代化，才是中国式现代化，只有坚持以中国式现代化推进中华民族伟大复兴，这一伟大历史进程才真正不可逆转。偏离了中国式现代化的本质和特色，无论是走西方现代化的"西化"道路，还是走传统社会主义的"僵化"道路，都不可能实现中华民族伟大复兴，都会使现代化在中国被逆转、中断。因此我们说中国式现代化进入不可逆转的历史进程，其深刻的理论逻辑和实践逻辑要求在于，必须坚定不移以中国式现代化推进中华民族伟大复兴。

党的二十大报告阐释了中国式现代化的本质要求，即坚持中国共产党领导，坚持中国特色社会主义，实现高质量发展，发展全过程人民民主，丰富人民精神世界，实现全体人民共同富裕，促进人与自然和谐共生，推

---

① 参见《习近平在学习贯彻党的二十大精神研讨班开班式上发表重要讲话强调 正确理解和大力推进中国式现代化》，《人民日报》2023年2月8日第1版。

② 《习近平在学习贯彻党的二十大精神研讨班开班式上发表重要讲话强调 正确理解和大力推进中国式现代化》，《人民日报》2023年2月8日第1版。

③ 《习近平在学习贯彻党的二十大精神研讨班开班式上发表重要讲话强调 正确理解和大力推进中国式现代化》，《人民日报》2023年2月8日第1版。

动构建人类命运共同体，创造人类文明新形态。① 在这一本质要求中，党的领导具有决定性意义，正如习近平总书记所指出的："党的领导直接关系中国式现代化的根本方向、前途命运、最终成败。党的领导决定中国式现代化的根本性质，只有毫不动摇坚持党的领导，中国式现代化才能前景光明、繁荣兴盛；否则就会偏离航向、丧失灵魂，甚至犯颠覆性错误。"② 现代化作为人类文明发展史上革命性的进程，普遍性的要求之一便在于需要政治领导力量来组织动员各方面力量破除阻力、推进革命。中国式现代化同样需要领导力量，与资本主义现代化进程不同的是，中国式现代化坚持中国共产党领导，中国共产党的根本目标就是以中国式现代化推进中华民族伟大复兴，中国共产党的根本利益即全体中国人民的利益，以为人民服务为宗旨，坚持以人民为中心的发展思想，因而最具力量；中国共产党的本质属性是先进性，因而勇于改革创新，勇于自我革命，以其自身的强大生机为中国式现代化注入不竭动力。

党的二十大报告系统概括了中国式现代化的主要特征，既有各国现代化的共同特征，更有基于自己国情的中国特色，既切合中国实际，体现了中国特色社会主义建设发展规律，也体现了人类社会发展的普遍规律，是人类现代化文明的普遍性与中国国情规定的特殊性的统一。现代化的普遍性之一在于具有科技创新驱动、产业革命支持的物质文明发展的进步性，中国式现代化是人口规模巨大的现代化，表明中国式现代化目标的达成，不仅是一般地推动生产力的发展和解放，而且将把占全球17.9%的人口带入现代化，一举超过当代发达经济体（现代化经济）的总人口（占全

---

① 参见习近平：《高举中国特色社会主义伟大旗帜　为全面建设社会主义现代化国家而团结奋斗——在中国共产党第二十次全国代表大会上的报告（2022年10月16日）》，《人民日报》2022年10月26日第1版。

② 《习近平在学习贯彻党的二十大精神研讨班开班式上发表重要讲话强调　正确理解和大力推进中国式现代化》，《人民日报》2023年2月8日第1版。

球16%），因而对人类文明的发展贡献更具特殊价值。现代化的普遍性之二在于具有制度创新推进、生产方式变革支持的社会革命性，中国式现代化是全体人民共同富裕的现代化，表明中国式现代化不仅具有一般的制度变革和体制创新推动，而且是以中国特色社会主义制度，包括根本制度、基本制度、重要制度等一系列制度在内的改革和完善为基础，根本不同于西方现代化的资本主义制度，因而决定了中国式现代化的文明成果必然体现共享原则，体现为逐渐实现共同富裕的历史进程。现代化的普遍性之三在于具有意识形态演变、道德秩序重构支持的精神价值演进的引领性。中国式现代化是物质文明和精神文明相协调的现代化，表明中国式现代化不仅具有一般的精神变革引领性，而且更强调人的现代化过程中的精神先进性。中国式现代化不是以资产阶级个人主义为道德价值基石，而是以社会主义核心价值观为道德秩序基础。它既体现了马克思主义的追求人类理想社会价值观的先进性，又是对资产阶级个人主义价值观历史进步性的超越，也体现了中国优秀传统文化的精神追求。现代化普遍性之四在于具有认识自然、改造自然能力不断提升以支持人与自然之间物质变换的能动性和和谐性，中国式现代化是人与自然和谐共生的现代化，表明中国式现代化不仅具有一般的顺从自然、适应自然的自然性，而且更具保护优先绿色发展理念和实践上的自觉性。现代化的普遍性之五在于具有分工国际化、市场全球化支持的经济发展的开放性，中国式现代化是走和平发展道路的现代化，表明中国式现代化不仅具有一般地冲破封闭的发展要求，而且不走资本主义国家殖民掠夺的老路，更具人类命运共同体所体现的开放互利共赢性。总之，中国式现代化在物质文明、制度文明、精神文明、生态文明、国际文明等方面，既体现了现代化作为人类文明发展的普遍性，又凸显了中国特色。

第二章

中国式现代化的领导核心：
党的基本纲领和中心任务①

　　我们党100多年来的历史，是在坚持实现共产主义远大理想目标的最高纲领的过程中，及时总结中国革命、建设、改革、发展的经验，制定不同历史时期党的基本纲领（最低目标），在坚持运用马克思主义基本立场原理、方法深入分析我国生产力与生产关系，经济基础与上层建筑矛盾运动的历史特点的基础上，把握不同历史时期我国社会主要矛盾，制定相应的战略目标，明确相应的主要任务，开辟实现战略目标和主要任务的有效途径。从而构成了我们党的基本纲领和主要任务形成、发展的历史实践逻辑和理论逻辑。而贯穿这一演进逻辑始终的，即党的基本纲领和主要任务。历史发展过程所围绕的核心命题和主线，就是把我国建成社会主义现代化强国，实现中华民族伟大复兴。

　　在新民主主义革命时期，党的基本纲领和主要任务是，推翻"三座大山"，争取民族独立、人民解放，解放并统一中国，使之成为新民主主义共和国，从而为实现现代化，为中华民族伟大复兴创造根本社会条件。在社会主义革命和建设时期，党的基本纲领和主要任务是，实现从

---

　　① 本章主要内容参见刘伟、范欣：《党的基本纲领的政治经济学分析——学习党的十九届六中全会精神的体会》，《管理世界》2022年第2期。

新民主主义向社会主义的转变，进行社会主义革命，建立社会主义制度，推进社会主义建设，推动实现"四个现代化"战略目标，从而为实现中华民族伟大复兴奠定根本的政治前提和制度基础。改革开放和社会主义现代化建设新时期，党的基本纲领和主要任务是，探索中国特色社会主义道路，解放和发展社会生产力，使人民摆脱贫困，努力推进"三步走"战略，提出并践行"中国式现代化"，为在经济社会发展上赶上发达国家水平，实现中华民族伟大复兴提供充满新的活力的体制保证和快速发展的物质条件。[①]

进入新时代，"在新中国成立特别是改革开放以来长期探索和实践基础上，经过十八大以来在理论和实践上的创新突破，我们党成功推进和拓展了中国式现代化"[②]。习近平总书记在党的二十大报告中向全党全国人民，也是向世界发出了庄严宣告："从现在起，中国共产党的中心任务就是团结带领全国各族人民全面建成社会主义现代化强国、实现第二个百年奋斗目标，以中国式现代化全面推进中华民族伟大复兴。"[③]

---

① 参见《中国共产党第十九届中央委员会第六次全体会议文件汇编》，人民出版社2021年版，第4、5、6—7页。

② 习近平：《高举中国特色社会主义伟大旗帜　为全面建设社会主义现代化国家而团结奋斗——在中国共产党第二十次全国代表大会上的报告（2022年10月16日）》，《人民日报》2022年10月26日第1版。

③ 习近平：《高举中国特色社会主义伟大旗帜　为全面建设社会主义现代化国家而团结奋斗——在中国共产党第二十次全国代表大会上的报告（2022年10月16日）》，《人民日报》2022年10月26日第1版。

第一节　新民主主义革命时期的基本纲领和主要任务

中国是一个有着数千年文明史的国家，创造过灿烂的古代文明。直到19世纪上半叶，中国的GDP按现代统计方法估算，约占当时世界GDP总量的38%以上，是世界第一大经济体。从质量和效率上来说，中国封建农耕社会的劳动生产率水平处于领先地位。但近代以后，伴随着西方资产阶级革命和资本主义生产方式的兴起推动着产业革命的不断深入，中国的发展水平开始显著落后于西方国家，特别是鸦片战争之后，外国列强侵入中国，使封建主义的中国逐渐沦为半殖民地半封建社会，"国家蒙辱、人民蒙难、文明蒙尘"，民族处于危亡之中。封建清王朝也曾采取措施力图挽救危亡，比如推动"洋务运动"，但1895年甲午战争的失败，意味着"洋务运动"的彻底失败，表明在封建王朝的制度下实现民族自强求富不具可能性，需要探索新的民族"救亡"道路。在这一历史背景下，辛亥革命应运而生。在辛亥革命的进程中，开始形成"中华民族"共同体的理念，并以这一理念为基础，提出民族复兴的伟大目标，这是实现中华民族伟大复兴的最初准备和动员。[1] 辛亥革命的伟大历史意义在于，结束了统治中国几千年的封建君主专制制度，以"中华民族"理念为基础，在中国建立起共和政体的国家。[2] 辛亥革命废除了帝制，从根本上动摇了封建统治，

---

[1]　梁启超先生在1902年首先提出"中华民族"（参见梁启超：《论中国学术思想变迁之大势》，上海古籍出版社2019年版，第31页），但这一概念的广泛使用则是在辛亥革命建立中华民国之后。辛亥革命推动了"中华民族"共识的形成。

[2]　在主要资本主义国家中，除法国大革命和美国独立战争后分别建立起共和政体外，英、俄、法、意、日等均保留着君主政体。

为中国发展资本主义创造了历史起点。从一般意义上讲，发展资本主义，首先必须推翻封建专制制度，因此，可以说辛亥革命"开创了完全意义上的近代民族民主革命"。但是，由于中国的民族资产阶级本身的特点和客观历史条件的制约，中国民族资产阶级不可能领导完成中国的民族民主革命，辛亥革命并未能从根本上改变中国社会半殖民地半封建的性质，没有根本改变中国近代社会的基本矛盾。事实上，中国民族资产阶级缺乏领导中国人民完成反帝反封建任务的能力，民国虽已成立，但中国仍然是处于贫穷、落后和混乱并受奴役状态的国家。就客观历史条件而言，正如毛泽东所总结的，"辛亥革命发生在中国无产阶级还没有觉醒，中国共产党还没有形成的时候；全世界无产阶级在巴黎公社失败以后，还没有实际革命行动，只是准备革命的时候；殖民地半殖民地的革命运动，还是世界资产阶级革命后备军的时候"[1]。正由于辛亥革命缺乏坚强的领导核心，未能充分发动人民群众，未能真正认识并把握中国社会矛盾运动的性质和根本特征，从而也就难以明确革命的动力和方向，因此革命未能成功。

作为20世纪中国历史上的第一次巨变，辛亥革命为中国共产党的诞生准备了阶级基础、相对宽松的政治环境、思想理论条件和干部条件，也为马克思主义中国化创造了前提条件。但不可否认的是，辛亥革命并没有完成自己的历史任务，外来帝国主义势力和中国传统封建势力仍占据统治地位，中国社会并未走上独立自主的发展道路。如何继承辛亥革命的精神，完成其未竟的历史任务？这是中国社会文化变革的重要任务，也成为中国先进知识分子不得不重点思考的问题。"十月革命一声炮响，给我们送来了马克思列宁主义。"[2] 中国先进知识分子认识到了马克思主义的科学真理性和革命实践性，开始将马克思主义视为拯救中国的指导理论。五四运动时期，以李大钊、陈独秀等为代表的中国先进知识分子在翻译和介绍马

---

① 《毛泽东文集》第2卷，人民出版社1993年版，第402—403页。
② 《毛泽东选集》第4卷，人民出版社1991年版，第1471页。

克思主义经典著作的同时，也开始阐释和宣传马克思主义的基本理论。李大钊发表了《我的马克思主义观》《庶民的胜利》《布尔什维克的胜利》等一系列文章，较为系统地介绍和阐述了马克思主义的基本理论，并对中国未来做出了预判。在这些接受马克思主义的中国先进知识分子的宣导下，马克思主义也开始在中国大规模传播，并产生了重大的社会影响，马克思主义中国化的内在要素已开始形成，这为马克思主义中国化奠定了最初的基础。

党的十九届六中全会指出："新民主主义革命时期，党面临的主要任务是，反对帝国主义、封建主义、官僚资本主义，争取民族独立、人民解放，为实现中华民族伟大复兴创造根本社会条件。"① 中国共产党自成立以来，高度重视自身纲领建设，也一直致力于探索马克思主义与中国革命实际的有机结合，标志着马克思主义中国化的开始。在成立之初，中国共产党就讨论通过了《中国共产党党纲》，规定"革命军队必须与无产阶级一起推翻资本家阶级的政权，必须支援工人阶级，直到社会的阶级区分消除为止"② 究其本质，就是要实现社会主义和共产主义。通过分析国际国内形势和中国社会性质，结合列宁关于民族殖民地问题理论，中共二大第一次正式提出了党在民主革命阶段的最低纲领为消除内乱，打倒军阀，建设国内和平；推翻国际帝国主义的压迫，达到中华民族完全独立；统一中国为真正的民主共和国。最高纲领是在最低纲领实现之后，建立劳农专政的政治，铲除私有财产制度，渐次达到共产主义。在建党至新中国成立前的28年时间里，中国共产党通过新民主主义革命建立起以新民主主义经济为基础的新民主主义社会制度，制定了新民主主义时期的基本纲领，形成

① 《中国共产党第十九届中央委员会第六次全体会议文件汇编》，人民出版社2021年版，第21页。

② 中共中央文献研究室、中央档案馆编：《建党以来重要文献选编（1921—1949）》第1册，中央文献出版社2011年版，第1页。

了新民主主义经济思想。在新民主主义革命期间，由于国情民情的不断变化，各个不同时期的中心任务不同，中国共产党的具体举措也有不同的侧重点，在此过程中逐渐形成了清晰的新民主主义经济思想。

为何中国共产党要进行新民主主义革命，走一条其他社会主义国家并未走过的道路？这主要与中国当时的社会性质和国情有关。旧中国是一个经济落后、政治腐败的半殖民地半封建社会的国家，帝国主义、封建主义和官僚资本主义为代表的落后生产关系严重阻碍了生产力的发展，成为压在全国人民头上的"三座大山"。在此情况下，封建地主阶级改良派发动的自上而下的改良运动不可能动摇封建主义的根基，经济和政治上具有软弱性的民族资产阶级因自身力量弱小也不可能承担起这一历史重任。中国共产党成立伊始的首要历史使命就是"建设一个中华民族的新社会和新国家"，将这个政治上受压迫、经济上受剥削、文化上落后愚昧的旧中国变成为政治上自由、经济上繁荣、文化上文明先进的新中国，而实现这一深刻社会变革的基础在于经济基础的根本变革，关键在于深刻剖析和正确分析中国社会的经济性质。1921年召开的中共一大分析了中国半殖民地半封建社会性质，提出了反帝反封建的革命纲领，明确了新民主主义革命的性质、对象、任务和前途等。毛泽东指出："只有经过民主主义，才能到达社会主义，这是马克思主义的天经地义。……没有一个由共产党领导的新式的资产阶级性质的彻底的民主革命，要想在殖民地半殖民地半封建的废墟上建立起社会主义社会来，那只是完全的空想。"[①] 即在半殖民地半封建的中国进行革命应分两步走：第一步是民主革命，第二步是社会主义革命。基于国内外政治形势的变化，毛泽东将中国资产阶级民主革命分为旧民主主义和新民主主义两个历史阶段，而这场由中国共产党领导的新民主主义革命，并不同于资产阶级领导的旧民主主义革命。实际上，中国不可

---

① 《毛泽东选集》第3卷，人民出版社1991年版，第1060页。

能从半殖民地半封建社会直接走上社会主义道路，这不符合科学社会主义的理论逻辑；与此同时，中国社会发展的历史逻辑也表明，中国不可能走上资本主义道路，这也不符合西方资本主义已经发展到垄断资本主义阶段的现实需求。无产阶级革命家要抓住机遇夺取新民主主义革命的胜利，然后再在无产阶级政权下补生产力和其他文化条件的课，这就是为何中国革命必须走新民主主义道路的重要原因。

从新民主主义革命的发展历程来看，主要经历了第一次国内革命战争时期、土地革命时期、抗日战争时期和解放战争时期等阶段，这一时期党的经济思想也基本围绕着建立"统一战线"，夺取政权而产生。在第一次国内革命战争时期，国共两党通力合作进行了反对帝国主义、北洋军阀的战争。针对革命中"谁是我们的敌人，谁是我们的朋友"这一首要问题，毛泽东同志针对中国社会各阶级的经济地位及其对于革命的态度进行了分析，解答了中国革命的对象、动力、性质等一系列问题。他在分析中指出，中产阶级代表中国城乡资本主义的生产关系，主要是指民族资产阶级，并阐明了民族资产阶级的软弱性和妥协性。[①] 第一次国内革命战争虽以失败告终，但这一时期的基本思想为新民主主义经济思想奠定了阶级分析基础。在土地革命时期，面对国民党的残酷镇压，中国共产党开始提出武装斗争的计划，强调通过武装斗争夺取政权。在1927年举行的八七会议上，中国共产党认识到封建经济是中国反动力量存在的根基，并确定了土地革命的方针，明确土地革命是中国革命的根本内容。中国共产党在革命根据地开展打土豪、分田地、废除封建剥削和债务的土地革命，实质上是通过团结农民和小资产阶级等广大群众来实现民主革命胜利的重要环节。在根据地的经济建设方面，中国共产党一方面针对农民需求将粮食保障作为重点，紧抓农业经济建设；另一方面基于小资产阶级等群体的现实

---

① 参见《毛泽东选集》第1卷，人民出版社1991年版，第4页。

需求，提出了发展工商业的思想和具体举措。在抗日战争时期，卢沟桥事变的爆发也使得国内的主要矛盾出现了转变，民族矛盾成了中国共产党不得不面对的现实问题。毛泽东在《新民主主义论》中提出要建立一个新民主主义的共和国，详细论述了新民主主义的政治、经济、文化等，初步提出了新民主主义三大经济政策：没收大银行、大工业、大商业归新民主主义共和国的国家所有；没收地主的土地，分配给无地和少地的农民，实行"耕者有其田"的土地革命；实行节制资本的政策，并不禁止"不能操纵国民生计"的资本主义生产的发展。[1] 这些新民主主义经济政策为新民主主义经济纲领的形成奠定了基础，也标志着新民主主义经济思想的初步形成。为争取最广泛的抗日民族统一战线进行抗战，将抗日根据地内没收地主土地的政策改为"减租减息"政策。抗日战争胜利后，中国面临两种命运、两种前途的决战。1947年12月，毛泽东在陕北米脂召开的中共中央会议上做了《目前形势和我们的任务》的报告，进一步明确了新民主主义经济纲领：没收封建阶级的土地归农民所有，没收蒋介石、宋子文、孔祥熙、陈立夫为首的垄断资本归新民主主义的国家所有，保护民族工商业。[2] 同时，针对中国经济落后的社会现实，也指出广大的上层小资产阶级和中等资产阶级所代表的资本主义经济存在具有合理性和必要性，是整个国民经济的重要组成部分。新中国的经济构成是国营经济，由个体逐步地向着集体方向发展的农业经济，独立小工商业者的经济和小的、中等的私人资本经济。[3] 1949年3月，中共七届二中全会指出，中国革命在全国胜利后，党的工作重心要由乡村转移到城市，但也需要城乡兼顾。我们要迅速恢复和发展生产，对付国外的帝国主义，使中国稳步地由农业国转变为工业国，由新民主主义社会转变为社会主义社会。在经济方面，科学分析了国

---

① 参见《毛泽东选集》第2卷，人民出版社1991年版，第678—679页。

② 参见《毛泽东选集》第4卷，人民出版社1991年版，第1253页。

③ 参见《毛泽东选集》第4卷，人民出版社1991年版，第1255页。

内的社会经济成分，社会主义性质的国营经济、半社会主义性质的合作社经济、私人资本主义经济、个体经济、国家和私人合作的国家资本主义经济是新中国经济的五种主要形式。① 1949年9月，中国人民政治协商会议第一次全体会议上通过了具有临时宪法性质的《中国人民政治协商会议共同纲领》，具体提出了经济政策十五条，指出经济建设的根本方针是"公私兼顾、劳资两利、城乡互助、内外交流的政策，达到发展生产、繁荣经济之目的"，要让"各种社会经济成分在国营经济领导之下，分工合作，各得其所，以促进整个社会经济的发展"②。这体现了社会主义国营经济领导下多种经济成分并存的经济发展方式及不同经济成分之间的关系和准则。

辛亥革命宝贵的经验教训、五四运动等为新民主主义革命经济思想的产生与发展提供了丰富的素材。作为孙中山先生开创的革命事业最坚定的支持者、最忠诚的合作者、最忠实的继承者，"中国共产党人继承他的遗愿，同一切忠于他的事业的人们继续奋斗，不断实现和发展了孙中山先生和辛亥革命先驱的伟大抱负"③。在新民主主义革命时期，中国共产党提出了彻底的反帝反封建的民主革命纲领，完成了反帝反封建的任务，成立新中国。新民主主义革命时期经济思想伴随着新民主主义不同时期革命和建设的实践需要而产生和发展，主要包括半殖民地半封建社会性质分析、新民主主义经济理论和经济纲领阐释等，体现在为建立"统一战线"、夺取政权而制定相关经济政策，是实现新民主主义革命胜利的马克思主义中国化的"过渡"政治经济学，是毛泽东思想的重要组成部分。

---

① 参见《毛泽东选集》第4卷，人民出版社1991年版，第1427—1433页。

② 中共中央文献研究室、中央档案馆编：《建党以来重要文献选编（1921—1949）》第26册，中央文献出版社2011年版，第763页。

③ 习近平：《在纪念辛亥革命110周年大会上的讲话》，《人民日报》2021年10月10日第2版。

第二节　社会主义革命、建设时期的 基本纲领和主要任务

党的十九届六中全会指出"社会主义革命和建设时期，党面临的主要任务是，实现从新民主主义到社会主义的转变，进行社会主义革命，推进社会主义建设，为实现中华民族伟大复兴奠定根本政治前提和制度基础"①。针对中华人民共和国成立后经济社会百废待兴的局面，党中央开展了3年国民经济恢复方面的工作，这为向社会主义过渡奠定了经济基础，也使得党中央重新思考向社会主义过渡的问题。1953年6月15日，毛泽东在中共中央政治局会议上首次较为完整地提出了过渡时期的总任务和总路线，逐步对生产关系进行调整和转变，进行"一化三改"，即国家工业化和对农业、手工业和资本主义工商业的社会主义改造。② 中共八大指出，我们国内的主要矛盾已经是人民对于建立先进的工业国的要求同落后的农业国的现实之间的矛盾，已经是人民对于经济文化迅速发展的需要同当前经济文化不能满足人民需要的状况之间的矛盾。党和全国人民当前的主要任务，就是要集中力量来解决这个矛盾，把我国尽快地从农业国变为先进的工业国。同时，也进一步明确了社会主义建设的战略目标，即"尽可能迅速地实现国家工业化，有系统、有步骤地进行国民经济的技术改造，使中国具有强大的现代化的工业、现代化的农业、现代化的交通运输业和现代化的国防"③。可以看出，中共八大对当时阶段社会主要矛盾的认识和判断是对社会主义经济规律的深化认识，也初步形成了一个正确的建设社会

---

① 《中国共产党第十九届中央委员会第六次全体会议文件汇编》，人民出版社2021年版，第5页。

② 参见《关于过渡时期总路线问题文献选载》，《党的文献》2003年第4期。

③ 《中国共产党章程（之一）（中国共产党第八次全国代表大会通过——一九五六年九月二十六日）》，《人民日报》1956年9月27日第2版。

主义的基本纲领。但是，由于中国共产党人对于当时所处历史方位和社会主义主要矛盾的认识还不够清晰，基本纲领很快出现了变化与调整，开始转向"无产阶级专政下继续革命""以阶级斗争为纲"等"左"倾错误思想，国民经济也因此深受重创。[①] 但不可否认的是，在社会主义革命和建设过程中，中国共产党人对于经济规律的探索一直在持续，也产生了一系列关于社会主义过渡和经济建设方面的经济思想。

关于过渡时期问题，毛泽东曾准确指出过渡时期的时间段是从中华人民共和国成立到社会主义改造基本完成。这表明新中国成立时，新民主主义社会已经全面建立，接着就是和平向社会主义过渡，这个时期被称为过渡时期。这一过渡时期既具有一般性，也有自身特殊性。这种一般性体现在中国不能强行通过改变所有制直接实现社会主义。从苏联转型经验来看，在十月革命之后，布尔什维克党对如何在生产关系上实现从资本主义生产方式向社会主义生产方式转变进行了曲折而又艰辛的探索，从早期的战时共产主义直接过渡的方法转变为新经济政策，这是运用马克思主义政治经济学指导社会主义建设的重大理论创造，但也表明无产阶级在已经夺取政权的前提下强行改变所有制关系的方法是行不通的。因此，中国要想在夺取政权后建立社会主义社会，需要一个过渡时期来为实现社会主义奠

[①] 1957年党的八届三中全会改变了党的八大关于国内主要矛盾的判断，认为中国社会的主要矛盾是无产阶级和资产阶级之间的矛盾、社会主义道路和资本主义道路之间的矛盾。1958年发动的"大跃进"和人民公社化运动，实质上就是中国共产党人对当前社会主义所处的历史方位认识不清的体现，认为共产主义已经是不再遥远的事情。从此走上了一条阶级斗争扩大化的道路，形成了以阶级斗争为纲的极左政治路线。中共九大把"无产阶级专政下继续革命的理论"写入总纲，中共十大则沿用了这一错误理论。1977年8月，中共十一大上通过的党章规定："中国共产党在整个社会主义历史阶段的基本纲领，是坚持无产阶级专政下的继续革命，逐步消灭资产阶级和一切剥削阶级，用社会主义战胜资本主义。"参见《中国共产党章程（中国共产党第十一次全国代表大会一九七七年八月十八日通过）》，《人民日报》1977年8月24日第1版。

定物质基础。与此同时，这种特殊性体现在这一过渡时期并非两种社会制度转变的中间阶段。苏联革命和建设是基于旧俄国资本主义社会发展的基础的，是从资本主义制度向社会主义制度转变的过渡阶段。但从中国过渡时期的实际情况来看，终点是社会主义制度，起点却无法明确。中国共产党成立时，旧中国是一个半殖民地半封建的国家，要想进行社会主义建设的情况更加复杂，任务更加艰巨。在新民主主义社会，五种经济成分并存，各个阶级合作，共同发展，完善新民主主义经济，再从政治和文化等方面向社会主义制度过渡。但从三年经济恢复时期情况来看，土地革命在新中国成立之前并未完成，还需要通过土地革命来消灭封建主义制度，也要继续进行解放战争来消灭官僚资本主义。要在新中国成立后，实行新民主主义制度，在大力发展社会主义公有制经济的同时，也让民族资本主义经济有一定的空间。这是一个相当长的历史阶段，待条件成熟后，再由新民主主义过渡到社会主义。事实上，新民主主义社会虽然具有过渡性质，但过早地提出过渡时期总路线，实质上是超越了新民主主义制度，这是对新民主主义经济基础的认识不清，是对经济规律认识不够深刻的体现，从政策上根本否定了社会主义过渡时期的长期性。

过渡时期总路线是一条社会主义建设与社会主义改造并举的路线，其核心是"一化三改"。其中，"一化"是主体，"三改"是两翼，两者相互联系，相互制约，是发展生产力与变革生产关系的辩证统一。这次改造触及了生产资料所有制方面，如何协调各方利益，通过团结可以团结的力量来维护国内社会稳定，党中央吸取了苏联在斯大林时期进行改造的经验和教训，没有对农业和手工业进行强制性的集体化和强行剥夺资本家的生产资料，而是采取渐进式的合作社制度以及和平赎买政策来缓和国内各阶层间的矛盾，这也将有利于经济政策的有序推进。具体来看，农业和手工业的社会主义改造实质上是农业合作化和手工业加入合作社。恩格斯曾指出："当我们掌握了国家政权的时候，我们决不会考虑用暴力去剥夺小农（不论有无赔偿，都是一样）……我们对于小农的任务，首先是把他们的私人生产和私人占有变为合作社的生产和占有，不是采用暴力，而是通过示范和为此提供社会帮助。"① 列宁根据苏联在新经济时期的经济建设经验也指出，合作制是引导农民进入社会主义的适当形式，提出了"公社""劳动组合""协作社"等集体农业组织形式。随着国内社会经济的发展尤其是工业化进程的加快，分散的个体经济已经不能有效地支持国家工业化发展，公有制下的合作制通过分工可以有效提高生产效率，这是生产关系发展的必然趋势，同时也会反作用于生产力的发展。1956年底，全国入社农户比重高达96.3%，参加合作社的手工业占比高达91.7%。资本主义工商业的社会主义改造，意味着资产阶级和工人阶级的矛盾上升为国内的主要矛盾。但是，民族资产阶级具有两面性，对其实行"和平赎买"政策，努力将剥夺者变为劳动者。事实上，对民族资产阶级工商业的赎买政策也是在马克思和恩格斯曾经提出但并未实现的"赎买"政策基础上，结合中国国情加以制定的。无产阶级政党利用执政地位，夺取资本家的全部生产资料，将其变为全体人民所共有的生产资料，这是社会主义革命的根本原则。但是，究竟利用什么手段是值得商榷的。从苏联的经验来看，他们是通过内战和行政指令强行剥夺资本家的财产，建立了全民所有制的社会主义制度。以毛泽东同志为主要代表的党中央从中国国情出发，针对资本主义工商业制定了"利用、限制和改造"的政策，对资本家进行"团结、教育、改造"。究其原因，主要是在此阶段，民族资产阶级既有剥削工人的一面，又有拥护宪法、愿意接受社会主义改造的一面；工人阶级领导的、以工农联盟为基础的人民民主专政的国家政权拥有掌握国民经济命脉的社会主义国营经济；农村的小农经济也已经或正在被引上社会主义道路等。为此，考虑以和平的方式进行和平改造的政策，通过初级形式（如

---

① 《马克思恩格斯选集》第4卷，人民出版社2012年版，第370页。

委托加工、计划订货、统购包销、委托经销代销等）、高级形式（如个别企业公私合营、全行业公私合营等）一系列立足中国国情，从低级到高级的国家资本主义过渡形式，逐步对整个民族资产阶级以温和的方式进行赎买，这也成为中国共产党独特的创举。数据显示，截至1956年，全国私营工业的99%和私营商业的82.2%分别实现了全行业公私合营。[1]

1956年底，工业化在"一五计划"指导下取得突破性进展，社会主义改造任务也基本完成，社会主义制度初步建立，社会主义生产关系在生产、分配、交换和消费等方面得以实现。国内开始实行单一的公有制，采用单一的按劳分配原则。那么，中国作为社会主义国家是否应该发展或者限制商品经济？经典的马克思主义政治经济学认为，在超越资本主义的未来社会形态中，商品经济早已不复存在，但这是建立在生产力水平高度发达的基础之上。斯大林也指出，国民经济有计划发展的规律是"当竞争和生产无政府状态的规律失去效力以后，在生产资料公有化的基础上产生的。它之所以发生作用，是因为社会主义的国民经济只有在国民经济有计划发展的经济规律的基础上才能得到发展"[2]。苏联的商品生产是特殊的没有资本家的商品生产，而流通和交换的过程集中在国营企业、合作社和集体农庄之间。在苏联当时的社会主义生产条件下，"价值规律不能是各个生产部门间劳动分配方面的'比例调节者'"[3]。关于计划经济与商品生产的关系问题，毛泽东从中国国情出发，采用马克思主义政治经济学方法进行分析，强调不能把商品生产和资本主义混为一谈。"商品生产，要看

---

[1] 参见中共中央党史研究室：《中国共产党的九十年》第2册，中共党史出版社、党建读物出版社2016年版，第456页。

[2] 斯大林：《苏联社会主义经济问题》，中共中央马克思恩格斯列宁斯大林著作编译局译，人民出版社1961年版，第6页。

[3] 斯大林：《苏联社会主义经济问题》，中共中央马克思恩格斯列宁斯大林著作编译局译，人民出版社1961年版，第19页。

它是同什么经济制度相联系，同资本主义制度相联系就是资本主义的商品
生产，同社会主义制度相联系就是社会主义的商品生产。"① 商品生产是
对社会主义生产有利的工具。毛泽东在1958年11月召开的第一次郑州会议
上针对当时认识到的错误着手纠正，也批驳了在现阶段就废除商品生产，
实行产品调拨的错误主张。② 毛泽东在研读苏联《政治经济学教科书》时
指出，社会主义的商品生产和价值规律，是适合生产力发展要求的，价值
规律是个伟大的学校，要"有计划地大大发展社会主义的商品生产"③。陈
云同志在《关于资本主义工商业改造高潮以后的新问题》的报告中也提出
了"三个主体、三个补充"的均衡发展思想，在工商业经营、生产计划和
市场组织方面避免一刀切的"一大二公，纯而又纯"的情况，允许在一定
范围内存在私营经济和自由市场。④ 这表明中国共产党在领导全国人民进
行社会主义经济建设道路的探索过程中，并未将计划经济和商品生产相对
立，而是认为商品经济是人类社会发展不可逾越的阶段。在社会主义制度
下发展商品经济，正确区分商品经济的经济体制和公有制的经济制度，加
以结合并有效运用，走不同于苏联的单一公有制计划经济模式，是中国领
导人结合国内实际和当前发展阶段所做的重大理论创新和理论创造。

　　在社会主义建设道路的探索中，中国不是在资本主义充分发达的基
础上进入社会主义的，而是在资本主义没有充分发展的条件下进入社会主
义，仍以小生产为主。在这样一个经济落后的国家大规模启动工业化，
大量的资金来源就成为问题的关键，而"剪刀差"成为国内农业为工业
化提供资金积累的重要方式。这也为中国实行"以农业为基础、以工业
为主导"的发展国民经济总方针奠定基础。与此同时，通过社会主义过渡

---

① 《毛泽东文集》第7卷，人民出版社1999年版，第439—440页。
② 参见《毛泽东文集》第7卷，人民出版社1999年版，第436页。
③ 《毛泽东文集》第7卷，人民出版社1999年版，第437页。
④ 参见《陈云文选》第3卷，人民出版社1995年版，第13页。

时期选择优先发展重工业的超常规工业化道路，建立了独立的、比较完整的工业体系和国民经济体系，整体经济实力得到了快速发展。但是，在实践发展中也暴露出来一些问题：农业发展受阻、工业化与城市化脱节、城市就业压力增大等。以毛泽东同志为代表的党中央通过对苏联工业化道路建设的反思，形成了国民经济综合平衡思想。毛泽东在《论十大关系》中指出，在社会主义建设中要协调各方关系，在经济方面具体要协调重工业和轻工业、农业的关系，沿海工业和内地工业的关系，经济建设和国防建设的关系，国家、生产单位和生产者个人的关系，中央和地方的关系等，探索一条中国独立自主的工业化现代化道路，开始"第二次结合"。1957年2月，毛泽东在《关于正确处理人民内部矛盾的问题》中进一步论述了重工业、轻工业和农业之间的发展关系问题。在强调以重工业为中心的前提下，也应充分注意发展农业和轻工业。"农业和轻工业发展了，重工业有了市场，有了资金，它就会更快地发展。这样，看起来工业化的速度似乎慢一些，但是实际上不会慢，或者反而可能快一些。"① 通过这一系列的决策，使中国的经济建设逐渐走出了苏联模式的影响并开始了独立自主的经济建设道路探索，为后续开创和建设中国特色的经济发展路径奠定了基础。但是，由于"左"倾的错误指导思想，在实际安排农业和工业、轻工业和重工业的比例上，出现了重工轻农、重重工业轻轻工业的倾向，造成了国民经济比例严重失调。在三年困难时期之后，党中央深刻总结社会主义建设正反两方面的教训，对国民经济实行"调整、巩固、充实、提高"的方针，从而使国民经济在1962—1966年得到了较为顺利的恢复与发展。然而，在"文化大革命"期间，"无产阶级专政下继续革命""以阶级斗争为纲"等"左"倾错误思想成为这一时期的基调，国民经济受到严

---

① 毛泽东：《关于正确处理人民内部矛盾的问题》，人民出版社1964年版，第37页。

重破坏。为尽量减少"文化大革命"对国民经济的破坏，以周恩来同志、邓小平同志等为代表的中国共产党人开始在工业、农业等方面进行了积极探索。周恩来重申了在20世纪内全面实现农业、工业、国防和科学技术四个现代化的宏伟目标，将人民的注意力转移到发展经济、振兴国家事业上来。[①] 四届全国人大会议后，在毛泽东的支持下，邓小平也开始对铁路、钢铁工业等进行全面整顿，工农业产品产量开始大幅度增长，经济开始出现明显好转，但这次全面整顿并未触及"文化大革命"的根本问题。

社会主义革命和建设时期虽然经历了从社会主义经济改造到社会主义经济建设，再到"文化大革命"时期经济发展的曲折探索过程，但也全面确立了社会主义的基本制度，建立起了相对独立、比较完整的工业体系和国民经济体系等。在此过程中，形成了社会主义过渡时期理论、"和平赎买"民族资本理论、社会主义工业化原始积累理论、社会主义商品经济理论、"以农业为基础、以工业为主导"的产业结构理论、有计划按比例发展理论、国民经济综合平衡理论等经济思想，是社会主义革命和建设时期的中国特色社会主义政治经济学的宝贵探索。

第三节 改革开放、社会主义现代化建设新时期的基本纲领和主要任务

党的十一届三中全会的成功召开，拉开了改革开放的序幕，纠正了政治上"以阶级斗争为纲"的"左"倾错误思想，明确了今后的工作重心要转移到社会主义现代化建设上来，为中国经济建设指明了新的方向。正如党的十九届六中全会指出："改革开放和社会主义现代化建设新时

---

① 参见《周恩来选集》下卷，人民出版社1984年版，第439页。

期，党面临的主要任务是，继续探索中国建设社会主义的正确道路，解放和发展社会生产力，使人民摆脱贫困、尽快富裕起来，为实现中华民族伟大复兴提供充满新的活力的体制保证和快速发展的物质条件。"① 以邓小平为主要代表的中国共产党人在总结历史经验和明晰所处历史方位的基础上，提出并逐步形成了社会主义初级阶段理论，并在党的十三大报告中提出了社会主义初级阶段的基本路线，其中蕴含着经济、政治和文化方面的建设要求。党的十五大进一步丰富了什么是有中国特色社会主义的经济、政治和文化，回答了在社会主义初级阶段怎样建设社会主义的基本问题，正式提出了社会主义初级阶段的基本纲领。随着对改革开放认识的不断深化，中共十六届六中全会通过了《中共中央关于构建社会主义和谐社会若干重大问题的决定》，并将构建社会主义和谐社会写入中共十七大党章，进一步丰富了社会主义初级阶段的基本纲领。在数十年的中国特色社会主义建设与发展中，中国共产党不断将马克思主义基本原理与社会主义初级阶段的具体国情和改革开放实践相结合，形成了中国特色社会主义理论体系。"中国特色社会主义的基本纲领，概言之，就是建立富强民主文明和谐的社会主义现代化国家。这既是从我国正处于并将长期处于社会主义初级阶段的基本国情出发的，也没有脱离党的最高理想。"② 作为中国特色社会主义理论体系的重要组成部分之一，中国特色社会主义经济思想是马克思主义政治经济学在当代中国的新发展。不同于资本主义国家经济思想的发展脉络，中国共产党领导经济建设过程中不仅要验证社会主义制度的正当性、合理性和优越性，还需积极探索社会主义制度下的经济运行规律，努力实现社会主义制度建设与社会主义经济发展同频共振。

---

① 《中国共产党第十九届中央委员会第六次全体会议文件汇编》，人民出版社2021年版，第6—7页。

② 习近平：《关于坚持和发展中国特色社会主义的几个问题》，《求是》2019年第7期。

随着改革开放的不断深入，"中国特色社会主义"这一科学范畴得以明确提出，是最高纲领和基本纲领的历史统一。在1982年9月召开的中国共产党第十二次全国代表大会上，邓小平首次提出了"建设有中国特色的社会主义"命题，并在党的十三次代表大会报告上进一步明确"有中国特色的社会主义，是马克思主义基本原理同中国现代化建设相结合的产物，是扎根于当代中国的科学社会主义"①。可以看出，"中国特色"仍作为"社会主义"范畴基础上的附加成分，是社会主义建设道路探索时期形成的中国社会主义政治经济学思想上的延续与发展，是中国共产党对于社会主义一般性与中国国别特殊性之间关系认识的体现。党的十六大首次使用"中国特色社会主义"范畴，将"中国特色"和"社会主义"并列，视其为不可分割的有机整体，这是探索社会主义建设事业历史进程中主体意识和自觉意识的进一步加强。2011年7月，胡锦涛在庆祝中国共产党成立90周年大会上将"中国特色社会主义"进一步概括为中国特色社会主义道路、中国特色社会主义理论体系和中国特色社会主义制度3个方面。② 作为中国特色社会主义制度的基础，中国特色社会主义经济制度是改革束缚生产力发展的僵化的经济体制而形成的基本经济制度。在生产资料所有制方面，重点关注所有制结构变革及其实现形式，这是社会主义的必然要求。在收入分配制度方面，重点关注分配方式及其实现方式，这是实现共同富裕的有效途径。

关于社会主义市场经济体制问题，重点是资源配置机制。"以公有制为主体、多种所有制经济共同发展"的所有制关系和"以按劳分配为主体、多种分配方式并存"的分配关系的本质及特征规定要求资源配置方式

---

① 中共中央文献研究室编：《十三大以来重要文献选编》上册，中央文献出版社2011年版，第47页。

② 参见中共中央文献研究室编：《十七大以来重要文献选编》上册，中央文献出版社2013年版，第435页。

上必须坚持和巩固社会主义市场经济体制，这将为在经济运行机制和调控方式上把社会主义制度和市场经济有机结合创造了制度可能，进而为"发挥市场在资源配置中的决定性作用、更好发挥政府作用"的新型政府与市场关系提供更为坚实的制度条件。

改革开放和社会主义现代化建设新时期的经济思想是中国共产党以马克思主义政治经济学为指导，结合这一时期的实际情况，深化对社会主义经济规律认识的重要体现。在中国特色社会主义基本经济制度方面形成了社会主义本质理论、社会主义初级阶段基本经济制度理论、家庭联产承包责任制理论、基本分配制度理论、社会主义市场经济理论等；在经济发展方面形成了关于推动新型工业化、信息化、城镇化、农业现代化同步发展和区域协调发展的理论，关于用好国际国内两个市场、两种资源的理论，全面建设小康社会理论，转变经济发展方式理论，构建开放型经济体系理论等，构成了这一时期的中国特色社会主义政治经济学的重要发展，实现了马克思主义中国化新的飞跃。

第四节　中国特色社会主义新时代的奋斗目标和中心任务

面对百年未有之大变局，"逆全球化"浪潮带来的冲击愈演愈烈，国内社会主要矛盾也发生了深刻变化，中国特色社会主义进入新时代。党的十九届六中全会指出："党面临的主要任务是，实现第一个百年奋斗目标，开启实现第二个百年奋斗目标新征程，朝着实现中华民族伟大复兴的宏伟目标继续前进。"① 面对新时代出现的新变化、新挑战与新机遇，党的十九大报告中对党的基本路线作了新的强调和丰富："全党要牢牢把握社会主义初级阶段这个基本国情，牢牢立足社会主义初级阶段这个最大实际，牢牢坚持党的基本路线这个党和国家的生命线、人民的幸福线，领导和团结全国各族人民，以经济建设为中心，坚持四项基本原则，坚持改革开放，自力更生，艰苦创业，为把我国建设成为富强民主文明和谐美丽的社会主义现代化强国而奋斗。"② 同时，从经济、政治、文化、社会、生态文明"五位一体"总体布局和"四个全面"战略布局等方面进一步明确了新时代坚持和发展中国特色社会主义的战略规划和部署，这是党中央在清醒认识到社会主义初级阶段具有长期性的基础上，依据新时代的总目标和总政策对以往党的基本纲领、基本经验、基本要求的丰富与发展。党的二十大在实现第一个百年奋斗目标基础上，进一步提出了新时代新征程中国共产党的使命任务，把以中国式现代化推进中华民族伟大复兴，全面建成社会主义现代化强国作为党的中心任务，系统阐释了中国式现代化的特征和本质要求，明确了实现中国式现代化分两步走的战略安排，提出了不同阶段的总体目标，部署了未来5年作为全面建设社会主义现代化国家开局起步的关键时期的主要目标和任务，明确了全面建设社会主义现代化国家必须牢牢把握的重大原则。

在系统阐释"中国式现代化"这一中心任务的基础上，党的二十大明确了全面建设社会主义现代化国家，实现中国式现代化这一中心任务需要完成的首要任务，即坚持以推动高质量发展为主题，同时深入分析了这一主题的丰富内涵，阐释了实现这一主题需要实施的战略举措，包括构建高水平社会主义市场经济体制，建设现代化产业体系，全面推进乡村振兴，

---

① 《中国共产党第十九届中央委员会第六次全体会议文件汇编》，人民出版社2021年版，第9—10页。

② 《习近平谈治国理政》第3卷，外文出版社2020年版，第10页。

促进区域协调发展，推进高水平对外开放。^①

在制度机制上，继续深化改革创新，坚持和完善中国特色社会主义基本经济制度。在生产资料所有制方面，在坚持"公有制为主体，多种所有制经济共同发展"的基本经济制度特征的同时，继续聚焦微观主体制度改革。一方面在国有企业改革上，继续优化所有权约束机制，并根据国有企业在国民经济中的性质和功能的不同，实行分类改革、分类发展、分类监管、分类定责、分类考核，推进国有企业混合所有制改革。另一方面在农村农业集体所有制改革上，继续深化农村土地制度改革，提出三权分置，推进农业现代化建设。在收入分配制度方面，继续坚持"以按劳分配为主体，多种分配方式并存"的个人收入分配制度，并在收入分配原则上采用新发展理念的"共享"原则进行优化。在社会主义市场经济体制问题上，继续深化社会主义市场经济理论的探索，在运行机制上开始强调市场在资源配置中的决定性作用和更好发挥政府作用。2019年中共十九届四中全会上，通过总结改革开放以来的理论、实践经验和成就，将中国特色社会主义基本经济制度重新概括为"公有制为主体、多种所有制经济共同发展""按劳分配为主体、多种分配方式并存""社会主义市场经济体制"三大方面，将这三项制度并列作为中国特色社会主义基本经济制度的主体内容。^② 三方面的有机统一，标志着中国特色社会主义基本经济制度更加成熟、更加定型。

在社会经济发展上，遵循把握新的经济发展阶段，坚持以新的经济发展观来构建新的经济发展格局的实践逻辑主线，建设新时代中国特色社会

① 参见习近平：《高举中国特色社会主义伟大旗帜　为全面建设社会主义现代化国家而团结奋斗——在中国共产党第二十次全国代表大会上的报告（2022年10月16日）》，《人民日报》2022年10月26日第1版。

② 参见《中共十九届四中全会在京举行》，《人民日报》2019年11月1日第1版。

主义道路，以期实现社会主义现代化。

一是发展阶段论。习近平总书记指出："正确认识党和人民事业所处的历史方位和发展阶段，是我们党明确阶段性中心任务、制定路线方针政策的根本依据，也是我们党领导革命、建设、改革不断取得胜利的重要经验。"① 从马克思主义唯物史观来看，人类社会发展是连续性与阶段性的辩证统一，深刻认识和把握所处的社会发展阶段是人们认识和运用社会发展规律的理论自觉和历史自觉相统一的体现。马克思认为共产主义社会是一个从低级到高级、从不成熟到成熟、从不完善到完善的过程，并将未来的共产主义社会划分为共产主义社会第一阶段（社会主义社会）和共产主义社会高级阶段，这一设想为后人探索社会主义发展阶段指明了方向。列宁在此基础上也指出，社会主义本身也是一个发展的过程，需要分阶段来逐步过渡，提出了"初级阶段的社会主义""发达的社会主义""完美的社会主义"等概念，其"初级阶段的社会主义"的提法蕴含了社会主义初级阶段的思想。毛泽东把中国共产党领导的伟大社会革命划分为新民主主义革命和社会主义革命两个阶段。邓小平则根据国内社会生产力发展状况和水平，提出社会主义初级阶段论。事实上，社会主义初级阶段并非一个静止的、一成不变的阶段，而是一个阶梯式递进、不断发展进步的动态过程。这意味着社会主义初级阶段也是由不同的发展阶段所组成，每个阶段有不同的任务与目标。在新民主主义革命时期，中共二大针对中国社会的政治、经济状况和革命任务，制定了党的最低纲领和最高纲领，指出中国革命要分两步走。在改革开放和社会主义现代化建设新时期，和平与发展是当今时代的主题，为实现社会主义现代化目标，走出一条中国特色的现代化道路，邓小平提出"三步走"的战略部署，逐步实现"温饱—小康—

---

① 习近平：《把握新发展阶段，贯彻新发展理念，构建新发展格局》，《求是》2021年第9期。

富裕"。为实现这一战略部署，针对国内城乡二元结构特征突出、农业发展相对落后等问题，开始在农村推进家庭联产承包责任制的改革，提高了劳动者的积极性、主动性和创造性。接着乡镇企业在苏南异军突起，出现了"三元结构"特征，走上了从农村推进工业化和以城镇化来推进城市化的进程，这是一条中国特色的新型工业化道路、农业现代化道路和城镇现代化道路。从经济建设结果来看，第一步和第二步我们均提前实现目标。习近平总书记在庆祝中国共产党成立100周年大会上庄严宣告："经过全党全国各族人民持续奋斗，我们实现了第一个百年奋斗目标，在中华大地上全面建成了小康社会，历史性地解决了绝对贫困问题，正在意气风发向着全面建成社会主义现代化强国的第二个百年奋斗目标迈进。"[①] 这也宣告着中国进入了一个新发展阶段。新发展阶段不仅是社会主义初级阶段中的一个阶段，也是站在全面建成小康社会之上，开启全面建设社会主义现代化国家新征程的一个新阶段，是对中国社会经济发展实现历史性跨越的科学研判。作为第三步的阶段性目标，党中央对实现第二个百年奋斗目标作出了分两个阶段推进的战略安排，并在党的十九届五中全会上明确强调要在2035年基本实现社会主义现代化，到本世纪中叶把我国建设成为富强民主文明和谐美丽的社会主义现代化强国。这意味着在新发展阶段下，中国共产党将致力于跨越"中等收入陷阱"，为实现社会主义现代化强国目标而努力。

二是经济发展观。作为经济发展的内核，经济发展观是关乎发展的内涵、本质、目的、要求的总体看法和根本观点，以回应什么是发展、为什么发展、怎样发展等系列问题，对经济发展实践具有根本性、全局性的指引作用。把握所处发展阶段和历史方位，是中国共产党领导经济建设过

---

① 习近平：《在庆祝中国共产党成立100周年大会上的讲话（2021年7月1日）》，《求是》2021年第14期。

程中确定经济发展观的基础。实践也表明，中国共产党的经济发展观始终与中国革命、建设和改革的不同历史阶段相统一。在不同的经济发展阶段下，中国共产党面对不同的社会矛盾，始终坚持马克思主义基本原理同中国具体国情相结合，始终坚持生产力与生产关系、经济基础与上层建筑相适应，提出并形成了不同的经济发展观，并在经济发展观的引领下实事求是、与时俱进地采取针对性的经济举措，接续推进中华民族伟大复兴的历史进程。面对救亡图存的历史使命，中国共产党以"统一战线"为导向的改革发展观为新民主主义革命的胜利创造了物质基础，制定了一系列与之相适应的经济政策。新中国成立时，在一穷二白、百废待兴的基本国情和冷战加剧的国际形势下，"以苏为鉴"的建设发展观完成了伟大而深刻的社会变革，基本建成了独立的工业化体系，但广大人民的温饱问题依然没有完全解决。为此，加快推进了中国特色社会主义道路探索，形成了致力于建设、打造小康社会的生产力发展观，国民经济甚至超前实现翻番的目标。进入新世纪以来，"发展"仍是主旋律，为破解粗放式的经济增长方式带来的一系列社会和环境问题，科学发展观应运而生，试图解决制约中国经济又好又快发展的社会问题。进入新时代以来，面对新阶段下环境、条件、任务、要求等方面发生的新变化，创新、协调、绿色、开放、共享五大发展理念被正式提出，把全面建设社会主义现代化国家作为奋斗目标，坚持用新发展理念来破解新时代经济发展中的难题。事实上，中国经济发展进入新常态以来，面临新的机遇与挑战，要想更加有效地应对各种风险与挑战，就必须统筹推进"五位一体"总体布局，将生态文明建设融入经济建设、政治建设、文化建设、社会建设各方面和全过程，致力于建设美丽中国。在此过程中，五大发展理念分别对应"五位一体"总体布局的五个方面，创新发展解决发展动力问题，协调发展解决发展不平衡问题，绿色发展解决人与自然和谐关系问题，开放发展解决发展内外联动问题，共享发展解决社会公平公正问题。那么，应当以什么样的方式、方略来实现和贯彻"新发展理念"？这就必须转变经济发展方式，而经济发展方式的转变则需建立在以人为本的核心上，在贯彻和紧紧围绕新发展理念的前提下实现经济结构、资源分配等方面的转变。换言之，要想实现经济质量与效益并举的转变，关键是技术上的自主创新和推动知识经济的发展，走新型工业化道路，对应着新发展理念中的"创新"。要想实现经济发展方式转变，必须加快经济结构的全面优化调整，优化城乡结构、产业结构，加快工业化进程，实现区域间的共同协调发展，构建社会主义和谐社会。同时，全面提高开放型经济水平，参与经济全球化下互利共赢的国际经济合作，推进国内经济与国际经济的结构优化，这对应着新发展理念中的"协调"与"开放"。转变经济发展方式要坚持以人为本的科学发展和广泛应用节能减排技术、大力发展环保产业，形成经济发展与能源、环境保护的良性互动，实施可持续发展战略，这对应着新发展理念中的"绿色"和"共享"。坚持新发展理念，将有助于实现经济的质量变革、效率变革和动力变革，推动经济高质量发展。

三是经济发展格局。经济发展格局是指经济发展中在各因素共同作用下所形成的具有重大影响的各个方面的相互关系。在时空演变过程中，这种复杂的内在联系将在不同发展阶段下出现新变化、新特征、新趋势等，进而形成新的经济发展格局。正确认识所处阶段和历史方位，坚持用新的经济发展观来构建新的经济发展格局，这是为了更好地与经济发展目标相匹配。构建"以国内大循环为主体、国内国际双循环相互促进"的新发展格局，是以习近平同志为核心的党中央积极应对国际国内形势变化、与时俱进提升国内经济发展水平、塑造国际经济合作和竞争新优势而作出的战略抉择。构建新发展格局是转变经济发展方式的重要实现方式，是对新发展理念的重要落实。那么，如何构建新发展格局？新发展格局着眼于战略布局，其本质要求是实现国民经济循环畅通，更多着眼于实现总供给与总需求之间在数量和结构、时间和空间上的相互适配，以期实现"需求牵引供给、供给创造需求"的更高水平的动态平衡，而现代化经济体系则是实现国民经济循环畅通、总供给和总需求高水平动态平衡的具体路径。构建新发展格局必须以建设现代化经济体系为根本目的，坚持扩大内需的战略基点，坚持把握供给侧结构性改革的战略方向，用好改革开放的关键一招，这三方面的要求都需要通过建设现代化经济体系的具体路径才能落实。与此同时，"以国内大循环为主体，国内国际双循环相互促进"的新发展格局也需要继续坚持对外开放的基本国策，建立内外联动、互利共赢、安全高效的开放型经济体系。改革开放以来，对外开放作为一项基本国策，让中国开始融入全球化经济体系。从试点经济特区到批准沿海对外开放城市，再到设立国家级新区、开发区等，标志着对外开放的范围不断扩大。1997年党的十五大指出要更好地利用国内国外两个市场、两种资源，要正确处理好对外开放同独立自主、自力更生的关系，维护国家经济安全。在此基础上，党的十六届三中全会提出要统筹国内发展和对外开放，党的十七大则提出要完善内外联动、互利共赢、安全高效的开放型经济体系，将坚持独立自主同参与经济全球化结合起来，巩固和发展社会主义。党的十八大以来，进一步明确中国在经济发展过程中，已经深度融入全球化发展的浪潮之中，要善于处理好国内和国际两个大局，利用好国内和国际两个市场、两种资源，发展更高层次的开放型经济，积极参与全球经济治理，促进国际经济秩序朝着平等公正、合作共赢的方向发展，推动构建人类命运共同体，实现"一带一路"高质量发展。

第五节　中国式现代化是党领导的社会主义现代化

坚持党中央集中统一领导是最高政治原则，必须强调党中央对经济工作的集中统一领导，这是中国式现代化发展的客观要求。党的二十大报告指出，中国式现代化，是中国共产党领导的社会主义现代化，坚持中国共产党领导是中国式现代化本质要求的重要体现，全面建设社会主义现代化国家必须牢牢把握的重大原则，首先在于："坚持和加强党的全面领导。坚决维护党中央权威和集中统一领导，把党的领导落实到党和国家事业各领域各方面各环节，使党始终成为风雨来袭时全体人民最可靠的主心骨，确保我国社会主义现代化建设正确方向，确保拥有团结奋斗的强大政治凝聚力、发展自信心，集聚起万众一心、共克时艰的磅礴力量。"[①]

首先，坚持党对经济工作的领导和党中央的集中统一领导是中国特色社会主义经济发展的客观规律。我国经济社会能否持续健康发展，在根本上取决于党的领导，取决于党中央集中统一领导。

党的十八大以来，在我国经济社会实践中探索出一系列重要规律性认识，其中首要的便是，"必须坚持党中央集中统一领导"。强调在理论上把握这一规律，在实践上遵循这一规律，是习近平经济思想中始终坚持的，是马克思主义政治经济学中国化的重要创新。早在2013年中央经济工作会议上，习近平总书记就指出："中国特色社会主义有很多特点和特征，但最本质的特征是坚持中国共产党领导。加强党对经济工作的领导，全面提高党领导经济工作水平，是坚持民主集中制的必然要求，也是我们政治制度的优势。党是总揽全局、协调各方的，经济工作是中心工作，党的领导当然要在中心工作中得到充分体现，抓住了中心工作这个牛鼻子，其他工作就可以更好展开。"[②]党的十九大以来，对于加强党中央对经济工作集中统一领导这一规律性认识进一步深化，在2018年中央经济工作会

---

① 习近平：《高举中国特色社会主义伟大旗帜　为全面建设社会主义现代化国家而团结奋斗——在中国共产党第二十次全国代表大会上的报告（2022年10月16日）》，《人民日报》，2022年10月26日第1版。

② 中共中央文献研究室编：《习近平关于社会主义经济建设论述摘编》，中央文献出版社2017年版，第318页。

议上，习近平总书记把坚持和完善党中央对经济工作的集中统一领导上升为社会经济发展的客观规律性要求，会议指出，我们在实践中深化了对做好新形势下经济工作的规律性认识，必须坚持党中央集中统一领导，发挥掌舵领航作用。① 2019年中央经济工作会议在总结经济发展取得新成效的原因时指出：根本原因在于我们坚持党中央集中统一领导。② 2020年中央经济工作会议深入分析国际国内形势变化，指出，在统筹国内国际两个大局、统筹疫情防控和经济社会发展的实践中，我们深化了对在严峻挑战下做好经济工作的规律性认识：党中央权威是危难时刻全党全国各族人民迎难而上的根本依靠，在重大历史关头，重大考验面前，党中央的判断力、决策力、行动力具有决定性作用。③ 2021年中央经济工作会议在总结全年经济工作，部署2022年经济社会发展任务时，强调指出，在应对风险挑战的实践中，我们进一步积累了对做好经济工作的规律性认识，强调遵循客观规律、坚持四个必须，即必须坚持党集中统一领导，沉着应对重大挑战，步调一致向前进；必须坚持高质量发展，坚持以经济建设为中心是党的基本路线的要求，全党都要聚精会神贯彻执行，推动经济实现质的稳步提升和量的合理增长；必须坚持稳中求进，调整政策和推动改革要把握好时度效，坚持先立后破、稳扎稳打；必须加强统筹协调，坚持系统观念。④在这里，"坚持党中央集中统一领导"成为首要，正如习近平总书记所强

---

① 参见《中央经济工作会议在北京举行》，《人民日报》2018年12月22日第1版。

② 参见《中央经济工作会议在北京举行》，《人民日报》2019年12月13日第1版。

③ 参见《中央经济工作会议在北京举行》，《人民日报》2020年12月19日第1版。

④ 参见《中央经济工作会议在北京举行》，《人民日报》2021年12月11日第1版。

调的："我们党是执政党，抓好经济工作责无旁贷、义不容辞。"①

其次，强调必须坚持党对经济工作的领导和党中央的集中统一领导是基于对我们党领导中国人民推动革命和发展伟大实践的深刻总结，是对中国特色社会主义经济规律的深刻认识，是习近平经济思想对于马克思主义政治经济学新境界的重要开拓。

一方面，我们党的百年历史实践表明，中国共产党领导中国人民创造了新民主主义革命、社会主义革命和建设、改革开放和社会主义现代化建设、新时代中国特色社会主义的伟大历史性成就，并且推动中国特色社会主义现代化进程，实现中华民族伟大复兴中国梦进入到不可逆转的历史新阶段。这一伟大历史实践表明，只有中国共产党才能领导中国人民创造人类文明新形态，只有坚持党中央对经济工作的集中统一领导，才能为实现中国式现代化宏伟目标，创造经济社会发展基础。把坚持党中央对经济工作的集中统一领导作为客观规律，具有深厚的历史根据。我们党在社会主义初级阶段的基本纲领，即实现现代化，从社会主义制度建立起，用大体百年时间，建成中国特色社会主义现代化强国，实现中华民族伟大复兴，中华民族实现现代化强国目标与党在初级阶段基本纲领是高度统一的。坚持党对经济、党中央对经济工作的集中统一领导，与实现中国式现代化的历史逻辑是完全一致的。

另一方面，我们党百年马克思主义中国化的创新过程表明，坚持把马克思主义与中国具体实际相结合，同中国优秀传统文化相结合，不断推动马克思主义中国化，创立了毛泽东思想、中国特色社会主义理论体系、习近平新时代中国特色社会主义思想等理论，实现了马克思主义中国化的历史性飞跃。坚持党的全面领导恰恰是习近平创新理论中特别强调的基本

---

① 中共中央文献研究室编：《习近平关于社会主义经济建设论述摘编》，中央文献出版社2017年版，第321—322页。

方略，坚持党对经济工作的领导，特别是党中央对经济发展的集中统一领导是坚持党的全面领导的重要内涵。正如习近平总书记所说："履行党领导经济工作的职能，议大事、抓大事。发展是党执政兴国的第一要务，作为执政党，我们必须切实加强党对经济工作的领导，扎扎实实做好经济工作。中央政治局、中央政治局常委会要经常审议关系经济社会发展全局的重大问题。中央财经领导小组要在中央政治局、中央政治局常委会领导下，研究确定经济社会发展和改革开放的重要方针和政策，研究提出处理重大财经问题、重大生产力布局、重大建设项目的原则和措施。"[①] 习近平经济思想开拓了马克思主义政治经济学中国化的新境界，深刻揭示了新时代中国特色社会主义现代化新征程中的客观经济规律。中国共产党领导的中国革命和建设事业只有在马克思主义与中国具体实际的结合中才能取得成功，中华民族伟大复兴也只有在习近平新时代中国特色社会主义思想指引下才能真正成为不可逆转的历史必然。中国式现代化经济社会发展的基础需要以习近平经济思想为指导才能真正铸就，其中重要的便在于坚持党中央对经济工作的集中统一领导这一基本方略，对这一基本方略的把握体现我们党对新时代中国特色社会主义现代化新征程的客观经济发展规律认识的深化，是坚持以习近平新时代中国特色社会主义思想为实现中华民族伟大复兴事业的指导思想的必然逻辑。

再次，坚持党对经济工作的领导和党中央的集中统一领导是中国特色社会主义基本经济制度的内在要求，也是中国特色社会主义制度的最大优势，是社会主义生产方式的核心竞争力。

就经济治理而言，其总体性和权威性，全面性和复杂性，以及信息的不确定性和不充分性等，要求经济发展和国民经济运行必须有调控治理

① 中共中央文献研究室编：《习近平关于社会主义经济建设论述摘编》，中央文献出版社2017年版，第315页。

中心，这个调控治理中心的功能，在中国特色社会主义基本经济制度下，只能也必须通过中国共产党的全面领导，特别是通过党中央的集中统一领导，才能有效实现。一方面，中国特色社会主义基本经济制度为实现党中央对经济工作的集中统一领导创造了深刻的经济基础，经济基础决定上层建筑，公有制为主体、多种所有制经济共同发展的生产资料所有制，与这种所有制相适应的按劳分配为主体、多种分配方式并存的收入分配制度，以及与这种所有制和分配制度相统一的社会主义市场经济体制，作为有机整体构成中国特色社会主义基本经济制度。这种基本经济制度是我们党执政的经济基础，同时也是党中央对经济工作集中统一领导的基本保障。另一方面，中国特色社会主义基本经济制度的巩固和完善需要党的全面领导，需要党中央对经济工作的集中统一领导，上层建筑反作用于经济基础，中国特色社会主义的所有制在所有制结构上坚持公有制为主体，在企业制度构成上坚持国有制为主导，这种主体地位和主导作用要求贯彻党中央集中统一领导才能有效实现；非公经济和各种非国有的（包括非公有制和新型公有制）企业只有在与公有制经济和国有企业的有机协调发展过程中，才能真正得到持续健康成长，这种有机协调同样要求坚持党中央对经济工作的集中统一领导。因此，坚持党中央对经济工作的集中统一领导是中国特色社会主义基本经济制度的本质要求，是中国经济发展和经济治理的内在决定性要素，而绝非外在地独立于经济运行过程的一般前提条件，是中国特色社会主义生产方式的决定性内生变量。在中国特色社会主义基本经济制度的具体经济运行方面，实现党对经济工作的领导，实现党中央对经济工作的集中统一领导已经成为经济运行机制内在的制度，尤其是党的十八大以来，党中央集中统一领导在机制上已经成为中国经济发展、经济运行和治理的内在决定性制度因素。从党中央集中决策，到中央财经委员会的进一步部署，从全国人大的审议批准，到国务院的贯彻执行，从中央和国务院的统一指挥和协调，到各级地方党委和政府的具体贯彻落实，党的全面领导和党中央的集中统一领导已经成为中国特色社会主义市场经济运行机制不可或缺的内在制度和根本特点。习近平总书记指出："党的十八大以来，我们加强了中央财经领导小组工作机制，完善制度，充实力量，突出重点，注重落实，在中央政治局常委会领导下开展工作，党领导经济工作取得明显成效。"[①]

从次，加强党对经济工作的领导，强调党中央对经济工作的集中统一领导有利于统筹协调，是坚持贯彻系统观念的客观要求，是把制度优势转化为治理效能的关键所在。

只有切实把党领导经济工作的制度优势转化为治理效能，才能使国家经济治理体系不断优化。国民经济运行是极其复杂的系统，社会主义市场经济充满各种风险挑战，因此特别需要加强统筹协调，坚持系统观念，这是我们党在十八大以来的经济社会发展实践中总结出来的一条重要规律性认识。党的十九大以来，面临更加复杂的国内国际矛盾变化，更加需要强调统筹协调和系统性。2012年中央经济工作会议强调要在统筹兼顾中突出发展重点；2013年中央经济工作会议提出"统筹稳增长、调结构、促改革"，强调把握"经济社会发展预期目标和宏观政策的黄金平衡点"；2015年中央经济工作会议提出坚持"宏观政策要稳、产业政策要准、微观政策要活、改革政策要实、社会政策要托底"的政策统筹协同；2018年中央经济工作会议把"精准把握宏观调控的度，主动预调微调、强化政策协同"作为新形势下经济工作的规律；2019年中央经济工作会议强调"必须从系统论出发优化经济治理方式，加强全局观念，在多重目标中寻求动态平衡"；2020年中央经济工作会议在突出完善宏观经济治理的基础上，进一步强调"加强国际宏观政策协调"；2021年中央经济工作会议则把统筹

---

① 中共中央文献研究室编：《习近平关于社会主义经济建设论述摘编》，中央文献出版社2017年版，第322页。

协调和坚持系统观念作为党对做好经济工作的一条规律性认识加以明确。

习近平总书记指出："系统观念是具有基础性的思想和工作方法。"①必须从系统论出发优化经济治理方式，运用辩证法，统筹兼顾、综合平衡、突出重点、带动全局，提高统筹谋划和协调推进能力，在多重目标中寻求动态平衡，在高质量发展中实现系统优化。②

要实现统筹协调就必须有强有力的并且能够自觉遵循经济社会发展规律，进而科学统筹的指挥中心。我们党是总揽全局、协调各方的，坚持和完善党的全面领导是我们的政治优势。把这一优势转化为经济治理效能，必须充分体现党对经济工作的全面领导，体现党中央对经济工作的集中统一领导。习近平总书记指出："加强党对经济工作的领导，有利于集思广益、凝聚共识，有利于调动各方、形成合力。"③没有这种"合力"是不可能实现统筹协调的。在中国特色社会主义事业中，只有党的全面领导，尤其是党中央的集中统一领导才能形成"合力"，才能切实有效统筹不同发展目标，不同政策效应，不同宏观经济政策要求，不同利益主体体系。

最后，加强党对经济工作的领导和党中央的集中统一领导，需要不断提高党领导经济工作的能力和水平，不断加深对客观经济规律的认识，正确认识和把握新时代经济发展面临的重大理论和实践问题。

强调党的全面领导和党中央的集中统一领导，必然要求全面从严治党，同时不断提升党领导经济工作的科学水平和驾驭能力。一是要善于用政治眼光观察和分析经济社会问题，善于洞察经济活动的政治后果，善于

---

① 习近平：《关于〈中共中央关于制定国民经济和社会发展第十四个五年规划和二○三五年远景目标的建议〉的说明》，《人民日报》2020年11月4日第2版。

② 参见中共中央宣传部、国家发展和改革委员会编：《习近平经济思想学习纲要》，人民出版社、学习出版社2022年版，第164、18页。

③ 中共中央文献研究室编：《习近平关于社会主义经济建设论述摘编》，中央文献出版社2017年版，第318页。

从讲政治的高度思考和推进经济社会发展工作，把党中央决策部署贯彻到经济工作各方面，把领导经济工作的立足点转移到提高发展质量和效益，加快形成新的经济发展方式上来。[①] 二是要提高党领导经济工作的科学化水平。第一，要"学习马克思主义政治经济学基本原理和方法论，有利于我们掌握科学的经济分析方法，认识经济运动过程，把握社会经济发展规律，提高驾驭社会主义市场经济能力，更好回答我国经济发展的理论和实践问题"[②]。第二，要围绕经济社会发展重大问题加强学习和调研，提高把握和运用市场经济规律、自然规律、社会发展规律能力，坚持全球视野，增强战略思维能力，做到厚积薄发。第三，要增强党领导经济工作专业化能力，习近平总书记指出："我国经济发展到今天这样的水平，做好经济领导工作，必须有专业化能力支撑。"[③] 包括理论与实践相结合的能力，宏观和微观经济的熟悉，政治、经济、社会和国际、战略、心理等方面的知识，驾驭风险的能力和历史文化知识，等等。三是提高党领导经济工作的法治化水平。习近平总书记指出，"社会主义市场经济本质上是法治经济，经济秩序混乱多源于有法不依、违法不究，因此必须坚持法治思维，增强法治观念，依法调控和治理经济"[④]。一方面，实现党对经济的领导，在社会主义市场经济条件下，必须把权力关进制度的"笼子"，这是全面从严治党的要求，因而党对经济的领导必须是依法调控和治理经济，否则必然出现种种混乱，甚至产生严重的"寻租"。另一方面，强调

---

①　参见中共中央宣传部、国家发展和改革委员会编：参见《习近平经济思想学习纲要》，人民出版社、学习出版社2022年版，第20页。

②　中共中央文献研究室编：《习近平关于社会主义经济建设论述摘编》，中央文献出版社2017年版，第327页。

③　中共中央宣传部、国家发展和改革委员会编：《习近平经济思想学习纲要》，人民出版社、学习出版社2020年版，第323页。

④　中共中央文献研究室编：《习近平关于社会主义经济建设论述摘编》，中央文献出版社2017年版，第322页。

提高党领导经济工作的法治化水平，就是要根本改变单纯依靠主观意志、依靠行政手段来治理经济的方式，自觉运用法治思维和法治方式，坚持民主集中制，坚持按照经济社会发展的客观要求依法协调和处理复杂的经济利益关系和矛盾。正如习近平总书记所说："法治经济的本质要求就是把握规律、尊重规律。"①

正如党的二十大报告所强调的："全面建设社会主义现代化国家、全面推进中华民族伟大复兴，关键在党。"② 必须时刻保持解决大党独有难题的清醒和坚定，必须牢记全面从严治党和党的自我革命永远在路上，必须持之以恒地推进全面从严治党，以党的自我革命引领社会革命。总之，实现现代化是近代以来中国人民矢志奋斗的梦想，中国共产党100多年团结带领中国人民追求民族复兴的历史，也是一部不断探索现代化道路的历史。③

---

① 中共中央文献研究室编：《习近平关于社会主义经济建设论述摘编》，中央文献出版社2017年版，第322页。

② 习近平：《高举中国特色社会主义伟大旗帜 为全面建设社会主义现代化国家而团结奋斗——在中国共产党第二十次全国代表大会上的报告（2022年10月16日）》，《人民日报》2022年10月26日第1版。

③ 参见习近平：《携手同行现代化之路——在中国共产党与世界政党高层对话会上的主旨讲话》，《人民日报》2023年3月16日第2版。

第三章

中国式现代化的基本制度基础：坚持和完善中国特色社会主义经济制度

人类文明现代化的历史，既是技术创新推动的物质文明发展史，也是制度创新推动的社会生产方式变革史，是生产力与生产关系矛盾运动的过程。不同民族、不同国家在不同历史条件下，解放和发展生产力的要求不同，生产力与生产关系、经济基础与上层建筑矛盾运动的特点不同，因而适应生产力发展要求的生产方式、变革方式和所需要建立以及能够建立的生产方式也都不同，实现现代化过程中所需要的制度创新道路也就不同。党的二十大报告在概括中国式现代化本质要求时，开宗明义强调中国式现代化要坚持中国共产党领导，坚持中国特色社会主义。在阐释全面建设社会主义现代化国家必须牢牢把握的若干重大原则时，鲜明提出，坚持和加强党的全面领导，坚持中国特色社会主义道路，坚持以人民为中心的发展思想，坚持深化改革开放，坚持发扬斗争精神，在部署加快构建新发展格局、着力推动高质量发展的战略举措时，首先明确的便是构建高水平社会主义市场经济体制，"坚持和完善社会主义基本经济制度，毫不动摇巩固和发展公有制经济，毫不动摇鼓励、支持、引导非公有制经济发展，充分发挥市场在资源配置中的决定性作用，更好发挥政府作用"①。

因此，需要对中国式现代化所要求的基本经济制度的本质及特征，包括生产资料所有制、收入分配方式和经济运行机制等；对中国特色社会主义市场经济体制改革方向和进程，包括国有企业改革、民营企业发展、市场体系培育和宏观治理方式改革等；对关系中国特色社会主义基本经济制度的其他重要问题，包括农村土地制度和资本要素制度的改革等，进行深入研究。

---

① 习近平：《高举中国特色社会主义伟大旗帜　为全面建设社会主义现代化国家而团结奋斗——在中国共产党第二十次全国代表大会上的报告（2022年10月16日）》，《人民日报》2022年10月26日第1版。

第一节　基本经济制度的本质及特征

一、坚持和完善中国特色社会主义基本经济制度是实现中国式现代化的要求，也是国家治理体系和治理能力现代化的重要方面

"中国特色社会主义"这一伟大历史性命题的理论和实践探索，是中国共产党领导下的中国人民把马克思主义基本原理同中国社会主义革命和建设事业紧密结合的伟大创造。新中国成立到改革开放新时期之前，以毛泽东同志为核心的中国共产党事实上也是进行着中国特色社会主义的艰苦探索，力图从中国的具体国情和历史实际出发，以社会主义制度来推动中国的现代化。首先是社会经济发展的现代化。早在1956年我国生产资料所有制社会主义改造即将完成，社会主义基本经济制度刚刚形成时，毛泽东就指出，不要再硬搬苏联的一切，应把马列主义基本原理同中国社会主义革命和建设的具体实际结合起来，并且把这种结合称作"第二次结合"（相对于夺取政权时农村包围城市道路的第一次结合而言，又一次具体结合）。[①]"第二次结合"，一方面并未在理论上明确概括为"中国特色社会主义"，另一方面，虽然社会经济、政治、文化、外交等各方面事业取得了发展，但付出了高昂的代价，特别是在经济发展上有深刻的教训。包括"文化大革命"期间严重偏离以解放和发展生产力为中心这一马克思主

----

① 参见中共中央文献研究室编：《毛泽东年谱（1949—1976）》第2卷，中央文献出版社2013年版，第550、557页。

义基本立场，致使国民经济濒临崩溃的边缘。在经济制度和体制上存在严重的僵化，尽管基于中国的具体条件在制度和体制安排上与苏联集中计划经济有所不同，但总体上采取了苏联模式，特别是恪守了将社会主义制度与市场经济根本对立起来的传统。

"中国特色社会主义"范畴的明确提出是改革开放之后，正如2018年习近平总书记在庆祝改革开放40周年大会上的讲话中所指出的："改革开放40年来，我们党全部理论和实践的主题是坚持和发展中国特色社会主义。"① 就制度改革和完善而言，改革的目标集中到一点便是实现国家治理体系和治理能力的现代化。早在1992年邓小平南方谈话时就曾指出，大体上经过30年的时间形成基本成熟和定型的中国特色社会主义制度框架，即在我们党建党100周年前后形成较为完善的中国特色社会主义制度。党的十九届四中全会通过的《中共中央关于坚持和完善中国特色社会主义制度　推进国家治理体系和治理能力现代化若干重大问题的决定》（以下简称《决定》）全面总结了新时代中国特色社会主义制度和国家治理体系的显著优势和成就，同时指出了面临的新形势和新挑战，并提出了新时代推进国家治理体系和治理能力现代化的新要求和新任务。从1984年党的十二届三中全会作出全面开展经济体制改革的决议，到党的十八届三中全会进一步提出全面深化改革，再到党的十九届四中全会作出推进国家治理体系和治理能力现代化的决定，中国特色社会主义制度建设取得了历史开创性的进展。② 特别是党的十八届三中全会上首次明确提出中国特色社会主义制度建设中的国家治理体系和治理能力现代化的命题，极大地深化了中国特色社会主义制度建设的理论和实践。党的十九届四中全会《决定》

① 习近平：《在庆祝改革开放40周年大会上的讲话》，人民出版社2018年版，第27页。
② 参见《中共十九届四中全会在京举行》，《人民日报》2019年11月1日第1版。

指出："中国特色社会主义制度是党和人民在长期实践探索中形成的科学制度体系，我国国家治理一切工作和活动都依照中国特色社会主义制度展开，我国国家治理体系和治理能力是中国特色社会主义制度及其执行能力的集中体现。"党的二十大报告进一步指出，十八大以来，我们以巨大的政治勇气全面深化改革，各领域基础性制度框架基本建立，"中国特色社会主义制度更加成熟更加定型，国家治理体系和治理能力现代化水平明显提高"[①]。

治理不同于管理，重要的原因在于治理不是主体自身的自我管理，也不是权、责、利完全一致基础上的相互间主体边界清晰条件下简单的自上而下的垂直约束和制约，而是不同利益主体之间形成权力、利益、责任等方面的制度结构和约束秩序。从治理对象和行为主体上包括微观上的单位治理（如公司治理）、宏观上的社会治理（如国家治理）；从治理领域和制度安排上，包括政治、经济、社会、文化等不同领域，并在此基础上形成国家总体治理体系。中国特色社会主义制度从根本上规定我国国家治理体系和治理能力的性质及特征，而我国国家治理体系和治理能力又是中国特色社会主义制度实现其制度功能和目标的重要机制。

中国特色社会主义制度包括根本制度、基本制度、重要制度，其中基本经济制度具有基础性地位，经济改革在社会全面改革过程中具有关键性作用。基本经济制度包括生产资料所有制结构及其实现方式，国民收入分配制度及其实现机制，经济运行及资源配置和调控体制等方面。基本经济制度本质上是社会生产关系的制度体现，而社会生产关系构成一定社会的经济基础，一定社会经济基础决定相应的上层建筑，所以，基本经济制度对于社会政治、法制、文化制度，包括意识形态等在内，具有基础性的

---

① 习近平：《高举中国特色社会主义伟大旗帜　为全面建设社会主义现代化国家而团结奋斗——在中国共产党第二十次全国代表大会上的报告（2022年10月16日）》，《人民日报》2022年10月26日第1版。

规定作用。相应地，在社会制度转型的历史进程中，基本经济制度的变革在各方面制度变革中具有关键性作用。生产关系的性质及变革取决于生产力发展的要求，同生产力与生产关系矛盾运动相适应，经济基础与上层建筑之间的矛盾运动最终均统一于适应解放和发展生产力的历史需要。坚持和完善中国特色社会主义制度和治理体系的基础在于坚持和完善基本经济制度和体系，全面深化改革的关键在于深化中国特色社会主义基本经济制度和体系的改革。事实上，中国的改革也是首先从经济改革开始的，党的十二届三中全会的决议是关于全面开展经济体制改革，党的十八届三中全会的决议是关于全面深化改革，在提出全面系统深化社会各方面制度改革的同时，也特别指出经济体制改革在其中具有关键性作用。

一方面，只有基于中国特色社会主义基本经济制度的本质特征规定，才可能在民主制度建设上真正形成超越资本主义私有制社会的人民当家作主，发展全过程人民民主，依靠人民推动国家发展的制度特点和显著优势；相应地，只有在真正人民民主制度基础上，才能在法治建设上形成全面依法治国，建设社会主义法治国家，保障社会公平正义和人民权利的法治特点和显著优势；只有在中国特色社会主义民主和法治制度基础上，才能在政治能力上形成全国一盘棋，调动各方面积极性，集中力量办大事的政治治理制度特点和显著优势。另一方面，建设中国特色社会主义民主、法治和政治制度，坚持和完善人民当家作主制度体系，发展社会主义民主政治对于坚持和完善社会主义基本经济制度，发挥基本经济制度解放和发展生产力的显著优势，具有不可或缺的意义。因为中国特色社会主义市场经济应当是更加全面和公正的法治经济，这种更加全面和公正的法治经济必须建立在真正充分的和全过程人民民主基础之上。现代化发展进程中的市场化、法治化、民主化，必然会遇到种种特权和既得利益的顽强阻挡，因而尤其需要在政治能力和制度体系上具有能够充分凝聚社会共识和发展力量的政治核心，以妥善处理各方面的利益矛盾，充分调动各方面的积极性，才能够在政治上保证克服种种发展的阻力，最大程度地集中进步力量，办好实现现代化发展的"大事"。我国近代以来积贫积弱、任人凌辱的历史之所以发生，当代许多发展中国家之所以陷入"中等收入陷阱"，重要的原因在于政治制度和治理体系及能力上缺乏凝聚力，因而在现代化进程遇到阻力时，缺乏推动市场化、法治化、民主化的发展力量。中国特色社会主义制度和治理体系之所以具有推动我国发展实现现代化的显著优势，根本在于政治制度和治理体系具有中国共产党的集中统一领导，具有坚持党的科学理论、保持政治稳定、确保国家始终沿着社会主义方向前进的显著优势。

因此，中国特色社会主义制度和体系是以基本经济制度为基础，并在此基础上形成一系列根本制度和重要制度，包括民主、法治、政治制度等。这些制度作为社会上层建筑，对中国特色社会主义基本经济制度的巩固和完善起着极其重要的作用。需要特别指出的是，在社会发展过程中，经济制度与政治制度、法治制度等制度转型和改革必须适应社会生产力发展的历史要求，协调推进，既不能长期单项推进而缺乏制度转型的总体协调，也不能齐头并进而无重点突破。从理论逻辑和历史逻辑上看，一般是基本经济制度的改革和转型首先展开，因为不仅经济制度构成社会经济基础，其变革从根本上规定着上层建筑领域的变革方向和基本特征，而且生产力的解放和发展要求首先体现在对经济制度变革要求方面。欧洲资本主义制度产生的发展历史进程中，经济制度的演变在各方面社会制度的变革中是率先展开的，包括其资本主义生产资料所有制和产权制度的变化，以及资源配置机制上的市场化和商业革命，从而为历史发展中的资产阶级法治化和民主化等创造基础。而法治化和民主化的进展又反过来巩固和支持经济制度上的资本主义私有化和市场化。我国的改革开放也是首先以经济制度改革为突破和重点的，这一特点在党的十二届三中全会关于开展经济体制改革的决定和党的十八届三中全会关于全面深化改革决定中有明确的概括。只有把握中国特色社会主义制度及体系的各方面内在联系，根据各方面制度及体系结构之间的理论逻辑、历史逻辑和实践逻辑，才能有效坚持和完善中国特色社会主义制度，推进国家治理体系和治理能力现代化。

二、中国特色社会主义基本经济制度的主要特征及显著优势是在长期实践探索中形成的

中国特色社会主义基本经济制度的基本内涵和主要特征包括三个方面。一是生产资料所有制上的特征，即坚持和完善公有制为主体、多种所有制经济共同发展，这是社会主义经济性质的集中体现；二是收入分配方式上的特征，即坚持和完善按劳分配为主体、多种分配方式并存，这是由所有制性质和特征所决定的；三是经济运行和调节机制上，即坚持社会主义市场经济改革方向，把社会主义制度与市场经济有机结合起来，不断解放和发展生产力。就基本经济制度体系而言，党的十九届四中全会《决定》在深刻总结新中国70年来，特别是改革开放40多年来的理论和实践探索基础上，进一步深化了认识，丰富了基本经济制度内涵。以往关于基本经济制度的内涵更多地是指生产资料所有制基础，包括所有制结构及其实现形式等。直到党的十五大，概括中国特色社会主义市场经济的所有制基础时，仍是将基本经济制度定义在所有制上，指出公有制为主体，多种所有制经济长期共同发展是社会主义初级阶段的基本经济制度，此后又反复强调"两个毫不动摇"，强调所有制作为基本经济制度的性质和地位。分配方式作为受所有制决定的相应方式并未作为基本经济制度本身的内容，特别是社会主义市场经济体制作为经济运行和调节机制，以基本经济制度——所有制为基础，但其本身并未作为基本经济制度的内在组成部分。党的十九届四中全会《决定》把所有制、分配制度、运行机制三者作为一个有机统一体，构成中国特色社会主义基本经济制度的内涵，并从三个方

面的统一上把握其本质特征和突出特点，体现出我们党对于中国特色社会主义基本经济制度认识上更加科学、更加深化。这种认识上的更加科学、更加深化，源于中国特色社会主义经济发展实践，是从理论上对实践的科学总结。

就所有制而言，1982年党的十二大打破社会主义经济所有制结构必须纯而又纯，所有制形式必须"一大二公"的教条，首次承认个体经济是社会主义经济的有益补充；1986年党的十二届六中全会首次承认私有制经济是社会主义公有制经济的有益和必要的补充；1992年党的十四大首次明确非公有制经济是我国社会主义国民经济的重要组成部分，在企业产权制度上首次明确不同性质经济成分可以自愿联合为混合所有制；1997年党的十五大将"公有制为主体，多种所有制经济共同发展"确立为我国社会主义初级阶段的一项基本经济制度；2002年党的十六大进一步强调所有制结构要坚持"两个毫不动摇"；2012年党的十八大以来，更加鲜明地强调公有制为主体，多种所有制经济共同发展的历史长期性，强调不同性质的所有制经济发展混合所有制经济的客观必要性；2019年党的十九届四中全会关于基本经济制度的概括是对所有制基础的改革探索实践做出了深刻的总结。

就分配制度而言，1978年党的十一届三中全会指出，必须认真执行按劳分配的社会主义原则，强调按劳分配的社会主义性质；1984年党的十二届三中全会作出开展经济体制改革的决定，强调必须改革严重妨碍贯彻执行按劳分配原则的各方面体制，包括价格体制、工资体制等。党的十二届六中全会则明确提出在共同富裕目标下，允许一部分人先富起来；1992年党的十四大首次明确，在坚持公有制和按劳分配为主体，其他经济成分和分配方式为补充的基础上，建立和完善社会主义市场经济。而后党的历次代表大会均坚持按劳分配为主体，多种分配方式并存的分配原则，特别指出多种生产要素按贡献参与分配。党的十八大以来，在坚持这一基本分配制度基础上进一步提出新发展理念，强调以人民为中心贯彻"共享"理念，把中国特色社会主义分配理论发展到新高度。从改革初期，打破对按劳分配的否定，重新明确按劳分配是社会主义初级阶段的基本分配原则，到承认要素贡献并按贡献程度进行收入分配；从允许一部分人先富起来，到进一步强调逐渐实现共同富裕，强调"一个都不能少"的全面小康；从突出分配方式上的效率优先原则，到强调效率与公平的均衡，强调"共享"。以按劳分配为主体，多种分配方式并存的分配制度不断清晰，以人民为中心，走共同富裕道路的发展思想和政治立场更加坚定。党的十九届四中全会关于分配方式特征的概括是对分配制度改革实践的深刻总结和进一步的丰富。

就经济运行机制而言，与所有制改革相适应，打破长期否定社会主义与市场经济相互结合可能的教条，1982年党的十二大首次提出社会主义经济应是"计划经济为主、市场调节为辅"，在科学社会主义实践发展史和马克思主义政治经济学理论发展史上创造性地突破将社会主义经济与市场机制根本对立的传统，把市场引入社会主义经济；1987年党的十三大在承认社会主义经济是"有计划的商品经济"的基础上，在运行机制上明确提出"计划经济与市场调节相结合"，强调计划和市场都是覆盖全社会的，进一步克服对市场作用程度上的局限；1992年党的十四大首次明确以社会主义市场经济为改革的目标导向，承认社会主义经济的市场经济属性，承认市场机制在社会主义社会资源配置上的基础性作用；党的十八届三中全会关于全面深化改革的决议，首次明确市场在我国经济资源配置中起决定性作用，同时更好发挥政府作用；党的十九届四中全会通过的《决定》，系统总结了我们党在长期探索中关于市场经济与社会主义制度的认识，并且把社会主义市场经济体制与所有制和分配方式统一于社会主义基本经济制度体系，进一步深化了关于社会主义制度与市场经济之间的有机统一性，进一步明确了市场经济是社会主义基本经济制度的内在组成部分，这是在实践基础上的重大的理论进展。党的二十大报告则进一步把构建高水平社会主义市场经济体制作为推动高质量发展的重要战略举措，强调在坚持和完善社会主义基本经济制度基础上，构建全国统一大市场，深化要素市场化改革，建设高标准市场体系。完善产权保护、市场准入、公平竞争、社会信用等市场经济基础制度。同时，健全宏观经济治理体系，发挥国家发展规划的战略导向作用，加强财政政策和货币政策协调配合。[①]

中国特色社会主义基本经济制度的强大生命力，在于其具有发展和解放中国社会生产力的显著优势，集中体现在以下三方面。

（1）以公有制为主体、多种所有制经济共同发展的所有制：一方面，在主体性质上根本区别于一切生产资料私有制，因而在基本经济制度上为克服和缓解生产社会化与私有制之间的根本冲突提供了可能，从而使社会生产的主要目的能够服从人民的根本利益，而不是私人资本的个别私利。既提高了所有制上对生产社会化要求的包容度和适应性，更充分地解放和发展生产力，特别是在公有制为主体的结构下探索公有制本身的实现形式，尤其是有效发挥国有制经济的主导作用，不断提高其在社会主义市场经济中的创新力、竞争力、控制力、影响力等，同时切实支持民营经济发展，推动混合经济成长，使社会经济发展的动力建立在广大人民利益增长的基础上。另一方面，多种所有制经济共同发展根本区别于僵化的社会主义生产资料所有制结构的传统，适应中国特色社会主义生产力性质和发展要求的多样性，在所有制结构上进一步为社会主义与市场经济的有机结合创造了可能。

（2）以按劳分配为主，多种分配方式并存的分配制度是中国特色社会主义生产资料所有制在利益实现方式上的集中体现。一方面，从根本上

---

① 参见习近平：《高举中国特色社会主义伟大旗帜　为全面建设社会主义现代化国家而团结奋斗——在中国共产党第二十次全国代表大会上的报告（2022年10月16日）》，《人民日报》2022年10月26日第1版。

否定了一切私有制社会产生普遍剥削的根源，把利益分配方式上的平等原则，总体上从私有资产，特别是资本面前的平等，变革为在劳动面前的平等。尽管还只是一种形式上而并非事实上的平等，但在人类平等史上是一场空前深刻的革命。虽然还有收入差别，但与私有制社会根据资本排他性的占有形成的差别，具有本质的不同。这种不同不仅在于产生的根本原因不同，而且在于差别的程度上的不同，特别是在发展趋势和前景上的不同。在资本私有权面前的平等进而产生的不平等最终导致的是两极分化和资本与劳动的根本对立，在劳动面前的平等进而产生的事实上的不平等最终要逐渐走向共同富裕和劳动者共享，从而为最大限度地调动劳动者的积极性，持续普遍提高劳动生产率创造基本经济制度上的激励动力。另一方面，多种分配方式并存，既是社会主义所有制结构特征规定的，同时也是提高各方面生产要素效率的要求。完善要素市场配置方式是提高要素效率的重要经济条件，包括劳动、资本、土地、知识、技术、管理、数据等各类生产要素，只要仍然具有商品的性质，就应在原则上由市场机制决定其配置，也应由市场机制来评价其对经济增长和发展的贡献，进而按市场评价的贡献程度决定要素报酬，对于激励要素所有者提高要素效率和全要素生产率是不可或缺的基本经济制度保障。

（3）建立在中国特色社会主义生产资料所有制和收入分配制度基础之上的资源配置机制，即社会主义市场经济体制为统一政府和市场创造了基本经济制度上的基础。事实上，建立在资本主义私有制基础上的市场竞争，在现实中，难以克服其内在矛盾，存在深刻的"市场失灵"和"政府失灵"。垄断资本主义的形成和种种矛盾，经济危机周期性的发生，政府对于缓解市场失灵所面临的悖论，等等。都表明了资本主义市场经济机制的历史局限性和矛盾的尖锐性。其根源在于基本经济制度的本质和内在矛盾。在中国特色社会主义基本经济制度下，一方面，从根本上有可能统一微观主体与宏观整体的利益目标，从而为协调企业、市场、政府三者关系创造基本制度和利益基础。至少比资本主义市场竞争体制下更具协调能力，或者说在机制上更具使分散的市场竞争行为收敛于社会经济总体均衡目标的可能。从当代应对世界金融危机的实践和保持经济长期稳定增长的事实来看，我国基本经济制度在这方面的优势是显著的。另一方面，从制度上可以协调企业市场竞争活力与国家宏观调控能力。在充分发挥市场在资源配置中的决定性作用的同时，更好发挥政府作用。政府不仅能够从总需求方面通过影响市场消费者行为和预期对国民经济进行总量调控，而且可以有效地从总供给方面通过深化供给侧结构性改革，通过影响生产者行为和效率对国民经济进行结构调控，使政府对市场的作用，对市场失灵的克服更深入、更具引导力。资本主义市场经济机制下经济失衡过程中，不仅总需求管理面临严重的局限（滞胀时的需求管理失效便是证明），而且供给侧管理也面临基本经济制度的限制（20世纪80年代的"供给革命"失败便是例证）。政府直接影响生产者的改革和政策在资本主义私有制市场经济中是缺乏制度根据的。

第二节　中国经济改革的性质及导向[①]

现代化需要制度创新，中国式现代化需要坚持中国特色社会主义市场经济改革方向，中国经济改革的目标导向在于统一社会主义与市场经济；其逻辑特征在于，在所有制改革与市场机制培育的统一中推进体制转轨，在企业产权制度改革与市场价格制度改革的统一中构建市场经济内在竞争机制，在改革的可行性与必要性和增量改革与存量改革的统一中推进改革。

---

① 参见刘伟、方敏：《中国经济改革历史进程的政治经济学分析》，《政治经济学评论》2016年第2期。

一、西方正统经济学^① 解释经济转轨的传统

对中国经济改革历史进程进行政治经济学分析，首要问题是如何认识改革或体制转轨的历史本质，用怎样的经济学方法论传统和价值取向解释改革的历史内涵。

当代西方正统经济学对转轨国家的体制转轨包括对中国改革进程的理解，是从正统经济学的立场和方法出发，根据他们对经济学及其方法的理解来分析改革的本质内容。问题的核心在于经济学除考察实现资源配置有效性的均衡过程外，应不应当包括产权、所有制等基本制度分析，转轨进程应不应当包括所有制及企业产权制度的转变。如果仅仅从一般均衡的竞争性市场机制要求出发，把所有制和企业产权制度变迁作为已知的并且是清晰的制度前提，假定改革需要并能够具备市场机制有效配置资源的所有制条件，即以私有化为转轨的前提，把转轨理解为私有化基础上的资源配置方式从计划模式向市场竞争机制转变，对改革和转轨的经济学分析就不用考察所有制和企业产权变化的历史过程，也不用质疑把资本主义私有制作为唯一的现代化制度条件，而只是考察在满足这一前提条件下从传统计划经济体制向市场竞争机制转变的过程。

英国古典经济学在坚持经济自由主义哲学立场的基础上，其经济理论体系既包含了对市场机制的一般分析，即市场作为"看不见的手"对于资源配置的自发性调节作用，以及这种自发性调节通过市场竞争趋于总体和谐的收敛功能；同时也包含了对所有制等基本制度的历史分析，特别强调了私有制及自由平等交易的产权制度是市场自发调节的基础。古典经济

---

① 西方正统经济学就其产生发展而言是源于英国古典经济学，而古典经济学实质上就是政治经济学，直到1890年马歇尔的《经济学原理》问世之后，"政治经济学"才改为"经济学"，但二者往往通用。参见刘伟：《今天为何需要政治经济学》，《政治经济学评论》2015年第1期。

学家亚当·斯密甚至从所有制结构和形式的变化上解释了社会经济史发生变化的动因。[①]古典经济学强调所有制的历史原因在于，处在自由竞争时代的资产阶级需要政治经济学为资本主义生产方式的历史正义性和替代封建制度的历史必然性进行论证，因此便不能不对资本主义生产方式的基础——资本主义私有制做出深入的分析，并指出其历史进步性和优越性。特别是在资本主义生产方式历史地位尚不稳固，还面临封建主义生产方式的顽强对抗，资本主义生产方式真正赖以存在的大机器工业革命还未发生之前（资本主义商业革命在产业革命之前，资产阶级革命在大机器工业革命之前），其解放和推动生产力发展的历史优越性仍未充分表现，其赖以存在的生产力基础尚不真正具备，资本主义生产方式本身的历史地位尚不稳固，从哲学、政治学、法学、经济学等各学科论证资本主义生产方式的优越性和历史必然性便成为资产阶级对其学者的基本要求。随着资本主义生产方式统治地位的稳固，作为资本主义生产方式代表者的资产阶级需要的就不再是论证这一制度的优越性及必然性，而是如何运用这一生产方式使资本获得最大的利益。经济学要论证的核心问题就从"为什么需要资本主义"演变为"如何运用资本主义"。在这种情况下，对于资本主义所有制问题、资本主义制度的本质特征问题以及体现该制度下生产、交换和分配正义性的价值理论命题的讨论，便作为已然成立而不需论证的前提存在，被排除在了政治经济学研究对象和经济分析体系之外。特别是经过19世纪末马歇尔对经济学的整合形成新古典经济学传统之后，发现均衡的位置、求解厂商或消费者的利润或效用极值、讨论在资本主义制度前提下如何运用市场获得私人的最大收益，更是成为经济学的主题和正统。

　　西方制度经济学对制度的强调也只是作为异端，并未对正统经济学做

---

　　① 斯密把经济史分为渔猎、游牧、农耕、工商等不同阶段，并把经济史不同阶段演进的基本动因归结为所有制的变化。参见［英］亚当·斯密：《国民财富的性质和原因的研究》，商务印书馆2014年版。

出根本的改造。科斯等人的产权理论也是建立在正统经济学关于经济学的理解前提下的，认为经济学是发现均衡位置的学说，不过由于交易成本的存在，求解极值必须考察制度特别是产权制度。交易成本作为运用市场机制的成本，其高低在很大程度上取决于产权结构状况。科斯的产权分析之所以获得正统经济学的承认，是因为他从根本上支持正统经济学对经济学的理解，不同的只是把产权制度及相应的交易成本和社会成本等问题纳入正统经济学一般均衡分析的体系，使正统经济学求解效用极值的过程更为精确，把产权制度作为求解极值的约束条件之一，而不是从根本上动摇正统经济学的传统。

标准的福利经济学、正统的微观经济学及占主流的宏观经济学，说到底都是遵循19世纪末以来形成的新古典经济理论传统。西方正统经济学对体制转轨的理解同样沿袭了这一传统，在改革的理论分析和政策设计中强调转轨的目标在于形成趋向均衡状态的配置机制，根本上忽略制度改革特别是所有制及产权制度改革的历史社会进程，只是将其简单地归结为私有化，将私有化作为不容置疑的制度前提，而不是作为改革本身的历史内容。这在西方主流经济学对转轨问题提出的所谓"华盛顿共识"上有充分的体现。"华盛顿共识"对于制度特别是产权制度在转轨历史过程中的重要性的根本忽视，在理论上是源于新古典经济学传统，在实践上则受两方面的影响：一方面是对陷入"中等收入陷阱"等国经济发展障碍的分析，"华盛顿共识"首先针对的是发展中国家向经济发达国家转变的问题，而这些发展中国家在基本的所有制关系和结构上已经具备私有制的基础，体制转轨问题更多地集中在资源配置从传统方式转向现代市场机制；另一方面，传统计划经济国家以往的改革实践主要探索的是经济的信号系统如何从数量信号为主转为价格信号为主，动力系统如何从行政刺激为主转为经济刺激为主，决策系统如何从集中决策为主转为分散决策为主等问题。这些问题在西方比较经济学和传统计划经济国家的学术界中存在长期争论，但是所有制及产权制度问题并未真正被纳入改革实践。新时期改革进程一经开启，人们自然把目光集中于以往的失败，怎样更彻底地推进市场化便成为问题的重点。

虽然西方经济理论也有主张"渐进—制度演化"的观点，但一方面这种观点并未形成主流，另一方面这种观点与主流的"华盛顿共识"的区别主要集中在如何推进市场化上，而不是要不要进行所有制和产权改革。无论是西方主流的"华盛顿共识"，还是非主流的"渐进—制度演化"观点，都以私有制为前提，在这点上两者并无分歧，两者都把私有制作为市场化的前提，关注的是假定存在私有化的前提下如何实现市场化的方式和过程。这也导致在考察转轨过程中的市场机制和市场秩序命题时，无论是主流的"华盛顿共识"还是非主流的"渐进—制度演化"观点，在解释这两个问题上都遇到了共同的困难：一是市场经济主体秩序和交易秩序的相互逻辑关系问题，二是市场内在竞争秩序与外部社会秩序的相互逻辑关系问题。

就第一个问题而言，转轨经济既不存在竞争性的市场价格机制，从而不能满足市场交易秩序的要求，同时也不存在受市场硬约束的企业产权制度，从而不能满足市场主体秩序的要求。在这种情况下，如果放开市场竞争，软预算约束下的企业能够真正按照市场价格信号行动进而使分散的竞争收敛于均衡的位置吗？如果传统国有企业在所有制结构和产权结构上未能按照市场主体秩序的要求进行改造并摆脱软预算约束，那么竞争性的市场价格机制能真正有效地发挥作用吗？战后联邦德国的"艾哈德奇迹"和日本的"神武景气"到底是放弃管制恢复市场自由竞争的结果，还是由于存在资本私有制进而才有受市场硬约束的现代企业制度的结果？进一步说，在企业产权结构存在"委托—代理"关系、产权界区不清晰、所有权与剩余索取权分布不对称、信息存在不对称的"不完全合约"条件下，在所有者或委托者对代理者进行监督、约束和激励等方面，国有企业与私有企业是否存在差别？能否与私有制企业的治理结构同样有效？即使假定存在"完全合约"，企业在治理结构上产权清晰、信息对称，所有制性质对于企业绩效和市场竞争结果来说是不是无关的？企业产权的国有性质是否会在产权制度上要求对企业进行超市场、超经济的政府行政干预？这种干预能否保证与市场竞争要求趋于一致？

就第二个问题而言，市场竞争机制的外部社会秩序，包括法制秩序与道德秩序，都是基于市场经济内在竞争机制的要求而产生的，并从法制和道德方面对其予以保护及支持，如果对体制转轨的研究忽略了所有制及产权制度，那么市场经济的法制秩序和道德秩序基础何在？在西欧封建社会演变为资本主义社会的历史过程中，并不是先有了作为国家上层建筑的法律制度对私人财产的明确保护，才有了资本主义生产方式，而是先有作为社会经济基础的资本主义经济关系，尔后才逐渐形成了与之相适应的法律制度。[①]"所有制"作为生产关系的基础与国家法律制度明确的"所有权"是不同的。所有制是基础，所有权是这一基础在法律制度上的体现。在转轨问题考察中忽略所有制分析，不仅难以解释市场中的企业产权主体秩序与市场价格交易秩序的逻辑关系，也难以解释所有制和企业产权制度与相应的法律制度转型之间的逻辑关系，以及法制秩序和道德秩序转型对市场机制发育的作用，进而就难以解释在市场内在竞争机制转轨的不同时期，多大程度上能够并需要法律制度的维护和推动作用，多大程度上能够并需要道德秩序转型的支持作用，因而也就解释不了为何在改革带来的深刻的制度变迁过程中可能会出现法律制度缺失或滞后，比如有法律而无系统

---

① 参见厉以宁：《资本主义的起源——比较经济史研究》，商务印书馆2003年版，第一章。

的法制，或者有法制而无法治；① 解释不了为何在转轨过程中可能会出现"道德失范"状态，既缺乏作为传统社会道德核心的"忠诚"，又缺乏作为市场社会道德核心的"诚信"。

　　总之，正统西方经济理论以标准的新古典价格理论为基础，运用一般均衡分析方法，在解释体制转轨问题上，把私有化作为基本的前提，进而事实上把所有制分析排除于理论分析之外，将转轨解释为从传统计划经济体制向竞争性市场体制转变的过程，即在假定存在私有化的前提下分析市场化过程。尽管在具体的政策主张上存在所谓"激进式"与"渐进式"改革的分歧，但二者关于改革实质的理解是一致的。在基本经济制度与资源配置机制的相互关系上，西方经济学的传统在于把资本主义私有制与市场机制等同起来，把社会主义公有制与市场机制对立起来，把私有化作为经济改革的基础，把经济改革归结为资源配置方式的变化，经济转轨的命题并不包括对所有制和产权制度改革的真正分析。在改革的价值取向上更是充分肯定资本主义私有制，理论所要讨论的只是在这一基本价值取向下的市场化进程问题，从而忽略了对所有制和产权问题的理论分析。

二、马克思主义政治经济学认识改革的方法和范式

　　在中国，坚持以马克思主义政治经济学的基本原理和方法认识改革问题既是主流也是传统。

---

　　①　"法律"可以是具体的独立存在的"法"；"法制"是"法律"的系统制度化；"法治"则是运用法制治理社会、国家、政府等的历史过程，即所谓法治社会、法治国家、法治政府等。"法治"需要一系列的条件。早在古希腊时期，亚里士多德就已指出法治包含的两方面基本含义：一是法律被社会普遍服从，即人们具有遵法守法的自觉（法治精神）；二是法律是良法，即法律供给质量好且成系统。参见姜明安主编：《法治国家》，社会科学出版社2015年版，第7、28—50页。

（一）认识改革的基本方法是历史唯物主义和辩证唯物主义

集中体现在以下六点。一是从生产关系与生产力矛盾运动的分析中阐释改革的历史必然性，并进一步把改革的本质归结为生产关系的变革，把改革的根本动因解释为解放和发展生产力的要求。二是从生产关系内涵出发，把改革生产关系的实质解释为所有制结构和所有制实现形式的改革，特别强调了所有制结构的多元性和国有制企业的产权制度改革。[①] 三是在改革的实践上，从一开始就特别强调以解放和发展生产力作为检验改革绩效的根本标准。由于改革的起点面临着生产力水平十分落后，甚至温饱问题尚未解决的贫困状况，任何可能给经济发展带来进一步破坏和震荡的改革都是不堪设想和无法承受的，因此改革的起步是从克服贫困、解决温饱问题开始的；在改革绩效的评价上，作为改革历史内容的生产关系的变革均以是否解放和发展生产力为根本尺度。四是对改革模式的总体认识从一开始就把改革理解并区分为两个方面，即所有制和运行机制。尽管对这两方面改革的相互关系认识存在不同，特别是对在逻辑上这两方面改革孰为根本、孰为先后的认识存在严重分歧，但是在强调改革应该包括这两个方面这一点上是一致的。[②] 五是对改革本质的争论焦点集中于要不要对所有制进行实质性的改革。虽然人们普遍承认所有制改革是经济改革的应有之义，但一种意见认为，所有制改革特

---

① 中国学术界强调所有制改革的著名学者如：于光远《对待社会主义所有制的基本态度》（1979年，收录于《论我国的经济体制改革》，湖南人民出版社1985年版）；董辅礽《关于我国社会主义所有制形式问题》（《经济研究》1979年第1期）；蒋一苇《企业本位论争议》（《经济管理》1979年第6期）；厉以宁《中国经济改革的思路》（中国展望出版社1989年版）。

② 参见蒋学模：《论我国社会主义全民所有制的性质和形式》，《学术月刊》1979年第10期；李泽中：《关于社会主义全民所有制经济的改革问题》，载中国社会科学院经济研究所政治经济学研究室编：《经济改革的政治经济学问题探讨》，中国社会科学出版社1982年版。

别是国有企业改革应当私有化，比如"私有民营"；另一种意见认为国有企业改革不应触及所有制性质，而应集中于简政放权，推动所有权与经营权的分离，在分离中淡化所有权对经营权的约束，给企业家更大的空间，以此超越只有私有制才能与市场内在统一的逻辑。[①] 六是所有制和企业产权制度改革与其他改革的关系，特别是与市场竞争价格机制的培育之间的逻辑关联，同样成为重要的争论命题。围绕到底是以所有制和企业产权制度改革先行并作为改革的根本，还是以培育竞争性价格机制作为先行和根本，形成了厉以宁先生等人提出的"所有制改革论"与吴敬琏先生等人提出的"价格改革论"之争。[②]

　　总之，基于历史唯物主义和辩证唯物主义的方法和传统，中国对于经济改革的理论和实践探索，始终围绕生产力与生产关系的矛盾运动展开，进而把改革的根本动因归结为生产力发展的要求；把改革的内涵归结为生产关系特别是所有制的改革；把改革的评价标准明确为解放和发展生产力的程度；把改革的争辩集中于怎样理解所有制改革、怎样处理所有制改革与其他改革的相互关系问题。这一理论传统与西方正统经济学对改革命题的理解形成了鲜明的反差，这种反差集中体现在两方面：一方面西方理论脱离生产力解放和发展要求这一历史的、国别特殊的前提，强调抽象的制度变迁；另一方面西方理论忽略对所有制改革和企业产权改革的分析，简单地把私有化作为既定前提，把改革理解为市场竞争性价格机制的培育。

---

　　① 　参见王小强：《超越私有制逻辑——两权分离，承包与法人资产》，《中国：发展与改革》1988年第4期。

　　② 　参见吴敬琏、刘志瑞：《论竞争性的市场体制》，广东经济出版社1998年版；又见吴敬琏等：《产权制度和大中型企业的改革》，《经济社会体制比较》1989年第6期。厉以宁：《非均衡的中国经济》，广东经济出版社1998年版；又见厉以宁：《中国经济改革的思路》，中国展望出版社1989年版。

（二）改革的基本理论准备和思想动员从马克思主义哲学、经济学、科学社会主义三个方面全面展开

中国改革有无理论准备？虽然改革实践是在干中学和"摸着石头过河"的过程中展开的，但是中国改革开放和社会主义现代化建设新时期的改革事实上具有系统性的思想启蒙和理论动员。这种系统性集中体现在改革初期中国思想理论界三场大的争论上。一是关于实践是检验真理的唯一标准的大讨论。这场大讨论从马克思主义哲学思想路线上，从世界观方法论的高度，为解放思想、动员改革打下了必要的基础。本来，实践是检验真理的唯一标准是马克思主义哲学最为基本的原理之一，但在改革开放初期教条主义的僵化思维模式长期禁锢人们思想的条件下，这场大讨论不仅意义重大，同时分歧也极为深刻，对思想界和改革实践影响巨大且极其深远。[1] 二是关于社会主义初级阶段问题的大讨论，这场大讨论从马克思主义科学社会主义发展观上，从基本道路和基本方向的层面，为认识改革、推动改革坚定了信心。争论的核心在于两方面：一方面，我们长期实践的是不是社会主义？另一方面，新时期的改革要不要坚持社会主义方向？社会主义制度在中国到底有无可行性、优越性、历史必要性及必然性？如何认识和对待改革开放中姓"资"姓"社"的不同道路问题？争论的收获在于，明确了我国处于并将长期处于社会主义初级阶段，尽管其优越性的体现仍不充分，实践中的社会主义制度仍很不完善，解放和发展生产力的

---

[1]　这场发生在1978年中共十一届三中全会召开之前的大讨论以1978年5月10日，由胡耀邦创办的中央党校内部理论刊物《理论动态》发表，由《光明日报》供稿并经《理论动态》编辑部及《光明日报》主编等策划并深入讨论和修改的《实践是检验真理的唯一标准》一文为标志。随后，《光明日报》以"本报特约评论员"的名义在头版发表，新华社发通稿，《人民日报》《解放军报》及《解放日报》等转发，由此，关于真理标准问题的大讨论在全国理论界展开。参见沈宝祥：《真理标准问题讨论始末》，中共中央党校出版社2015年版。

历史作用还远未实现，但其本质属于社会主义性质。社会主义制度在中国的历史实践还处在初级阶段，因而具有一系列初级阶段的历史特征。在此基础上，形成了以邓小平理论为突出代表的"中国特色社会主义"理论，把马克思主义的科学社会主义理论与中国特色社会主义实践的结合推进了一大步，为中国新时期的改革明确了方向和历史道路。[①] 三是关于中国特色社会主义经济制度特征的大讨论，这场讨论从马克思主义政治经济学的角度，对中国特色社会主义经济制度的本质和历史特征进行了深入争辩，为经济体制改革奠定了理论基础和基本原则。争论的基本问题集中在两方面：一方面，社会主义经济制度与市场经济机制的关系怎样？市场经济是否只能与资本主义制度统一，而与社会主义制度根本对立？计划与市场的关系怎样？另一方面，如果社会主义经济引入市场经济机制，在生产资料所有制关系方面应创造怎样的基础，使之既不失去公有制为主的社会主义制度性质，又可兼容市场经济的一般要求？争论的结果是从根本上推翻了把社会主义与市场机制对立起来的传统，把我国经济体制改革的目标明确为建立社会主义市场经济体制，把相应的所有制结构归结为以公有制为主体、多种所有制经济共同发展，并将其作为社会主义初级阶段的基本经济制度。这一认识不仅推翻了西方资产阶级经济学长期将市场经济等同于资本主义、将社会主义与市场机制根本对立的传统，也改变了马克思传统经济学特别是在"斯大林模式"下长期把社会主义等同于计划经济的传统，

[①] 社会主义初级阶段的概念在党的文献中最早见于1981年中共中央《关于建国以来党的若干历史问题的决议》，这个概念在学术界是于光远先生最早提出的，写进党的决议则经过一场大的争论。在1979年底召开的党的理论务虚会上，苏绍智等人提出中国还未达到马克思《哥达纲领批判》中所说的社会主义，但反对者认为不能说中国建立的不是社会主义。争论的结果便是于光远先生概括的并被采纳写入党的决议的"初级阶段的社会主义"。党的十二大报告和十二届六中全会的决议又反复提出社会主义初级阶段的概念和思想。党的十三大报告则对我国社会主义初级阶段的历史客观性、特点、任务等做出了系统阐述并作为制定路线、方针、政策的根本依据。

丰富和发展了马克思主义政治经济学关于社会主义的经济理论，成为中国特色社会主义理论的重要组成部分，[①] 为经济体制改革提供了基本遵循和目标导向。

总之，中国的改革虽然具有强烈的在实践中探索的特点，但其思想动员和理论准备是极为广泛和深刻的，其基本的出发点是坚持马克思主义的基本理论和基本方法，探索的领域涵盖了马克思主义的哲学、政治经济学和科学社会主义等基本方面，具有高度的系统性。在这种探讨和实践中，进一步丰富和发展了马克思主义哲学、经济学、科学社会主义的理论，这种在改革实践中不断探索、理论争辩中不断探讨的深刻系统的理论准备，其集中体现和概括便是以邓小平为突出代表的中国特色社会主义理论。[②]

（三）把经济体制改革中的制度变迁根本归结为社会主义公有制与市场经济的有机融合

中国经济体制改革的目标是建立社会主义市场经济体制。社会主义市场经济最基本的制度特征是以公有制为主体、多种所有制经济共同发展的

---

① 中共十二大报告把社会主义经济制度特征概括为"计划经济为主、市场调节为辅"，第一次打破了社会主义与市场相互对立的传统；中共十三大报告则进一步强化对市场机制作用程度的认识，指出社会主义经济是有计划的商品经济，在社会主义经济中计划和市场都是覆盖全社会的，是计划经济与市场调节相结合，在一定程度上克服了"主辅论"的局限；中共十四大报告则明确社会主义经济制度改革应以建立社会主义市场经济体制为目标，从此前的"结合论"拓展为"市场论"；中共十五大报告进一步为社会主义市场经济明确了所有制基础，把公有制为主体、多种所有制经济共同发展作为基本经济制度。打破社会主义经济与市场机制相互对立这一根深蒂固的传统，是邓小平、陈云等革命家对马克思主义中国化的重要贡献。（参见《邓小平文选》第3卷）

② 中国特色社会主义理论基于中国特色社会主义改革和发展的实践，对马克思主义哲学、经济学、科学社会主义等多方面做出了创造性的丰富和发展，并且其本身在中国特色社会主义实践中仍在不断发展。

所有制结构与市场经济的资源配置方式相互统一。其中占主体地位的公有制经济如何与市场竞争机制有机融合构成了改革最为艰难的历史性命题。

从经济思想史来看，处理这一命题一开始就面临两方面否定其可能性的深厚传统。一是西方资产阶级正统经济学的传统，认为市场机制只可能与资本的私有制结合。私有制越纯粹，市场竞争性机制就越有效。只要否定资本主义私有制，便不可能存在市场经济机制。因此，社会主义公有制经济不可能兼容市场竞争机制。在20世纪20—30年代围绕社会主义前途命运的大论战，即米塞斯、哈耶克等人与兰格的争论，看起来是关于社会主义中央计划体制能否模拟并实现竞争性市场配置资源的效果的争论，但本质上涉及的是社会主义公有制能否与市场机制兼容的问题。米塞斯、哈耶克等人提出的挑战，从根本上否定了公有制与市场机制结合的可能，进而认为在社会主义经济制度下不可能取得竞争性市场机制的效率。兰格等学者试图以模拟市场的方式来取得竞争性市场的效率，但是却并未真正回答公有制与市场能否统一这一根本挑战。[①] 二是马克思主义政治经济学的传统。尽管马克思主义的传统经济理论在基本方法、立场、观点、体系上与西方资产阶级经济学全然不同，但在否定公有制与市场机制兼容这一点上二者是相同的。从逻辑上来说，马克思主义的传统政治经济学理论把私有制与社会分工作为商品生产和交换存在的必要历史前提，把生产资料私有制作为市场经济存在的制度基础，认为在未来取消私有制的社会中不可能继续存在商品货币关系和市场机制。商品货币关系和竞争性的市场交换关

---

① 米塞斯挑战的核心是在外部不确定、信息不完备、没有资本私有产权的条件下，不可能存在受市场约束的企业，因而不可能有竞争性的均衡效率。兰格的回答尽管在结论上与米塞斯对立，认为社会主义经济也能获得一般均衡状态，可以通过模拟市场价格的方式来实现，但是米塞斯挑战的关键是没有资本私有就没有市场竞争，兰格对此未作回应。参见刘伟、平新乔：《兰格—米塞斯之间构成了一场真正的论战吗？》，载《经济体制改革三论：产权论、均衡论、市场论》，北京大学出版社1990年版。

系不过是也只能是资本私有制的运动和实现形式。从历史发展及其价值取向上讲，商品货币关系及市场交换关系是人类生产活动社会性质及其实现形式的物化和异化形式，人类自身的劳动及其交换只能通过商品的运动才能实现，并受市场交换的外在关系所支配。建立在商品生产基础上的资本主义商品生产和交换关系更是把这种扭曲和对立推向了极致。因此，在未来理想社会中，人们相互间的社会联系和生产的社会性不再需要采取迂回和间接的方式，而是以直接的方式体现。作为社会关系物化和异化形式的商品、货币都将不复存在，因为其制度基础即一切形式的生产资料私有制都被取消了。[①]

从传统计划经济体制改革的理论和实践的探索历史来看，真正的难题在于社会主义公有制与市场机制能否融合，进而既能获得公有制保证的劳动权利的平等，又能获得不低于竞争性市场的效率。列宁领导的苏联十月革命第一次把社会主义从理论变为制度实践，最初建立的"军事共产主义"模式以国有制的垄断为基础，取消一切市场和商品关系，其主要内容包括粮食征购制、工商业的全面国有化、公民义务劳动等。战时共产主义政策造成的经济混乱和低效率迫使苏维埃经济采取"新经济政策"。新经济政策的要义在于部分地恢复市场调节作用，包括以粮食税取代原来的粮食征购制，允许农民在市场上出售剩余产品，允许私营企业开展市场活动，要求国有企业独立核算并根据市场需求经营，允许资本家承包企业等等。新经济政策恢复了市场调节的所有制基础即所有制结构上的多元化，改变了战时共产主义政策的国有垄断格局，形成了包括农户经济、小商品

[①] 马克思的政治经济学，特别是马克思的价值理论和剩余价值理论系统阐释了商品生产、交换、市场关系与资本主义私有制之间的天然联系，分析了消灭资本主义私有制、建立社会主义公有制之后，商品、货币、市场交换关系及在此基础上的资本雇佣劳动的生产方式不可能再存在的历史必然性和逻辑关系。参见刘伟：《经济学为什么研究价值理论》，《经济理论与经济管理》2003年第5期。

经济、私人资本主义、国家资本主义、社会主义公有制经济等在内的混合所有制结构。可以说，如果当时没有这种所有制结构上的变化，就不可能真正恢复市场功能，但是公有制本身与市场机制如何有机协调仍是一个未解决的突出问题。新经济政策虽然取得了令人瞩目的成就，但这同时也就意味着它的结束，因为它从一开始就被认为是暂时的退让，只要经济有所恢复，哪怕达到十月革命前的水平，这种让步便不再是必要的。列宁去世后，随着经济恢复和新经济政策的结束，苏联应建立怎样的社会主义制度便成为争论的核心问题，特别是斯大林与布哈林之间产生了深刻的分歧，争论的结果是"斯大林模式"的确立，其特点是否定市场配置资源的机制，否定企业的独立法人地位，实施集中计划经济。这一经济体制的所有制基础在于工商业实行国有垄断，农业经济采取集体农庄制，由此形成了计划经济与国有制和农村集体经济配合的传统模式，并将公有制与市场经济根本对立起来。此后的相当长时期内，社会主义国家经济改革尝试想要解决的根本问题，便是在传统体制下，在公有制不动摇的基础上，能否或在多大程度上引入市场因素与市场机制。

总之，社会主义经济建设实践最初是遵循马克思主义的传统理论，把市场经济与社会主义公有制根本对立起来，各国的改革实践在相当长的时期里始终围绕如何统一公有制与市场机制这一历史命题展开。苏联、南斯拉夫等"斯大林模式"下的计划经济国家的改革理论与实践均是从如何统一公有制与市场机制出发，但均未能真正解决这一命题，以至于最终为获得市场竞争效率，为使市场机制成为配置资源的基本方式而纷纷放弃了公有制，使改革在根本性质上发生了变化，在理论上回到了只有资本主义私有制才能与市场机制相互统一的传统，在实践上走到了另一个极端。

中国新时期以来的改革之所以被称为中国特色社会主义经济改革，根本原因就在于我们从中国社会现实的生产力基础和发展生产力的要求出发，将改革作为解放和发展生产力所要求的生产关系变革，把生产关系变革的本质归结为所有制改革，在所有制的改革上始终坚持以公有制为主体而不是放弃公有制，始终努力探索在公有制基础上建立市场经济体制而不是恪守传统计划经济，始终寻求适应市场经济基本要求的公有制实现方式而不是转向私有制。这是中国特色社会主义经济改革最根本的特征。

正如党的二十大报告所阐释的，全面建设社会主义现代化国家必须牢牢把握的重大原则之一，便是深化改革开放。"深入推进改革创新，坚定不移扩大开放，着力破解深层次体制机制障碍，不断彰显中国特色社会主义制度优势，不断增强社会主义现代化建设的动力和活力，把我国制度优势更好转化为国家治理效能。"①

第三节　中国经济改革的逻辑及特点

中国经济改革的根本逻辑在于始终以解放和发展生产力为根本目的和检验标准，并以此来规定和约束改革的进展方式和战略重点。

一、在所有制结构改革与市场机制培育的统一中推进中国社会主义市场经济转轨

中国的经济改革不是把所有制与市场机制割裂，既不片面强调市场化从而忽略所有制和企业产权制度改革，也不是实行以私有化支持市场化，而是既考虑市场机制对所有制和企业产权制度的基本要求，又考虑社会主义经济制度对所有制和企业产权制度本质特征的规定，根本目的是服从解

_____

① 习近平：《高举中国特色社会主义伟大旗帜　为全面建设社会主义现代化国家而团结奋斗——在中国共产党第二十次全国代表大会上的报告（2022年10月16日）》，《人民日报》2022年10月26日第1版。

放和发展生产力的历史需要。市场机制的引入和培育始终以相应的所有制结构和产权制度改革为制度基础。

1982年中共十二大在所有制结构上首次承认个体经济是社会主义公有经济必要的、有益的补充，并在五届人大通过的宪法上加以肯定，相应地在资源配置方式上首次明确"计划经济为主、市场调节为辅"。1986年中共十二届六中全会明确提出在以公有制为主体的条件下发展多种经济成分，首次承认私人经济的存在和发展是社会主义公有经济的必要和有益的补充，并在七届人大通过的宪法上加以肯定，相应地，1987年中共十三大提出，社会主义经济是有计划的商品经济，计划经济与市场调节相结合，计划与市场都是覆盖全社会的（不分主辅）机制，较十二大提出的计划经济为主、市场调节为辅的"主辅论"前进了一大步。1992年中共十四大首次明确非公经济是社会主义经济的重要组成部分，在所有制上应当建立以公有制为主体，个体、私营、外资等为补充，多种经济成分长期共同发展的所有制结构，不同经济成分可以实行自愿联营的混合所有制，相应地在资源配置方式上首次明确中国经济改革的目标是建立社会主义市场经济体制，首次把社会主义与市场经济作为统一的整体。1997年中共十五大进一步提出将这一所有制结构明确为整个社会主义初级阶段的基本经济制度，全部经济改革的根本在于将这种基本经济制度与市场经济统一起来。2002年中共十六大在所有制经济上明确提出了"两个毫不动摇"，即"必须毫不动摇地巩固和发展公有制经济""毫不动摇地鼓励、支持和引导非公制经济发展"。2004年的十届人大二次会议首次在宪法上明确了生产资料的私有制不受侵犯，而不仅是消费资料的私有制。2007年的十届人大五次会议通过了《中华人民共和国物权法》，将宪法规定的保护私人财产权进一步明确，相应地明确市场机制在资源配置中应起"基础性"作用。2012年中共十八大以来，特别是十八届三中全会继1984年十二届三中全会作出开展经济体制改革决定近30年之后，再次作出全面深化社会主义市场经济体制改革的决定，在所有制结构上继续坚持以公有制为主体、多种所有制经济共同发展，同时特别强调在不同所有制之间积极发展混合所有制经济，相应地在资源配置方式上提出使市场在资源配置中起决定性作用，加快完善现代市场体系，同时明确更好发挥政府作用。

总之，将所有制改革与市场机制培育作为统一命题，既是社会主义初级阶段生产关系与生产力矛盾运动的历史逻辑要求，也是中国改革实践的基本遵循；在所有制改革中，既根据市场经济的一般要求推动所有制结构的多元化、混合化，又根据生产力发展对中国特色社会主义基本经济制度的要求，坚持公有制为主体；在公有制本身的改革上，既考虑公有制的基本属性，又考虑市场经济对公有制实现形式的基本要求，努力探索公有制新的实现形式；既不片面强调市场化，又不固守传统的所有制结构及其实现形式。这些基本特征使得中国的改革既从根本上区别于西方学者倡导的"华盛顿共识""后华盛顿共识"和所谓的"渐进—制度演化"模式，又区别于其他受传统"斯大林模式"影响的转轨国家，没有在公有制下兼容市场机制的挑战面前放弃公有制，走上以私有化为基础建立市场经济的另一条道路。

二、在企业产权制度改革与市场价格制度改革的统一中构建社会主义市场经济的内在竞争机制

市场经济的内在竞争机制或称内在竞争秩序包括两方面的内容：一是市场经济的主体秩序，即界定谁能进入市场并成为市场竞争中的行为主体的规则，其核心是企业产权制度，回答的是"谁在竞争"的问题；二是市场经济的交易秩序，即界定市场交易条件的规则，其核心是价格决定制度，回答的是"怎么竞争"的问题。

对于进入转型期的一般发展中国家和采取政府管制的资本主义经济，

主要问题是构造和恢复市场竞争的价格决定制度，以竞争性的价格信号和价格机制替代数量信号和政府管制。由于这些经济体在基本制度上已经具备了私有制基础，因此企业产权制度的改革并不重要，即使企业治理结构可能存在许多不完备的情况，但本质上是以已经存在的资本主义私有制企业制度为历史起点，所谓转型不过是在这一起点上营造或恢复市场自由竞争状态，因而市场交易制度和价格制度改革就成为转型的基本问题，比如拉美国家的转型和战后联邦德国的"艾哈德改革"及日本的"神武景气"。以自由主义经济哲学观、标准的新古典经济学和经典的宏观经济学为基础的西方正统经济学，之所以强调经济转轨中竞争性价格机制和市场交易秩序的构建和恢复，忽略企业产权制度或者市场主体秩序的培育，其重要的理论和历史根据便在于此。但是传统计划经济国家在转型的起点上，既不具有竞争性的市场交易机制，也不存在与市场经济要求相适应的现代企业制度，传统国有企业制度难以真正接受市场规则的硬约束，因此在市场化、自由化和放开政府管制的过程中，其行为就无法根据市场价格信号和市场规则，在自由竞争的过程中形成总体上收敛并趋向均衡的结果，从而既无市场竞争秩序，又无市场效率。总之，与一般发展中国家和战后的联邦德国及日本不同，社会主义计划经济国家的体制转轨从一开始就面临既无市场要求的企业主体秩序，又无市场要求的价格决定机制的情况。这一历史特殊性决定了计划经济向市场经济的转型既不能同时构建企业产权制度和市场价格制度，又不能简单地放松管制、放开价格。因此如何协调企业产权制度改革与价格制度改革成了改革的特殊命题。

三、在经济改革的可行性与必要性的历史统一中推动体制转轨

所谓可行性主要是指阻力相对小、难度相对低，所谓必要性主要是指生产力发展要求迫切，相应的变革带来的发展效果显著。可行性与必要性

的兼顾，不仅是出于推动改革的历史可能性，更重要的是出于客观认识中国改革的生产力起点和生产关系起点的历史特征，客观认识改革的发展目标和体制目标的根本要求，尤其是一切改革都不能以破坏生产力的发展为代价，只能以解放和推动生产力发展为出发点。[①] 这种可能性与必要性的历史统一，集中体现在以下几方面。

一是在二元经济背景下，经济体制改革的全面展开从农村经济逐渐转向城市经济。中国农村经济体制改革，特别是以农村家庭联产承包责任制为核心的改革，在整个经济改革中率先突破，根本原因在于中国农村经济发展水平落后，传统计划经济体制长期实行牺牲农业片面发展重工业的战略，使农村经济受到了严重的破坏和束缚，整个国民经济结构严重失衡，农业劳动生产率极为低下，农业就业劳动力比例高达70%，属于世界贫困国家水平，长期未能真正解决温饱问题，对解放和发展生产力的要求更为迫切，对变革传统生产关系的要求也更为强烈。[②] 中国新时期的改革自然也就在生产力发展要求最为强烈的农村率先展开，并且一经展开就体现出两个极为显著的特点：一方面，改革的推进和发动在很大程度上来自农民群众自发的创造，家庭联产承包责任制本身就是农民的创造，在尊重和承认农民群众首创精神和实践的基础上，中共中央予以方向性的引导和支持，而不是自上而下的行政性推动。另一方面，改革处理的基本命题是着力推动以土地承包为核心的生产资料所有制及其实现形式的改革，是生产资料产权制度的变革，而不是分配关系和利益格局的简单调整。经过几年的农村经济改革，农民的积极性和农业生产力得到显著提升，到1984

---

① 中国改革的制度起点与苏联的计划体制虽在本质上有共同点，但也有相当大的历史差异，在生产力起点上更是落后，不仅远未实现工业化，而且是未解决温饱的贫困社会，稍有破坏，后果不堪设想。

② 中国改革历史上著名的安徽省凤阳县梨园公社小岗生产队，在1978年底率先实行家庭联产承包责任制就是基于在极为落后的生产力条件下对经济发展的强烈要求。

年中国基本解决了温饱问题。① 以1984年秋中共中央十二届三中全会做出全面开展经济体制改革的决定为标志，经济改革从农村全面转入城市。改革在二元经济下的阶段性推进，既体现了生产力发展对生产关系变革的历史要求，因为贫困社会最迫切的发展要求就在于解决温饱；又使改革遵循了先易后难的原则，因为农村经济关系没有城市复杂，改革的艰难性和复杂性相对较低。同时，改革的效率也最为显著。生产力与生产关系矛盾越尖锐，生产力解放和发展受到的束缚程度越严重，改革的效率就越容易显现，改革的共识也就越容易达成。这是中国社会经济发展的历史客观选择。

二是在企业改革与政府改革何为重点的选择上，从企业改革逐渐转向政府改革。经济体制改革的核心问题是处理好政府与市场的关系，其中包括政府与企业的关系。中国的计划经济体制在相当大程度上依照的是"斯大林模式"，但又有很大不同。重要的区别在于，苏联传统的"斯大林模式"更强调中央集权的集中计划，地方政府并无多少权力空间，贯彻的是所谓部门主义下的"条条管理"；而中国的计划经济体制在实行中央集中计划的同时，给地方政府留有较大的权力空间，贯彻的是承认地方"块块主义"下的"条块结合"。与苏联相比，中国的不足在于计划本身没有那么统一和严密，长处则在于没有那么僵硬，有利于发挥中央和地方两方面的积极性。但是由此也形成了一个特殊矛盾，即所谓"条块之争"的中央与地方、地方与部门的矛盾。新时期之前的历次体制调整集中处理的均是"条块"矛盾，而不涉及企业，至多只是改变企业的上级主管单位，或

① 改革初期，中国人均国民收入水平在全球排到末端，属于贫困国家。在世界银行的统计中，中国在近200个国家和地区中位列180名之后，在我们自己的统计中，至少有近3亿人的温饱问题未解决。1984年中国粮食总产量超过6000亿斤，我国宣布基本解决了温饱问题。按世界银行划分标准，我国1998年人均国民收入折算为美元后，首次达到世界下中等收入水平，进入温饱阶段，总体上克服了以温饱为标准的贫困。

收归中央部门垂直管理，或下放给地方政府横向管理，企业本身的权、责、利在制度上并无根本改变。新时期以来的改革一开始就明确以企业改革为核心，从而使改革的深度及广度与以往相比有了根本的不同。社会主义市场经济体制培育的历史过程，在一定意义上可以视为企业、市场、政府三者关系的转变过程。基础首先在于企业制度的改革，尤其是传统国有企业如何在公有制为主体、多种所有制经济共同发展的所有制结构变化中探索公有制的新形式，以适应市场经济的基本要求；继而是为适应企业改革的进程和要求，推动市场体系和市场秩序的培育，使企业之间实现市场经济联系，建立实现社会再生产运动所必要的外部市场机制。而在市场主体秩序和交易秩序统一构成的市场经济内在竞争机制的发展中，关键问题便在于协调市场与政府的关系，因此，当企业制度和价格制度的改革发展到一定程度，与之相适应的政府转型和政府制度改革便越来越成为矛盾的主要方面。企业制度和市场制度的改革越深入，转变政府职能的要求就越迫切、越深刻。这既是制度变迁的内在要求，也体现了我国社会主义市场经济体制转轨的历史逻辑。① 客观地说，从企业改革到市场制度培育再到政府改革，虽然都是极为复杂的社会工程，但相对而言，其艰难程度和遇到的阻力及矛盾是逐渐递进的，因为企业制度是实现要素配置最基本的制度，人们首先运用企业制度来进行要素组合，企业制度包容不了的更复杂的要素配置则需要通过市场制度来完成，市场制度是企业之间的联系方式，市场制度处理不了的、存在严重市场失灵的领域则需要政府制度发挥作用。与改革困难程度的递进关系相适应，企业、市场、政府改革面临的风险也是逐渐递进的，企业改革可以试点，其风险可以在局部加以控制，甚至可倒退、可适时关闭某些改革窗口；市场制度的改革则难以试点，一

① 在中共十七大召开前后，一些学者如高尚全教授就曾多次强调，中国经济改革走过30多年历史进程之后，改革伊始的以企业改革为核心需要转变为以政府改革为核心。

旦推进便只能全面展开，难以倒退，改革窗口一经打开也难以关闭，风险自然也就更大；政府改革则不仅事关全局，而且涉及社会经济、政治、文化等多方面，风险更为全面和巨大，特别是政府改革的推动主体往往又是政府本身，其难度更大。以企业制度改革为基础推动市场价格制度改革，进而在两者统一形成的市场内在竞争机制的基础上推动政府制度改革，符合转轨的历史逻辑要求。

三是在企业改革的进程中，主要举措是从收入分配改革逐渐转向产权制度改革。严格来讲，分配方面的利益与企业所有制决定的排他性占有关系既有联系又有区别。在企业改革开始启动的相当一段时期内，主要改革措施集中在调整分配关系上，而不是集中在所有制及企业产权结构上，这与一开始就进行土地产权制度改革的农村经济改革形成了鲜明对比。农村家庭联产承包责任制是对基本生产资料——耕地——的产权制度改革，而不是一般的分配关系调整，家庭联产承包制和包产到户是在农民承诺履行一定的上缴义务后，获得土地的承包经营权，虽然土地终极所有权的性质仍是集体所有，但支配权、经营权、管理权和最重要的剩余索取权以及相应的风险归农民，农民个人或家庭的产权在2002年全国人大通过的《农地承包法》中获得了法律的确认。从历史来看，这种产权制度的改革先是从最为贫困的地区开始，如改革开放初期的安徽、四川、内蒙古等省区，迅速扩展到全国的农村，从最初农民自发地创造（安徽省凤阳县梨园公社小岗村）并且是"秘密"开展，到获得地方政府的承认，再到中央的支持，直到形成国家法律制度，是中国农地产权制度的深刻变革。城市经济中的企业改革则不然，改革在相当长的时间里是围绕政府、企业、职工三者的收入分配关系展开的。传统计划经济体制下国有企业由国家财政平衡预算，利润全部上缴（因而企业不可能拥有扩大再生产的决策权），折旧也全部上缴财政（因而企业不具有简单再生产的决策权）。为调动企业活力，改革初期先是允许企业利润留成，折旧按一定比例由企业提留，企业职工的工资和奖金也开始与利润业绩挂钩。与此同时也形成了政府的财政压力，特别是财政收入及其增长目标受到直接冲击，财政出现赤字，由此打破了以往既无内债又无外债的传统，开始举借国债。为缓解政府财政收入目标与对企业放权让利间的矛盾，特别是为确保财政收入，控制赤字规模，在20世纪80年代中期开始推行"利改税"政策，严肃并确保财政收入目标的实现，避免对企业放权让利严重冲击财政收入目标，同时实行"拨改贷"，减轻财政对国有企业固定资产投资长期拨款的支出压力。由于企业同时面临"利改税"和"拨改贷"的双重压力，财政上缴和固定资产投资成本同时上升，企业纷纷采取"税前还贷"，把本该上缴财政的收入首先用于偿还银行债务，又进一步加剧了财政困难。在这种情况下，1987年开始采取不同形式的国有企业承包制。企业承包制与农村家庭承包制最大的不同在于，农村是在满足产出上缴比例的条件下对土地这一基本生产资料的经营使用权的承包，企业则是对上缴利税数量的承包，是分配关系的调整。企业承包制本身的这种局限性使之在产权制度和治理结构上，既难以保障企业拥有真正独立的市场权利，也难以使企业真正接受市场的硬约束，反而导致企业行为的短期化和负赢不负亏的变异。因此，经过两轮承包之后，到1992年底中共十四大提出社会主义市场经济体制目标，特别是十四届三中全会提出建立与社会主义市场经济相适应的现代企业制度的历史任务，沿着"抓大放小"的基本思路，国有企业改革的重点开始从分配关系特别是企业收入与财政收入关系的调整转向企业所有制及产权结构的改革，一般竞争性的中小国有企业进行了各种形式的非国有化改造（放小），大型和特大型国有企业则以股份制为基本形式，努力按照"产权清晰、责任明确、政企分离、管理科学"的原则进行现代企业制度改造。伴随国有经济的战略性结构调整和所有制结构的变革，伴随国有企业产权制度和治理结构的改革，特别是伴随混合所有制经济的发展，企业所有制和产权制度改革不断深入。国有企业改革这种从分配关系转向产权关系的演化趋势，由表及里、从外到内不断深化，体现了生产决定分配、所有制关系决定分配关系的马克思主义政治经济学基本原理。

四是在市场价格机制的培育中，从着力构建商品市场体系逐渐向要素市场化推进。市场化的关键在于交易条件决定的市场化，即由市场竞争来确定价格。在传统计划经济体制下，无论是消费品还是投资品的价格，90%以上均由政府定价。市场化进程首先需要改变这种定价机制，由计划价格向市场价格机制逐步转变。经过20多年改革，到21世纪初，中国商品市场化基本实现，相对而言，要素市场化滞后于商品市场化。要素市场化主要包括资本、劳动力、土地等自然资源的市场化，其困难和复杂性远远超出商品市场化。一方面，要素作为形成商品的条件，其市场化的程度从根本上决定着竞争的充分性和成本的真实性；另一方面，要素市场化涉及的利益关系和矛盾阻力也更复杂和艰巨。劳动力的市场化看起来是工资报酬价格是否由市场竞争决定的问题，实际上涉及劳动力在不同地区、不同企业、不同所有制单位之间的流动问题，涉及一系列的社会保障问题，涉及农村劳动力的城市化转移问题等等，其市场流动性、价格决定的合理性、农民工报酬所面临的制度歧视（体制性工资）都需要经过长期发展才能逐渐有序。土地等自然资源、环境资源的市场化看起来是土地价格、资源价格及环境付费标准的决定问题，实际上需要以土地、环境等资源的产权确认，包括经济制度和法律制度的确认为基础，价格不过是产权确认基础上实现产权交易的条件，交易条件或价格的决定必须以一定的产权确认为前提，否则会导致严重的市场失灵，产生普遍的外部性。资本的市场化看起来是利率、汇率的市场化问题，实际上涉及的是货币、资本及外汇的市场化，涉及金融深化和本币自由化及国际化的进程，涉及真正竞争性和开放性的商业银行体系构建和银行产权改革，涉及中央银行与商业银行相互关系的改变等一系列复杂的命题。正因为如此，在中国要素市场化进程中，资本市场化相对更为滞后。可见，就商品市场化与要素市场化的相互关系而言，一方面，商品市场化相对更简单、更明确，也更易于推动，而要素市场化虽然更具根本性，但更复杂、更艰难，其进程也更缓慢；另一方面，商品市场化会对要素市场化形成倒逼机制，商品是运用各种要素生产出的结果，要素是形成商品的条件，作为结果的商品运动实现市场化，势必推动其形成条件的市场化。

四、在增量改革与存量改革的辩证统一中推动改革

所谓"存量改革"是指对长期积累形成的经济利益关系和制度安排进行改革，一般而言，这种改革涉及的范围宽，触及的矛盾深，阻力相对更大。所谓"增量改革"是指对新生成的经济利益关系和制度安排进行改革，一般而言，这种改革的空间相对较大，触及的矛盾相对较少，阻力相对更小。增量改革在短期里带来的变化相对较小，从而使改革更具渐进特征，而存量改革才能真正实现全面的根本性的变化。中国的经济改革在多方面体现出以增量改革带动存量改革的特征。

一是在企业改革进程中，在推动传统国有企业逐渐改革的同时，乡镇企业作为新的增长力量和新的企业制度形式异军突起，推动市场力量中的新增量迅速扩张。传统国有企业作为长期积累而成的存量，改革面临的阻力大、风险大，需要探索的难题艰深，涉及的经济关系复杂；而新兴的乡镇企业作为改革中出现的增量，更具创新性，改革所面临的传统约束相对弱，改革更具发展意义，其风险也相对较小。因此，当国有企业改革处在由中小企业改革逐渐向大型特大型国有企业改革深化，由分配关系调整逐渐转向企业所有制和产权制度改革的深化过程中，乡镇企业以创新性的制度和新的经济增长动力出现，在中国经济二元特征突出的历史条件下，形成了崭新的"三元结构"。就其发展背景而言，乡镇企业既不是典型的城市经济，也不是传统的农业经济，而是依存于农村经济土壤进入工业制造

业。中国传统经济二元结构特点决定了中国工业化的道路难以从传统农业社会直接转变，需要经历一个农业部门、农村工业部门与城市工业部门并存的三元结构时期。[①]　就其体制背景而言，乡镇企业既不是城市工商业经济的国有制，又不同于传统农村人民公社集体所有制，是一种新的集体所有制形式。乡镇企业出现的根本原因在于传统体制对生产力发展和现代制造业发展的严重束缚，导致经济短缺状况严重，难以满足国民经济发展的要求和人们生活的需要。改革初期的举措对于传统体制的作用有限，改革释放出来的活力尚不充分，其供给效应并不显著，这就需要在新的领域寻求新的体制突破，更大程度解放生产力。乡镇企业的发展恰恰顺应了这一历史要求。1997年颁布实施的《中华人民共和国乡镇企业法》定义乡镇企业为：农村集体经济组织或农民投资为主，在乡镇（包括所辖村）举办的承担支援农业义务的各类企业。从所有制上可分为集体、私有、个体；从企业组织形式上可分为个体独资、合伙、股份合作、有限责任、股份有限公司等。乡镇企业作为独立的经济实体地处农村，其投资者、经营者和职工主要是农民，这种特点主要源自土地集体所有制以及户籍制度下的中国城乡二元经济结构。乡镇企业的活动主要受市场调节。因此，乡镇企业的崛起，一方面得益于传统计划经济体制的放松，这种放松在很大程度上源自传统体制对长期存在的经济失衡和短缺经济的无奈，从而不得不通过改革放松计划管制；另一方面得益于市场力量的推动，这种推动相当大程度上源自短缺经济下形成的巨大的被压抑的市场需求，这使乡镇企业的生产和再生产获得了足够的市场支撑。尽管乡镇企业缺乏国有企业的投入产出的计划保障，但产品的市场需求和竞争力使其能够通过竞争性的市场机制获得发展。乡镇企业制度在后来的不断深化的改革进程中，产权关系从初期的较为模糊逐渐变得清晰，治理结构从初期的具有一定宗法性质逐渐转为市场化的公司治理，企业制度从初期多具古典特性逐渐转向现代企业，

---

①　参见李克强：《论我国经济的三元结构》，《中国社会科学》1991年第3期。

外在的体制环境从面临诸多的体制歧视逐渐进入更加公平的竞争状态。虽然"乡镇企业"作为一种特定历史条件下的经济组织形式已经逐渐淡出历史舞台，但它作为中国改革发展历史进程中的"三元结构"的一"极"，对中国改革发展的贡献和创造性意义是巨大的。①

二是价格改革的进程中，为解决"一管就死、一放就乱"的矛盾采取了"价格双轨制"，即计划价格和市场价格并存。其实"价格双轨制"在新中国历史上不乏先例，比如新中国成立初期向社会主义经济过渡时期。不同的是，历史上的价格双轨制是在不同商品定价上采取不同的方式，比如规定哪类商品价格由计划决定，哪类商品价格由市场决定，尽管各类商品所占比重可以有调整和变化，但这种价格双轨制的变化趋势是逐渐形成单一的计划价格体系，基本特征是同物同价。而在新时期改革过程中采取的价格双轨制则是同物不同价，同类商品存在不同的定价机制进而存在不同的价格水平。由于价格双轨制改革是一种价格歧视，因而引发了深刻的理论分歧，其中争论的焦点在于价格双轨制对市场公平竞争功能的破坏及由此可能形成的"寻租"行为。但是作为一种增量改革的形式，价格双轨

---

① 中国乡镇企业自1978—1983年产生并复苏，经过1984—1988年高速发展期，1989—1991年调整整顿期，1992—1996年进入新一轮高速发展期，1997年后进入深化产权制度及企业治理结构的改革期，进入21世纪后更是进入新的发展期和全面深化改革期。从党和政府的相关制度和政策演变来看，1978年12月《中共中央关于加快农业发展若干问题的决定》提出"社队企业要有一个大发展"，开启了发展乡镇企业的政策通道。1979年7月国务院发布了《关于发展社队企业若干问题的规定（试行草案）》，充分肯定社队企业。1984年中共中央、国务院批转农牧渔业部《关于开创社队企业新局面的报告》（即著名的中发〔1984〕4号文件），为乡镇企业大发展奠定了政策基础。1990年国务院出台《中华人民共和国乡村集体所有制企业条例》，对引导其健康发展、维护其合法权益起到了重要作用。1997年1月1日正式公布实施《中华人民共和国乡镇企业法》，为乡镇企业的改革发展奠定了法律制度基础。进入21世纪以来，乡镇企业发展进入新时期，其制度环境和政策环境进一步朝着社会主义市场经济改革方向演变。

制在推动市场价格体制的培育进程中发挥了极为重要的历史作用。价格双轨制改革并不是对传统计划价格体制进行全面的根本的改革，事实上，20世纪80年代中后期的"价格闯关"引发的通货膨胀和经济社会不稳定，已经表明对计划价格采取"休克疗法"在中国并不适合，我们只能在保持计划价格基本稳定的前提下，在增量方面更多地实施市场价格。随着乡镇企业作为国民经济发展的新生力量及其对市场机制的依赖，价格双轨制既保证了以计划价格机制适应传统国有企业的需要，又实现了以市场价格机制支持新生的乡镇企业的发展。因此，价格双轨制从一定意义上可以说体现了增量改革的渐进性，充分考虑到了传统经济，特别是传统国有企业对市场化改革进程的历史适应程度，以及新兴经济特别是乡镇企业对于市场化进程要求的历史迫切性，使国民经济在改革过程中不仅不受到破坏，而且能够获得极大促进。[①]

三是在改革开放进程中，以各种"特区"的方式逐渐推进和引领改

---

① 1985年1月，国家物价局和国家物资局联合下达《关于放开工业生产资料超产自销产品价格的通知》，取消了对自销产品的价格限制，标志着中国改革历史进程中生产资料价格双轨制正式形成，重要的生产资料都同时存在着计划价格和市场价格。1988年5月30日政治局扩大会议决定，除少数重要商品外，大多数商品价格放开，即以"价格闯关"方式终结价格双轨制，引发严重通胀（1988年CPI上涨19.3%），进入治理整顿，直到1992年9月1日，国家物价局宣布将571种产品的定价权交给企业，22种商品定价权下放给省级物价部门，价格改革取得重大进展，价格双轨制基本结束。到1992年底，伴随全国844个县市放开粮价，除电力、通信、石油等少数产品实行政府定价外，绝大部分生产资料由市场定价，93.8%的零售商品价格、87.5%的农产品收购价、81.1%的生产资料出厂价都已放开，价格决定基本市场化。2015年10月国务院进一步深化价格改革，特别是对大型和特大型国有企业，以及基础设施、公有事业及垄断性行业的价格改革，标志着价格市场化的进一步深入。在这一过程中，学术界进行了热烈的讨论，华生、张维迎、田源等人是其中的代表。

革。① 就"特区"的制度创新意义而言，开辟特区就是开辟新的制度创新疆域，新疆域的开创不仅为制度创新提供了新的空间，为引领整个国民经济的改革开放做出探索，同时更为重要的还在于以此协调了"改革"与"开放"的关系。一方面，各类特区的设立目的当然是推动发展，但就改革开放而言其制度创新的意义是首要的，并且最终通过发展来证明制度创新的价值，以创办特区作为制度创新的突破口探索体制转轨的路径，使之成为改革的试验区。另一方面，以特区的方式推动制度创新是减少改革阻力从而有效推动改革的重要途径，这种以"增量"带动的改革开放具有强烈的政治经济学意义。② 此外，特区不仅以自身的率先试验为引领整个改革做出探索，而且本身是协调"改革"和"开放"的重要枢纽，以特区的改革率先推动特区的开放，使特区成为开放的先行区，再以特区率先推动的开放证明并推动改革。改革是以自身的制度创新适应发展要求，开放则是以国际通行的制度规则适应世界趋势，改革更具主动性，开放更具客观性，两方面的统一才是真正意义上的制度创新，才能在避免激进式改革盲目性的同时避免机会主义的历史倒退。③

---

① 1980年8月五届全国人大常委会第十五次会议审议批准建立深圳、珠海、汕头、厦门四个经济特区，形成最初的四大综合经济特区。1988年4月七届全国人大常委会第一次会议通过《关于设立海南省的决定》和《关于建立海南经济特区的决议》，形成中国五大综合经济特区。1990年6月中央批准成立上海浦东新区，2005年10月将天津滨海新区正式纳入国家总体发展战略，随后又将其作为综合改革试验区，至此，形成深圳、珠海、汕头、厦门、海南、浦东、滨海七大综合试验区。各省市也逐渐建设开发了不同形式的特区，包括高新区、保税区、工业园区直至设立上海自贸试验区等。
② 拓展新疆域、加快制度创新以减少发展阻力缓解社会矛盾在世界经济发展史和经济思想史上是常见的，特别典型的诸如美国的所谓"边疆学派"所阐释的美国边疆拓展，对于美国经济发展史上所起的"活塞"作用。（参见厉以宁：《美国边疆学派的"安全活塞"理论批判》，《北京大学学报（人文科学）》1964年第3期）
③ 西方主张"休克式疗法"的学者提出的重要理由之一，就是担心改革若是渐进式进行，可能产生机会主义倒退。（参见［比］热若尔·罗兰：《转型与经济学》，张帆等译，北京大学出版社2002年版）

第四节　中国式现代化要求不断深化改革

一、中国式现代化要求构建高水平社会主义市场经济体制

党的十八大以来，党和国家事业取得历史性成就，发生历史性变革，推动我国迈上全面建设社会主义现代化国家新征程。在改革方面，正如党的二十大报告所总结的："我们以巨大的政治勇气全面深化改革，打响改革攻坚战，加强改革顶层设计，敢于突进深水区，敢于啃硬骨头，敢于涉险滩，敢于面对新矛盾新挑战，冲破思想观念束缚，突破利益固化藩篱，坚决破除各方面体制机制弊端，各领域基础性制度框架基本建立，许多领域实现历史性变革、系统性重塑、整体性重构，新一轮党和国家机构改革全面完成，中国特色社会主义制度更加成熟更加定型，国家治理体系和治理能力现代化水平明显提高。"①

就完善基本经济制度和深化经济体制改革而言，基本经济制度更加成熟更加定型，生产资料所有制、收入分配方式和社会主义市场经济运行机制三方面有机统一的基本经济制度体系建设取得新的历史性进展，制度自信更加坚定。一是公有制的主体和主导地位进一步加强，公有制的实现形式不断发展，股份制等多种国有企业制度改革的现代性和规范性进一步完善；国有企业制度改革和治理结构发生深刻变化，公司党委、董事会、总经理、监事会、工会等相互关系发生创造性重构，其国有制性质与社会主义市场经济运行规则之间的适应性和统一性不断提高；国有经济的布局发生深刻变革，与国民经济发展长期趋势和宏观经济治理要求之间

---

① 习近平：《高举中国特色社会主义伟大旗帜　为全面建设社会主义现代化国家而团结奋斗——在中国共产党第二十次全国代表大会上的报告（2022年10月16日）》，《人民日报》2022年10月26日第1版。

的一致性和协调性进一步上升；国有企业和国有经济的"混改"取得新进展，无论是在"混改"方式上还是经济领域分布上均进行了新的改革探索。二是农村基本经营制度及农村集体经济的改革和发展取得新突破，尤其是在农村土地"三权分置"改革方面更加深入，使农民获得更加充分的财产权益，极大地提升了农村以土地制度为根本的财产制度与社会主义市场经济和中国式现代化进程的适应性，为振兴乡村，进一步推进城乡融合发展，畅通城乡要素流动，全面落实14亿多人的大国粮食安全，提高农业现代化水平，提供更为坚实的基本经济制度基础。三是民营企业制度，包括企业产权制度和公司治理进一步成熟规范，与中国特色社会主义市场经济的有机融合越来越深入，受市场约束力度不断强化的同时，与社会主义本质要求的适应性逐渐上升；民营经济获得进一步发展，在国民经济中所占比重和发挥的作用不断扩大，优化民营企业发展环境，包括政商关系、市场准入和公平竞争、法治环境等方面的不断优化，日益成为社会普遍共识。四是在市场主体秩序不断改进的同时，即在中国特色社会主义市场经济条件下的现代企业制度改革不断深入的基础上，市场竞争秩序不断完善，特别是价格制度更具竞争性，价格信号对经济运行中的供求关系变化反映更为准确及时，市场交易机制的公平性，全国市场的统一性等均有显著提高，尤其是中共中央、国务院于2022年3月25日发布的《中共中央 国务院关于加快建设全国统一大市场的意见》使得市场秩序的建设更加规范，也更加具有法治秩序的特性。五是在社会主义市场经济体制水平逐渐上升的基础上，政府职能及作用实现机制的改革不断深入，尤其是宏观经济治理体系和水平得到显著改善和提高，逐渐形成了中国特色宏观调控方式和政策机制。总体上看，"市场机制有效、微观主体有活力、宏观调控有度"的社会主义市场经济体制基本形成，基础性框架基本建立，在经济制度和机制方面，实现了"历史性变革、系统性重塑、整体性重构"。①

党的二十大报告在阐释"加快构建新发展格局，着力推动高质量发展"这一"首要任务"时，把"构建高水平社会主义市场经济体制"作为首要的战略举措。构建高水平社会主义市场经济体制的基本目标和任务在于两方面，一方面是坚持和完善社会主义基本经济制度，包括坚持和完善社会主义生产资料所有制，进一步坚持"两个毫不动摇"；坚持和完善社会主义收入分配制度，坚持按劳分配为主、多种分配方式并存；坚持和完善社会主义市场经济体制，坚持社会主义市场经济的改革方向，真正在制度上实现上述三方面的有机统一。另一方面，是在坚持和完善社会主义基本经济制度基础上进一步处理好市场与政府的关系，包括市场主体（企业）行为与政府行为之间的关系、市场竞争秩序（价格）与政府维护之间的关系，市场配置资源的微观活动与政府宏观经济治理和调控之间的关系，真正在体制机制上保障能够实现市场在资源配置中的决定性作用，更好发挥政府作用。

要实现上述两方面的基本目标和任务需要从多方面采取深化改革的具体举措。

（1）壮大市场竞争主体，完善中国特色现代企业制度。一是深化国资国企改革，包括不断改革和完善国有制的现代企业制度，创新和完善国有企业国有制的实现形式，改革和完善国有企业的治理结构，提高国有企业在社会主义市场经济中的核心竞争力和创新能力，推动国有资本和国有企业做强做优做大；同时，加快国有经济布局优化和结构调整，使国有经济在国民经济中的结构和布局与国民经济发展要求、中国式现代化的历史进程的要求之间的适应性不断提升。二是促进民营经济发展壮大，包括依法保护民营企业产权和企业家权益，稳定并不断增强民营企业预期；不断优化民营企业发展环境，包括市场准入和公平竞争的市场环境、法治环

---

① 参见刘伟：《习近平宏观经济治理思想开拓马克思主义政治经济学的新境界》，《马克思主义理论学科研究》2022年第1期。

境以及政府与企业间的政商环境等。三是完善中国特色现代企业制度，弘扬企业家精神，在制度上推进权利、责任、激励三者之间的均衡，推进企业家创新精神和责任能力相互之间的制衡，完善企业治理结构，切实提升防止"拿他人或社会的资产冒险而又不负责任的可能"的能力，防止"败德"行为的普遍发生，为培育社会主义市场经济条件下的企业家创造制度体制基础，提高企业家的国际视野水平和适应并驾驭国际市场竞争的能力，加快建设世界一流企业。四是支持中小微企业发展，我国市场经济主体中的绝大部分是中小微企业，中小微企业是现代市场经济产业组织体系中不可或缺的有机组成部分，是提升产业链供应链水平和韧性的重要方面，尤其是吸纳就业的主体。对于我们这样一个人口和劳动力大国，并且处于深刻的结构转换变革时期的发展中国家而言，面临的就业压力巨大，包括总量和结构性矛盾都十分尖锐，中小微企业发展对于实现就业目标具有极其重要的意义。而中小微企业往往同时又是市场竞争中的弱者，因而需要政府在各方面政策上予以特别的支持，尤其是在减免税赋负担以及便捷企业融资等方面需要予以扶持。此外，需要特别重视中小微企业在技术创新中的特殊作用，尤其是在产业、产品技术创新中作用的发挥。发挥中小微企业创新更具市场性、专项性等快、小、精、专的优势，普遍提高中小微企业的产品创新能力和整体创新的可持续性，与大型和特大型企业一道，在产业组织上形成产业创新的系统性优势。

（2）培育市场经济体系，完善市场经济秩序。一是构建全国统一大市场，破除地方保护和行政性垄断，"构建新发展格局是以全国统一大市场基础上的国内大循环为主体，不是各地都搞自我小循环"，"不能搞'小而全'，更不能以'内循环'的名义搞地区封锁"。① 培育内需体系

---

① 习近平：《新发展阶段贯彻新发展理念必然要求构建新发展格局》，《求是》2022年第17期。

并以此形成国内国际双循环相互促进的立足点，重点在于培育统一大市场，才能形成真正的市场优势，才能为构建新发展格局提供战略基点，进而形成对国际市场和资本的吸引力，对于我国这样一个区域差异显著、区域经济结构复杂的发展中国家而言，培育市场经济体系的比较优势同时也是突出困难所在，便是在不同地区找准自己在国内大循环和国内国际双循环中的位置及比较优势的基础上，构建全国统一大市场。二是深化要素市场化改革，包括劳动力市场、自然资源市场、资本市场、技术专利市场以及数字资源市场等多方面的生产要素，就市场对资源配置的决定性作用实现而言，在商品市场化与要素市场化两者之间，最为重要和关键的在于要素市场化，就我国市场化进程而言，要素市场化相对滞后于商品市场化，构建高水平社会主义市场经济体制以推动高质量发展，需要深化要素市场化改革，有效发挥各类要素市场的功能，从而为提高要素效率和全要素生产率创造经济体制条件。三是建设高标准市场体系，高水平社会主义市场经济体制必须具有相应的高标准市场体系，根据中国特色社会主义市场经济的要求，适应国际市场竞争需要，不断完善我国市场经济体系的标准，以引导、规范和不断提高市场竞争秩序及质量，以有序的高质量的市场竞争推动资源配置效率水平的提升，以高水平的市场体系支持高质量发展。

（3）完善产权保护、市场准入、公平竞争、社会信用等市场经济基础制度，优化营商环境，市场经济内在竞争机制最为核心的在于两方面。一方面是市场竞争的主体机制，主要是企业制度，涉及的问题是具有怎样的资格和能力才可以进入市场，进入市场的竞争主体具有怎样的权利和相应的责任，以及怎样保障市场主体的权利和责任等方面的制度安排；另一方面是市场经济的交易秩序，主要是价格制度，涉及的主要问题是如何促使交易条件（价格）达成公平公正性，从而保障市场竞争的有效性和充分性等方面的制度安排。也就是说，市场经济的内在竞争机制在制度层面要系统性地回应两个相互联系的基本问题：谁在竞争？怎样实现竞争？但市场经济的内在竞争机制不是孤立地存在，需要有其他方面的社会制度作为基础，这种基础制度至少包含两方面，一是以法治精神为基础的法制秩序，市场经济是法治经济，无论是企业的产权保护还是市场的公平竞争都体现法权的性质，也都需要法治，不仅要健全和完善以宪法为核心的中国特色社会主义法律体系，而且要不断提升立法质量，切实坚持全面依法治国，推进法治中国建设，坚持法治国家、法治政府、法治社会一体建设。尤其是需要扎实推进依法行政，严格公正司法，把权力关进制度的笼子。二是以"诚信"为核心的道德秩序，市场经济是信用经济，无论是企业家精神培育还是市场公平竞争秩序的维护，都需要弘扬"诚信"，并且使之成为约束市场竞争行为的重要力量。在中国特色社会主义市场经济条件下，则特别需要弘扬社会主义核心价值观，需要传承中华优秀传统道德文化，构筑与中国式现代化进程相适应的社会道德秩序和社会信用体系。法治制度和道德秩序作为基础性制度具有深刻的内在联系，相互作用相互依赖，共同对市场经济内在竞争机制起到保护和规范作用，从而形成市场经济内在竞争机制与市场经济基础制度的有机统一。

（4）健全宏观经济治理体系。一是发挥国家发展规划的战略导向作用，依靠制度体制优势不断总结经验并通过科学制定和实施国家发展规划，从总量增长和结构演进，短期目标和中长期目标的实现，经济发展与社会进步，经济社会发展与生态环境保护，国民经济总体循环与区域生产力布局，宏观经济均衡与微观经济活力等各方面引导促进协调发展。二是加强财政政策和货币政策协调配合，使财政支出政策与收入政策、货币数量工具与价格工具等宏观经济政策相互协调，针对宏观经济市场失衡的不同特点，明确并适时适度调整宏观经济政策的组合方式、政策倾向和作用力度，有效应对各种因素叠加作用下形成的对需求和供给的冲击。现阶段尤其需要着力扩大内需，特别需要增强消费对经济发展的基础性作用，对扩大内需的拉动作用，强化需求对供给的牵引能力；需要提高投资对供给结构演变的拉动、优化作用，从根本上提升国民经济的竞争力，提高供给创造需求的能力，不断增强需求与供给动态平衡水平，推动经济稳定增长和协调发展，以逆周期和跨周期调节的宏观经济政策淡化经济波动。三是深化宏观政策机制体制改革，一方面健全现代预算制度，优化税制结构，完善财政转移支付体系，更好地促进效率不断提升和共同富裕目标的逐渐实现；另一方面，深化金融体制改革，建设现代中央银行制度，加强和完善现代金融监管，提高对金融市场活动监管的质量和水平，提高依法监管各类金融活动的全面性和系统性，强化金融稳定保障体系，守住不发生系统性风险底线。[①]

二、构建高水平社会主义市场经济体制要求规范和引导资本（要素）健康发展[②]

构建高水平的社会主义市场经济体制，在新时代面临的重点任务是深化要素市场化改革，而资本（要素）的制度改革则是具有基础性也是具有时代性的问题。党的二十大报告要求："依法规范和引导资本健康发展。"[③]习近平总书记特别强调："必须深化对新的时代条件下我国各类资本及其作用的认识，规范和引导资本健康发展，发挥其作为重要生产要

---

①　参见习近平：《高举中国特色社会主义伟大旗帜　为全面建设社会主义现代化国家而团结奋斗——在中国共产党第二十次全国代表大会上的报告（2022年10月16日）》，《人民日报》2022年10月26日第1版。

②　参见刘伟：《规范和引导社会主义市场经济资本健康发展》，《经济学动态》2022年第8期。

③　习近平：《高举中国特色社会主义伟大旗帜　为全面建设社会主义现代化国家而团结奋斗——在中国共产党第二十次全国代表大会上的报告（2022年10月16日）》，《人民日报》2022年10月26日第1版。

素的积极作用。"①

1. 正确认识"资本"与中国特色社会主义市场经济的关系

社会主义市场经济与"资本"如何实现有机统一？这在理论上涉及对把社会主义与市场经济，与"资本"根本对立起来的理论传统的重大突破，在实践上关系到如何构建高水平社会主义市场经济体制。正如习近平总书记所指出的："资本是社会主义市场经济的重要生产要素，在社会主义市场经济条件下规范和引导资本发展，既是一个重大经济问题、也是一个重大政治问题，既是一个重大实践问题、也是一个重大理论问题，关系坚持社会主义基本经济制度，关系改革开放基本国策，关系高质量发展和共同富裕，关系国家安全和社会稳定。"② 一方面，资本在自然形态上是重要的生产要素，是社会生产力中最为重要的，对于发展中国家而言往往也是最为稀缺的要素，体现着科技进步，治理能力等技术创新和制度创新的水平；另一方面，资本具有的逐利、扩张、剥削等属性，在资本主义生产方式中是资本主义生产关系本质的集中体现。在社会主义市场经济中运用和认识"资本"需要把握"资本"所具有的这种自然和社会的双重属性，使之与社会主义初级阶段的基本经济制度，与中国特色社会主义市场经济体制能够形成有机统一，从而切实推动解放和发展生产力。就其在社会主义市场经济中的特性而言，一方面要求公有资本占据主体地位，其中国有资本具有主导性，在宏观结构上公有资本在社会总资本中占优势比重，在微观基础上，国有资本在国民经济中控制命脉，公有资本作为社会主义生产关系的物质技术载体，体现社会主义生产的性质和目的。另一方

---

① 《依法规范和引导我国资本健康发展　发挥资本作为重要生产要素的积极作用》，《人民日报》2022年5月1日第1版。

② 《依法规范和引导我国资本健康发展　发挥资本作为重要生产要素的积极作用》，《人民日报》2022年5月1日第1版。

面，资本形态具有多样性，与多种经济成分共同发展的所有制结构相适应，资本的社会形态具有多样性，如国有资本、集体资本、私人资本、港澳台资、外资等；与科技革命的进展及社会生产力发展变化相适应，资本的产业形态也具有多样性，如商业资本、产业资本、金融资本、人力资本、数字资本等；与资本作用的扩大及功能的泛化相适应，资本的作用形态也具有多样性，如文化资本、生态资本、社会资本等。就资本在社会主义市场经济条件下的循环和运行而言，需要体现市场竞争性与政府引导性相结合的原则，中国特色社会主义市场经济条件下资源配置的特征在于市场起决定性作用的同时，更好发挥政府作用，资本运动和利益实现方式只能通过市场经济机制，包括各种社会形态的基本运作具有鲜明的市场竞争性，尽管这种市场竞争性对于不同形态的资本而言又有不同的特点，但这种市场调节并非简单自发进行的，而是在中国特色社会主义宏观经济治理体系下受宏观调控约束的市场竞争，尽管不同形态的资本受宏观调控的约束方式均有差异。

2. 正确认识新发展阶段资本垄断的风险与挑战

从制度和政策体系上来看，在社会主义市场经济条件下，国有资本占据主导地位，但国有企业又是市场行为主体，其行为具有市场竞争性，因而怎样处理这种主导地位与市场竞争性的关系？怎样保障国有企业市场竞争权利，增强市场对企业约束力度的同时，有效防止国有企业利用垄断地位破坏市场公平竞争的垄断行为？这是社会主义市场经济在反垄断和反不正当竞争中需要解决的重要问题，也是社会主义市场经济中特有的问题，需要长期探索、逐渐完善。

近年来，在经济进入新发展阶段，特别是顺应新一轮科技革命和产业变革，顺应经济数字化、智能化、信息化、网络化等方面的急剧变化，平台企业等新兴的市场主体迅速成长，同时也带来资本无序扩张方面的新变化，形成新型垄断，带来新的风险和挑战。

平台企业是互联网经济背景下新兴的市场主体，是科技创新和商业模式创新相结合的结果，凭借资本和技术优势渗透至经济社会的众多领域，以全新的业态改变着传统的产业组织和市场结构，显示出传统企业一些难以企及的竞争优势和资源配置效率。但与此同时，平台经济和平台企业发展不成熟不规范以及一些短板和风险也十分突出，特别是一些平台企业在发展过程中凭借融资、数据、流量、技术等优势无序扩张，实施垄断和不正当竞争，对市场公平竞争秩序造成严重冲击。在经济上，不仅严重破坏了公平竞争，对中小企业权益和消费者利益造成巨大侵害，而且资本无序扩张阻碍了国家创新驱动发展战略实施，窒息创新动能，带来资源配置效率的严重损失。在社会方面，新型垄断行为逃避应当承担的社会责任，浪费社会公共资源，挤占弱小经营者生存空间，损害劳动者权益，加剧贫富分化和社会矛盾。在文化上，因互联网平台和流行文化联系密切，社会舆论和精神文化生活在互联网资本的控制之下，会逐渐消减文化多样性，降低文化繁荣和传播的动力，而更多地服从资本逐利要求。在国家安全上，因数据资料对平台经济具有重要的价值属性，资本的扩张需要加大互联网数据的收集和掌控，而数据要素在内容上不仅涉及个人隐私、企业商业利益，而且涉及公共利益和国家安全，平台经济的资本垄断及利用垄断展开的逐利活动可能导致数据控制权风险上升。

资本无序扩张形成垄断及垄断行为的原因是多方面的，较为突出的表现在，一是政策摇摆和不明确导致的"预期含混期"，诱发部分资本试图获取或深入影响政治权力及政策制定以确保自身安全，进而产生"恐慌性"的无序扩张和政治冲动驱动的垄断行为；在政策摇摆和不明确时，市场主体缺乏明确的政策预期，导致一些资本试图通过影响管制政策和管制行为去确保自身的发展安全和垄断行为不被追究，由此引发"管制俘获"。在这一过程中形成市场逆向选择，公平竞争的资本被淘汰，损害市场竞争公平性的同时导致效率严重损失，加剧垄断和垄断行为。二是新兴科技革命和监管滞后导致的"制度空窗期"，诱发部分资本利用制度缺失，产生"无规乱为式"的无序扩张和垄断。在数字化、信息化、网络化、智能化等急速发展的经济环境下，产品、业务、业态模式创新快速、交叉融合、关联渗透、跨界混业普遍，给监管和防范风险带来了严峻挑战，由此形成的"制度空窗"为资本绕开监管实现套利提供了可能。在新兴技术和新兴业态快速发展的条件下，监管制度在很多方面往往处于相对滞后状态，难以跟上创新的步伐，从而使资本可能处于监管缺失的放任状态，其无序快速扩张并导致垄断也就难以避免。三是行业利润不均和资本逐利天性导致的"结构调整期"，诱发部分资本脱离实体经济转向虚拟经济，产生"脱实向虚式"的无序扩张。长期以来，我国经济结构性矛盾和失衡严重，尤其是由于制造业实体经济技术创新能力较弱，结构升级新动能不足，形成的具有充分市场竞争力和盈利能力的投资机会及项目不足，再加之税收、信贷等政策倾斜原因，制造业利润不断下降，房地产、金融行业等利润居高不下，各类资本出于逐利本性，脱实向虚，利用高杠杆加剧资本泡沫的同时增大金融风险，部分资本利用网络经济、平台经济、媒体经济的监管空窗期，以不正当竞争获取暴利，加剧资本无序扩张下的垄断行为。

3. 正确认识社会主义资本的特性和规律

首先应当尊重人类社会关于引导资本健康发展的"五大共识"，即人们普遍认同的引导资本促进经济社会进步应遵循的原则，包括：资本的政治中立原则、资本的法律合规原则、资本的社会义务原则、资本的道德向善原则，资本的经济促进原则。

需要特别关注的是，数字经济是未来社会经济发展的重要方向，从全球范围看，平台经济已经呈现出高度聚集化特征，甚至被称为"超级平台聚集体"，这类超级平台聚集体借助数据收集与分析技术，业态重构和商业模式创新形成了完整的网络生态系统，并通过跨界竞争、用户竞争、线上线下融通竞争等方式不断增强和巩固自身的市场垄断地位，在监管乏力甚至缺失的条件下，利用垄断地位开展无序竞争获取垄断利润。现阶段，全球各司法辖区关于数字经济反垄断的立法、执法、司法在理论和实践上都面临严峻挑战。这是各国引导资本促进经济社会进步共同面临的挑战。

在中国特色社会主义市场经济条件下，如何规范和引导资本健康发展？除了要尊重人类社会关于资本促进经济社会发展的共同原则，深入回应各国面临的共同挑战外，还需要深入研究资本在中国式现代化进程中的历史方位和特殊性质，需要把握社会主义市场经济条件下资本的特殊性，推进马克思主义在资本理论上的中国化、时代化。需要创建中国特色社会主义资本理论新体系，认识中国特色社会主义中资本的运动规律，尤其包括社会主义初级阶段资本存在的必然性、长期性，社会主义资本属性的多元性、多种形态性，以公有制为主体、多种所有制并存的制度结构中资本运动的新规律，在全球化、金融化和科技革命推动产业革命不断深化的条件下，社会主义市场经济资本的特征和发展趋势，等等。

4. 深入开展引导规范资本健康发展的实践探索

首先需要在实践上对不同形态的资本的合法性和行为边界进行清晰定位。在制度上，特别是从法律实践层面上定位。一是激活并完善已有规则，克服有法不依及有法难依，对于资本无序扩张问题，我国基本法律制度框架已经构建起来，已经结束了无法可依状态，需要强调的是，一方面真正落实、严格执法，克服有法不依；另一方面完善相关立法质量，降低法治成本，克服有法难依。二是针对监管滞后和空窗问题，及时制定围绕新业态的监管法规，尤其是对于资本偏好集中的互联网等新兴领域，需要有针对性地制定适应新业态的监管法规。2021年8月，中央全面深化改革委员会会议通过了《关于强化反垄断深入推进公平竞争政策实施的意见》（以下简称《实施意见》），就数字经济和平台经济领域的反垄断和反不正当竞争审查等方面提出了新要求，进一步需要的是切实落实，根据《实施意见》提出的新要求，加快制度构建，建立数字经济时代下的新竞争规则，完善平台企业认定、数据收集使用交易管理、消费者权益保护等相关方面的法律规范。三是在规范资本行为的同时，完善产权保护的法律体系，一方面要进一步完善相关的专项法律，形成集商标权、专利权、著作权等多项权利于一体的完整的知识产权法律框架；另一方面要强化执法力度，切实及时有效地维护经济主体合法权利。四是实现法律与政策间的协调配合，法律规范具有高度稳定性特点，在抑制和防范资本泛滥过程中，既要坚持和发挥法律的刚性约束作用，强化事后追责，也要发挥政策的相对灵活性优势，重视政策的引导性功能。五是根据不同行业属性设定资本的行动边界和模式，即在历史地、发展地、辩证地认识社会主义市场经济条件下资本的特性和行为规律基础上为资本设置"红绿灯"。在设置过程中，需要明确的基调是坚持"两个毫不动摇"，依法依规在制度不断完善的框架内解决资本无序扩张问题；需要秉持的基本方针是"稳中求进，统筹协调，分类指导，精准施策"。立足发展行业，设置科学合理的界限和清晰透明的规则；立足发展实质，防范过度监管，处理好创新与反垄断之间的关系；立足发展环节，各环节要相互衔接，共同发力；立足发展目的，化繁为简，令行禁止，提升效率。六是针对反垄断面临的新现象新挑战完善《中华人民共和国反垄断法》，科学合理的反垄断的法律制度是反垄断执法司法的法律根据，也是构建高水平的中国特色社会主义市场经济体制的重要方面，是推动高质量发展的基本保障。一方面需要完善我国反垄断法律制度，需要强化竞争政策，加强竞争政策法制化，比如将公平竞争审查制度纳入反垄断法，并将产业政策和竞争政策置于国家权力机关的监督框架下；另一方面，增强执法的专业性和程序法制化，完善反垄断法实施的体制机制。此外，要以审慎切实的原则，妥善应对全球反垄断法共同面对的平台经济、数字经济的挑战。七是构建资本安全预警与监控体系，提高预警能力，与事后监管相比，事前监管措施（经营者集中审查、市场准入和外商投资安全审查等）具有导向作用清晰、防患于未然、不利影响小、执法成本低等方面的优势。构建预警监控体系首先需要系统性建设，形成多种监管方式和多方执法机构有机协调，形成合力，避免重复监管和监管漏洞，从而明确事先监管的可行措施、重点领域及适用范围；需要明确事前监管措施的动态调整机制，在适用领域、标准、范围等方面建立常规性动态调整机制，动态调整本身需要有法可依，既科学审慎又适应重点灵活变化，既具动态性又具清晰稳定性，使适应调整与稳定预期之间形成总体平衡；需要提高事前监管举措的专业性、科学性和针对性，在反垄断审查方面需要明确对重点领域经营者集中审查的具体措施，在外商投资安全审查方面需要进一步细化包括申报标准、审查流程、考量因素和救济措施等方面的相关规定，在市场准入方面，需要坚持"两个毫不动摇"，加大执法力度，强调公平执法，提高事前监管决策的针对性和科学性，审慎运用事后追溯加强监管。八是强化反腐倡廉，强化事后惩处力度，特别需要在制度上防止资本与权力勾结，构建亲清政商关系，预防资本对决策的干预；在体制机制上形成权力的相互制衡，拆解过度集中的公权力，审批权的行使应当同步受到监管，审批权与监管权应当分离；严格执法，发挥舆论监督、市场监督、媒体监督、投资者监督等多种监督的合力，使市场经济规则秩序清晰，经济运行透明；在事后惩处上，需要持续强化对垄断协议和滥用市场支配地位行为的惩处，加大对重点领域和重点案件的查处力度，重点整治操纵市场等恶性行为，保护中小投资者，维持市场秩序，构建自律管理、日常监管、稽查处罚、刑事追责、集体诉讼、民事赔偿等有机衔接的资本市场执法体系，提高执法的权威性和有效性。

九是进一步完善ESG体系①，在对资本的社会责任和道德约束方面，我国ESG体系还存在概念不够清晰，法律法规相对滞后，评价标准和指标差异较大，信息披露有待规范等多方面问题。2022年5月国务院国资委印发《提高央企控股上市公司质量工作方案》要求，贯彻新发展理念，探索建立健全ESG体系，立足国有企业实际，构建具有中国特色的ESG信息披露规则、ESG绩效评级和ESG投资指引。ESG概念兴起于西方，在我国起步较晚，伴随着中国式现代化的发展，环保绿色发展、可持续发展、企业成长与社会发展等方面的重要性越来越凸显，完善ESG体系，立足中国式现代化要求，强化对资本的社会责任和社会道德约束，是社会主义市场经济迫切需要解决的重要问题。

三、全面建设社会主义现代化国家需要深化并完善农村土地制度改革

土地制度是一个国家基础性、根本性、全局性的制度，构成社会经济关系的重要基础，中国社会的性质、特点和发展历史决定着中国共产党领导的中国革命和建设必须依靠广大农民作为革命的推动力量。正如党的二十大报告所强调的，中国式现代化"最艰巨最繁重的任务仍然在农村"②，而赢得农民支持的根本在于解决好土地问题，中国式现代化新征程上如何处理好农民土地问题仍是极为重要的议题。同时，土地作为基本

---

① ESG体系（Environmental——环境，Social——社会，Governance——治理），是指把环境、社会责任和公司治理等因素纳入企业经营和投资决策，实现可持续发展的企业理念具体化为评价标准和指标体系，以引导企业贯彻兼顾经济、环境、社会和治理效益的可持续发展价值观。

② 习近平：《高举中国特色社会主义伟大旗帜　为全面建设社会主义现代化国家而团结奋斗——在中国共产党第二十次全国代表大会上的报告（2022年10月16日）》，《人民日报》2022年10月26日第1版。

的生产要素，其制度改革和完善不仅构成中国特色社会主义基本经济制度建设的重要方面，而且构成构建社会主义市场经济体制的重要内容，是要素市场培育和要素市场化改革不可或缺的内容。

1. 革命时期的土地制度变革：赢得了农民并夺得了政权

不同社会制度的历史差异和演进特征，很大程度上受到土地制度的特征的影响。中国封建社会与西欧封建社会尽管都是封建地主阶级统治，通过垄断土地资源，形成封建地主阶级与农民的对立。但在土地所有制形式上又存在许多不同，突出表现在：一方面，中国封建社会不存在西欧封建社会的大量封土封臣关系，而是封建地主土地私有制，因而相对而言产权排他性更清晰，可以继承、转让、买卖；另一方面，中国封建社会的地主土地所有权不同于西欧中世纪土地所有权与政治统治权合一的特点，地主在其土地上只有经济权力而无司法行政权力，因而土地的流动可以更多地接受经济规则约束，超经济性质相对淡化。土地制度的以上特征不仅使中国封建社会发展具有不同于西欧中世纪演变的特点，而且深刻影响了近代以来中国逐渐变成半殖民地半封建社会的进程，进而深刻影响了中国社会性质的特点并对民主主义革命提出了深刻的历史要求。中国共产党领导革命和建设必须正确把握这种土地制度及其对中国社会性质和演变特征的影响，顺应其历史要求才可能成功。回望历史，中国共产党始终把解决农民土地问题作为中国革命的中心问题。中共二大便提出"中国三万万的农民，乃是革命运动中的最大要素"；中共三大开始把发动农民运动作为党的中心工作之一；国民革命时期领导农民运动在广东、湖南等省开展限租、减租、铲除高利贷和苛捐杂税的斗争；土地革命时期在各根据地开展以消灭封建地主土地所有制为主要内容的土地革命运动，在实践中逐步形成了一套比较适合中国实际的土地革命路线、政策和方法，如依靠贫农、雇农，联合中农，限制富农，保护中小工商业者，消灭地主阶级，变封建半封建的土地所有制为农民的土地所有制；抗日战争时期发出《中央关于土地政策的指示》，没收一切汉奸卖国贼的土地财产等，没收地主阶级的土地、粮食、房屋、财产，对于小商人和手工业者等小业主、献身于抗日事业者的土地和富农的土地及其多余的生产工具均不予没收；解放战争时期发布"五四指示"满足农民的土地要求，1947年发布《中国土地法大纲》明确要求，废除封建性及半封建性剥削的土地制度，实行"耕者有其田"的土地政策，分配给人民的土地，由政府颁发土地所有证。

中国共产党通过解决土地问题赢得了农民的支持，进而形成了最广泛和最充分的革命力量。土地革命时期各根据地通过"耕者有其田"的土地政策使广大根据地农民掌握了土地权利；抗日战争时期通过减租减息，在最广泛地团结和调动一切抗日力量的同时，减少了地主的地租和利息收入，农民用增加的收入购置垦荒地、购置农具、繁殖耕畜、增施肥料、精耕细作，提高农业产量；解放战争时期实现了农民的土地要求，为分得土地的农民颁发土地所有证，由土地所有者存执，其所有权任何人不得侵犯，极大提高了作为土地所有者的农民的生产积极性。

2. 建设时期的土地制度变革：联合农民并推进了工业化

中华人民共和国成立后，中国共产党始终把土地问题放在稳定与发展的重要位置。国民经济恢复时期，通过《中国人民政治协商会议共同纲领》以及《中华人民共和国土地改革法》，要求对官僚、买办资产阶级拥有的土地予以没收，废除地主阶级封建剥削的土地所有制，实行农民的土地所有制，借以解放农村生产力，发展农业生产，为新中国工业化开辟道路；社会主义过渡时期，经由互助组—初级社—高级社的农业合作化运动，基本完成了农业社会主义改造，实现农村土地私有制向公有制的转变；探索建设中国社会主义道路时期，在经历"大跃进""一大二公"的人民公社化运动等集体化运动后，农村集体土地所有制退回到"三级所有、队为基础"。与此同时，中国展开大规模的经济建设，推进工业化，政务院颁布《中央人民政府政务院关于国家建设征用土地办法》，对国家建设征用土地问题进行了规定。

社会主义建设时期以土地制度为重点的一系列制度变革奠定了相关制度基础。首先是联合了农民将土地私有制向公有制变革，将亿万松散的农民组织到社会主义建设中。土地改革使3亿多无地、少地的农民获得了7亿多亩土地和其他生产资料，极大地调动了农民的生产积极性，农村生产力水平与农民生活水平明显提高。进而是合作化运动将农民土地私有制变为社会主义公有制，农村土地归劳动人民集体所有，从土地所有制层面保障了农民不至于因为土地兼并而破产和流离失所，体现了土地集体所有制的人民性。尤其是集体化运动中农村集体土地所有制从"一大二公"退回"三级所有、队为基础"以及恢复社员自留地制度，体现了中国共产党在实现国家工业化目标的同时对农村稳定与发展的重视。

3. 改革时期的土地制度变革：激励农民并支持了经济发展

党的十一届三中全会拉开农村改革大幕，农村土地制度进行变革调整，通过"交够国家的、留足集体的、剩下都是自己的"形成国家、集体与农户之间的承包合约，农户家庭经营成为农业经营主要形式，农民对承包土地的使用权、收益权和转让权等逐渐清晰并不断完善。改革初期允许农民利用集体土地办企业、建城镇，促进了乡村工业化进程。1982年宪法规定，城市的土地属于国家所有，农村和城市郊区的土地，除由法律规定属于国家所有的以外，属于集体所有。这就建立了城市土地国有和农村土地集体所有的土地制度。后来出台的《中华人民共和国土地管理法》对城市土地有偿使用等进行了相关规定。总的来看，改革之后的土地制度安排保障了国家粮食安全。集体所有、农村土地承包制度在坚持集体所有制、保证国家和集体利益的前提下，实现了集体成员土地权利和家庭经营的回归，农民从事农业积极性的高涨及农产品产出和供给的增长。同时，通过配置工业用地，创办园区，提供良好的政策环境，促进了快速的工业化和城市化，创造了中国经济长期高速增长的奇迹。

4. 新时代的土地制度改革：为乡村振兴和农民同步实现现代化打下基础

处理好农民和土地的关系，是深化农村改革的主线。党的十八大以来，进一步深化土地制度改革成为实现农业农村现代化的关键举措。以习近平同志为核心的党中央推行了一系列土地制度改革，都有利于切实保障农民土地权益，用活乡村土地资源。包括：从所有权、承包经营权"两权分离"到所有权、承包权、经营权"三权分置"，落实所有权、稳定承包权、放活经营权，在保留农户承包权的同时推动经营权有序流转，促进多种形式适度规模经营和新型农业经营体系的构建；积极探索落实宅基地集体所有权、保障宅基地农户资格权和农民房屋财产权、适度放活宅基地和农民房屋使用权的具体路径和办法，坚决守住土地公有制性质不改变、耕地红线不突破、农民利益不受损这三条底线；建立城乡统一的建设用地市场，在符合规划和用途管制的前提下，允许农村集体经营性建设用地出让、租赁、入股，实行与国有土地同等入市、同权同价；完善征地程序和征地补偿安置，建立对被征地农民合理、规范、多元的保障机制；加大土地要素市场化改革，提高土地配置效率，促进土地高效利用；等等。

新时代的土地制度改革为全面建设社会主义现代化国家提供了现代土地制度保障。土地要素市场化配置有利于改变传统发展模式，促进经济发展方式转变；农村土地"三权分置"改革有利于促进农村土地经营权的流转和新型经营主体成长，促进农业现代化；深化农村宅基地制度改革有利于盘活利用农村闲置宅基地和农房，对于激活农村土地资源要素、促进城乡融合发展具有积极作用，有利于促进乡村振兴和农村现代化；集体经营性建设用地入市改革有利于发展乡村产业和拓宽发展空间，为乡村振兴提供土地要素保障；审慎稳妥推进土地制度改革，为乡村稳定和保障农民权益筑牢底线。习近平总书记强调，不管怎么改，都不能把农村土地集体所有制改垮了，不能把耕地改少了，不能把粮食生产能力改弱了，不能把农民利益损害了。①

新时代的土地制度改革的重要目的是通过向农民更充分的赋权实现农民富裕和农业农村现代化。农村土地"三权分置"改革赋予经营主体更有保障、预期稳定的土地经营权，新型经营主体有动力和条件提升地力、改善农业生产条件；探索实施农村集体经营性建设用地入市制度，建立公平合理的增值收益分配机制，有利于农民分享更多的发展机会和增值收益；征地制度改革缩小征地范围、规范征地程序、采取多元化保障机制，有利于更公平合理地保障农民的财产权利；农村宅基地制度改革通过适度放活宅基地和农宅使用权，有利于农民提高财产性收入，加快农业转移人口市民化。

正如党的二十大报告所指出的，以高质量发展作为全面建设社会主义现代化国家的首要任务和主题，需要全面推进乡村振兴，必须"巩固和完善农村基本经营制度，发展新型农村集体经济，发展新型农业经营主体和社会化服务，发展农业适度规模经营。深化农村土地制度改革，赋予农民更加充分的财产权益。保障进城落户农民合法土地权益，鼓励依法自愿有偿转让。完善农业支持保护制度，健全农村金融服务体系"②。

---

① 参见《加大推进新形势下农村改革力度　促进农业基础稳固农民安居乐业》，《人民日报》2016年4月29日第1版。

② 习近平：《高举中国特色社会主义伟大旗帜　为全面建设社会主义现代化国家而团结奋斗——在中国共产党第二十次全国代表大会上的报告（2022年10月16日）》，《人民日报》2022年10月26日第1版。

第四章

中国式现代化的时代方位：
新发展阶段的机遇与挑战

　　党的十九届五中全会在总结我国全面建成小康社会的基础上，指出我国进入新发展阶段。立足新发展阶段，把握新发展阶段的关键问题在于客观准确地认识我国社会主义现代化发展的历史方位。一是从经济社会发展水平的演进程度看，我们既取得了巨大的成就，摆脱了贫困，实现了第一个百年奋斗目标，全面建成小康社会，但我们现阶段仍是世界上最大的发展中国家，发展的不平衡不充分矛盾仍然十分突出，与发达国家经济发展水平相比仍有显著差距。二是从科学社会主义发展历史运动看，中国特色社会主义事业的成就表明科学社会主义强大的生命力，但我们现阶段仍处于社会主义初级阶段，我们现阶段所进行的中国特色社会主义事业仍然是社会主义初始阶段的事业，必须清醒地认识中国特色社会主义处于社会主义初级阶段的历史特征和客观规律性，牢牢把握党在社会主义初级阶段的基本路线、基本制度、基本方略。三是从中国式现代化发展的前景趋势看，现阶段和今后一段时期，机遇和挑战都较以往发生了深刻的历史变革，内涵和条件也与以往有系统性的区别，目标函数和约束函数均发生了显著突变，机遇与挑战并存，挑战前所未有，若应对得当，机遇同样前所未有。以中国式现代化推进中华民族伟大复兴面临前所未有的风险挑战。党的二十大报告指出，我国发展进入战略机遇和风险挑战并存、不确定难预料因素增多的时期。对此我们必须有清醒认识，正如习近平总书记反复强调的，"推进中国式现代化，是一项前无古人的开创性事业，必然会遇到各种可以预料和难以预料的风险挑战、艰难险阻甚至惊涛骇浪，必须增强忧患意识，坚持底线思维，居安思危、未雨绸缪，敢于斗争、善于斗争，通过顽强斗争打开事业发展新天地"①。一方面，我们面临的最大机遇在于我们自身的发展壮大，进而使我们距离现代化的目标，距离实现中华民族伟大复兴的目标从来没有像今天这样近；但另一方面，越是接近目标的实现，面临的矛盾和挑战也就越是复杂尖锐。

首先，机遇和挑战的内涵发生了深刻的变化。正如习近平总书记所指出的，机遇更具有战略性、可塑性，挑战更具有复杂性、全局性。即机遇更具战略性意义上的趋势性和过程的不确定性；矛盾更为复杂尖锐，风险更具系统性，而非碎片化。

其次，机遇和挑战的相互关系发生了深刻的变化。机遇与挑战并存，正如习近平总书记所阐释的，挑战前所未有，应对好了，机遇也就前所未有。即是说机遇是有条件存在的，其前提在于应对好前所未有的挑战。首先强调的是挑战前所未有，把握机遇只有在应对好挑战的前提下才有可能，挑战更具前置性、首要性。

再次，"战略机遇期"不再清晰。"战略机遇期"的明确提出是在2002年党的十六大报告中，在经历了20世纪70年代末到2000年，20多年的经济持续高速增长，并实现了初步小康目标之后，进入21世纪，我国经济社会发展是否仍然面临重大战略机遇期，经济还能否实现持续高速发展，能否打破东亚泡沫国家所谓的"二十年持续高速增长极限"增长模式？成为国际社会和国内各方面普遍关注的重大问题，更是涉及我国进入新世纪后经济社会发展战略如何确立的重大问题，党的十六大经过深入分析国际国内发展态势，明确指出，在新世纪头二十年里我们仍处在重要战略机遇期，并据此判断，制定了到

---

① 《习近平在学习贯彻党的二十大精神研讨班开班式上发表重要讲话强调　正确理解和大力推进中国式现代化》，《人民日报》2023年2月8日第1版。

2020年全面建成小康社会的发展目标。进入新时代以来，虽然在一段时期里我们仍然处在重要战略机遇期，但内涵和条件都逐渐发生了历史性变化。因此，在党的二十大报告中，以2020年为基础，制定2035年和本世纪中叶基本实现社会主义现代化，建成社会主义现代化强国两步走的战略目标和规划时，不再以仍处在重要战略机遇期为依据，而是指出，我们现在正处于，战略机遇与风险挑战并存，但不确定、难预料因素增多的时期。[①]

以上表明我们党对于中国式现代化面临的风险挑战，保持着清醒的认识，进而要求在思想上"必须增强忧患意识，坚持底线思维，居安思危、未雨绸缪，敢于斗争、善于斗争，通过顽强斗争打开事业发展新天地"[②]，把坚持发扬斗争精神作为前进道路上必须牢牢把握的重大原则。[③]

[①]　参见习近平：《高举中国特色社会主义伟大旗帜　为全面建设社会主义现代化国家而团结奋斗——在中国共产党第二十次全国代表大会上的报告（2022年10月16日）》，《人民日报》2022年10月26日第1版。

[②]　《习近平在学习贯彻党的二十大精神研讨班开班式上发表重要讲话强调　正确理解和大力推进中国式现代化》，《人民日报》2023年2月8日第1版。

[③]　参见习近平：《高举中国特色社会主义伟大旗帜　为全面建设社会主义现代化国家而团结奋斗——在中国共产党第二十次全国代表大会上的报告（2022年10月16日）》，《人民日报》2022年10月26日第1版。

第一节 经济发展新阶段的新增长目标①

经济增长目标不等于经济社会发展的全部目标，但却具有基础性地位，对于经济社会发展和现代化进程具有重要意义。改革开放以来，我国经济社会发展战略中经济增长战略目标的制定积极可行，并且在实践中如期实现。在2000年实现初步小康，2020年全面实现小康的基础上（第一个百年奋斗目标），进入新发展阶段，开启了第二个百年奋斗目标的新征程。党的十九届五中全会提出并明确阐释了"十四五"规划和2035年远景目标及2050年前后社会主义现代化强国目标。党的二十大则进一步作出了战略部署，其中经济增长目标，尤其是GDP总量和人均水平的提升目标，在全部目标体系中具有支撑性的基础地位。实现经济增长目标对于实现中国式现代化具有不可或缺的意义，同时也面临深刻的挑战，对贯彻新发展理念、实现高质量发展提出了深刻的要求。

一、经济增长目标的达成为全面建成小康社会奠定重要基础

（一）GDP总量和人均增长目标的提出及调整

1982年召开的党的十二大，首次明确提出从1981年到2000年的20年里，在不断提高经济效益的前提下，力争使工农业生产总值翻两番，从1980年的7100亿元（人民币）增加到28000亿元左右（人民币），国民收入总额和主要工农业产品产出居于世界前列，城乡居民收入成倍增长，人

---

① 本节内容参见刘伟：《经济发展新阶段的新增长目标与新发展格局》，《北京大学学报（哲学社会科学版）》2021年第2期。

民物质文化生活水平达到小康水平。这是在我们党的决议中首次提出总量翻两番（当时我国国民经济统计核算指标体系尚未采用GDP体系，而是用传统的工农业生产总值指标），也是首次明确"小康"目标。

1987年召开的党的十三大，进一步明确了经济建设分三步走的战略。第一步实现比1980年国民生产总值（GNP）翻一番，解决人民温饱（在1987年基本实现）；第二步到20世纪末，GNP总量再翻一番，人民生活达到小康水平（初步小康）；第三步到21世纪中叶，人均GNP达到中等发达国家水平，基本实现现代化，首次明确21世纪中叶基本实现现代化远景目标，并首次明确提出人均GNP达到中等发达国家水平的长期增长目标。1992年党的十四大报告基于国际国内形势的变化，提出年均经济增长率可以更快些，国民生产总值到20世纪末将超过比1980年翻两番的水平。事实上，我们在1997年比预定的2000年提前3年实现了翻两番的经济增长目标。

1997年党的十五大报告，展望21世纪，明确提出在第一个十年实现国民生产总值比2000年翻一番，同时首次提出了"两个一百年"目标，即建党一百年和新中国成立一百年的奋斗目标。党的十六大报告把十五大提出的"两个一百年"目标进一步具体化，在第一个百年奋斗目标达成时，全面建设惠及十几亿人口的更高水平的小康社会（全面小康），在第二个百年奋斗目标达成时，基本实现现代化。2007年党的十七大报告对2020年实现第一个百年奋斗目标进一步细化，在十五大提出21世纪第一个10年（2010年）国民生产总值较2000年翻一番的目标已经提前实现的基础上（2007年提前三年），首次提出到2020年实现人均国内生产总值比2000年翻两番的增长目标。到2012年党的十八大，则更进一步提出到2020年实现国内生产总值总量和城乡居民人均收入两项指标均比2010年再翻一番。[①]

---

① 参见胡锦涛：《坚定不移沿着中国特色社会主义道路前进　为全面建成小康社会而奋斗——在中国共产党第十八次全国代表大会上的报告》，人民出版社2012年版，第17页。

2017年党的十九大再次强调了"两个一百年"奋斗目标，即在2020年建党100周年时全面建成小康社会，在2050年新中国成立100年时建成社会主义现代化强国。2020年，党的十九届五中全会对"十四五"及2035年远景规划作出了进一步的战略部署。就人均GDP水平的增长而言，"十四五"需要进入高收入发展阶段，即从2020年的1.05万多美元跨越当代高收入发展阶段的门槛（按世界银行划分标准，以1987年美元计，达到人均6000美元为高收入阶段起点线，2020年这一标准折算为13205美元以上）。到2035年基本实现现代化，相应的人均GDP达到中等发达国家水平，到2050年则进一步建成社会主义现代化强国，在世界上居于领先地位，达到主要发达国家的水平。党的二十大进一步提出了中国式现代化战略安排。[①]

也就是说，从经济发展水平和已达成的增长目标看，我们现阶段仍处于追赶发达经济体的过程中，仍是一个发展中国家，但是处于较高水平的发展中国家。

（二）经济增长目标达成，第一个百年奋斗目标总体实现

到2020年，我国全面建成小康社会的经济社会发展目标全面达成。

从基本数量指标上看：一是GDP总量超过100万亿元，较改革开放初期的1978年增长了近40倍，年均增长9%以上。占全球GDP比重从1978年的1.8%，列世界第10位，上升为18%左右，列世界第2位（自2010年起折算为美元，超过日本成为世界第二大经济体），与世界第一位的美国相比，从1978年相当于美国GDP总量的6.3%上升为相当于其70%以上，不仅作为人口最多的发展中国家，同时也是经济规模最大的发展中国家。二是人均GDP水平2020年为8万元，超过1万美元（1950年不到100美元，1978年

① 参见习近平：《高举中国特色社会主义伟大旗帜　为全面建设社会主义现代化国家而团结奋斗——在中国共产党第二十次全国代表大会上的报告（2022年10月16日）》，《人民日报》2022年10月26日第1版。

为200多美元），高出目标值约18%，年均增长8%以上，在世界银行统计排序上，从改革开放初期在世界银行统计的196个国家和地区中居第189位（倒数第7）上升为2020年在214个国家和地区中列第75位左右，成为当代上中等收入阶段的发展中国家，在40多年的时间里实现了从贫困向温饱阶段的跨越（1998年人均GDP水平达到当代下中等收入阶段水平），继而又实现了从温饱向小康的跨越（2010年人均GDP水平达到当代上中等收入阶段水平），2019年贫困发生率为0.6%，低于目标值1%，2020年则实现了总体全面脱贫，克服了困扰中国几千年的绝对贫困问题。

从主要结构指标上看：一是以农业劳动生产率提高为基础的农业就业比重显著下降，从1950年的80%以上、1978年的70%以上（当代低收入贫困国家平均值为72%），降至23%左右（当代上中等收入国家的平均值为30%）。二是基本实现了工业化目标，据测算（以人均GDP水平、三次产业产值比例、制造业增加值占全部商品增加值比重、人口城市化率、第一产业就业占比等5项指标构成的综合工业化指数），到"十三五"时期我国总体上处于工业化后期（按照工业化理论，工业化过程分为前工业化、工业化初期、工业化中期、工业化后期和后工业化阶段），到2020年中国整体工业化水平指数已经达到93，意味着中国工业化进程已经进入工业化后期后半阶段，即将进入工业化之后的后工业化阶段，实质上可以判断为基本实现工业化。[①] 三是城镇化进入加速期，人口城镇化率从1978年的17%略强上升至2022年的按常住人口计65%以上，进入经济社会发展史上的城镇化加速期（30%—70%）。四是恩格尔系数进入富足阶段，城乡居民家庭食品支出占消费支出的比重从1978年的63%以上（贫困状态）降至2021年的27%左右（富足状态）。

从社会经济发展综合指标上看：2020年是全面建成小康社会各项指

---

① 参见黄群慧：《2020年我国已经基本实现了工业化——中国共产党百年奋斗重大成就》，《经济学动态》2021年第11期。

标达成之年，也是"十三五"规划收官之年。"十三五"规划所提出的发展指标是第一个百年奋斗目标达成指标的具体体现，在这一指标体系当中，主要包括：经济发展指标——包括GDP总量、全员劳动生产率、城镇化率、服务业增加值占比等；创新驱动——包括R&D（科学研究与试验发展）经费投入强度、每万人口发明专利拥有数、科技进步贡献率、互联网普及率等；民生福祉——包括居民可支配收入增长率、劳动人口平均受教育年限、城镇新增就业人数、农村贫困人口脱贫、基本养老保险参保率、城镇棚户区住房改造、人均预期寿命等；资源环境——包括耕地保有量、新增建设用地规模、万元GDP用水量下降、单位GDP能源消耗降低、单位GDP二氧化碳排放降低等总计25项指标。主要指标如期完成，其中有13项指标在2019年提前完成，个别少数指标未能在2020年完全达成，包括GDP总量按可比价格比2010年翻一番目标、R&D经费支出占GDP比重、全员劳动生产率等，但也大体接近完成。其中GDP总量较2010年翻一番指标达成率为97%左右，主要是受2020年新冠疫情冲击，经济增长率仅为2.3%所致；全员劳动生产率人均12万元指标，达成率为98%（2020年为人均11.77万元），接近完成；R&D经费支出占GDP目标比重为2.5%，到2020年达成率为96%（2020年为2.4%），主要是GDP总量高速增长所致，R&D经费支出本身绝对增速是十分快的。总之，可以说，到2020年全面建成小康社会目标总体实现。

二、新发展阶段以人均GDP为标志的经济发展水平将达到新高度

（一）"十四五"人均GDP水平将进入高收入阶段

党的十九大报告提出，在全面建成小康社会的基础上，再奋斗30年，

到新中国成立一百年时，把我国建成社会主义现代化强国[①]，党的二十大进一步做出了总体战略分析。从2020年到21世纪中叶实现第二个百年奋斗目标，可以分为两步走。第一个阶段，从2020年到2035年，在全面建成小康社会的基础上再奋斗15年，基本实现社会主义现代化；第二个阶段，从2035年到21世纪中叶，在基本实现现代化的基础上再奋斗15年，把我国建成富强民主文明和谐美丽的社会主义现代化强国。[②]

这一目标对早在1987年党的十三大提出的远景目标"三步走"战略中的第三步有所修正。十三大报告提出"第三步，到下个世纪中叶，人均国民生产总值达到中等发达国家水平，人民生活比较富裕，基本实现现代化"。而党的二十大报告基于已经取得的发展成就，强调到本世纪中叶把我国建成社会主义现代化强国，"成为综合国力和国际影响力领先的社会主义现代化强国"，而不是十三大报告所提出的人均国民生产总值达到中等发达国家水平，十三大报告所提出的到21世纪中叶"基本实现现代化"目标，在二十大报告中作为2035年（第一阶段）的阶段性目标，提前了15年。

就2035年（第一阶段）的经济增长目标而言，有可能也有必要实现2035年我国GDP总量或人均收入水平较2020年翻一番的增长目标，即GDP总量达到200万亿元以上（按不变价格），人均国民收入水平达到或接近2.5万—3万美元左右（按不变价格）。要实现这一增长目标，要求在15年内年均经济增长率保持在4.73%以上的水平。尽管实现这一增长将会面临

[①]　参见习近平：《决胜全面建成小康社会　夺取新时代中国特色社会主义伟大胜利——在中国共产党第十九次全国代表大会上的报告》，人民出版社2017年版，第27页。

[②]　参见习近平：《高举中国特色社会主义伟大旗帜　为全面建设社会主义现代化国家而团结奋斗——在中国共产党第二十次全国代表大会上的报告（2022年10月16日）》，《人民日报》2022年10月26日第1版。

许多不确定因素和风险隐患的冲击，但经过努力，特别是通过贯彻新发展理念，根本转变发展方式，是有可能实现的。[①]

在全面实现小康目标基础上实现现代化奋斗目标的第一阶段，"十四五"具有起步的重要意义。在"十四五"末期，必须达到现行的高收入标准（世界银行划分标准），才能为2035年实现经济总量或人均收入较2020年翻一番创造发展基础。实际上，就是要求在"十四五"期间跨越"中等收入陷阱"。根据世界银行的统计，到2022年世界经济有81个国家和地区进入高收入发展阶段。从发展史上看，高收入经济体自达到上中等收入阶段（2019年为4055美元以上）后发展至高收入起点（2020年为13205美元以上），平均用了12—13年，其中人口大国（500万人以上）约20个，平均用了11—12年时间。我国以人均国民收入水平为标志，2010年进入到上中等收入阶段，若以13年左右为参照，应在2023年前后进入高收入发展阶段。若从国际经济发展经验看，稳定地跨越"中等收入陷阱"进入高收入阶段，人均国民收入水平应超出高收入阶段起点水平以上20%—30%，否则伴随经济波动可能退回上中等收入阶段，出现反复。因而，稳健地跨越"中等收入陷阱"需要的时间应当高于达到高收入阶段起点线水平的13年左右的平均时间。我国"十四五"期间应当实现的经济发展阶段性任务正是跨越"中等收入陷阱"，进入高收入发展阶段。如果年均经济增长率保持在5%以上，则能够达到这一水平。

（二）2035年人均GDP水平要达到中等发达国家水平

在"十四五"跨越"中等收入陷阱"的基础上，再用10年时间到2035年基本实现社会主义现代化远景目标，相应地，人均国内生产总值达到中

[①] 参见刘伟、陈彦斌：《2020—2035年中国经济增长与基本实现社会主义现代化》，《中国人民大学学报》2020年第4期。

等发达国家水平。

　　"中等发达国家"在统计上目前还没有明确的分类，因而"中等发达国家人均GDP"只能是一个粗略的、相对的概念，或者说是归纳整理后的概念。即从全部"发达国家"当中除去"主要发达国家"之后的发达国家，这些"主要发达国家"之外的发达国家可以归结为"中等发达国家"。

　　根据联合国经济和社会事务部（UN DESA）每年发布的《世界经济形势与前景》报告，按发达经济体、转型中经济体和发展中经济体三个分类公布国家和地区间比较数据。在其公布的分类中，世界上发达国家共有45个，包括美国、新西兰、日本、加拿大、澳大利亚；欧盟15国以及欧盟新成员12国；欧洲其他国家（冰岛、挪威、瑞士）等。在这45个发达经济体中，作为"主要发达经济体"的有美国、英国、加拿大、日本、法国、德国、意大利七国（人均GDP都在4万美元以上），其余38个经济体应当属于"发达经济体"当中的"中等发达国家"，人均GDP平均水平为3万美元。

　　根据世界银行的分类，没有"发达国家"的分类标准，是按收入水平把各国分为高收入、上中等收入、下中等收入和低收入四个组别。"高收入"的标准是根据1987年美元价格达到人均6000美元以上的经济体，2020年这一标准折算为13205美元；高收入国家即进入"后工业化"社会的经济体。在世界银行2020年公布的高收入国家组别中①，进入这一组别的国家有65个，其中人均GDP水平最低的为罗马尼亚（12630美元），在这65个高收入国家中居中位水平的是列第30位前后的国家，包括韩国等，人均GDP在3万美元左右。

　　根据联合国开发计划署提出的"人类发展指数"或称为"人文发展指

————————

　　①　这一分类基于人均GNI（Gross National Income，国民总收入）按汇率法计算的。

数"（Human Development Index，HDI），以各国出生人口预期寿命、预期受教育年限、平均受教育年限、人均国民总收入等4项指标加权处理，得出HDI的数值，再根据HDI数值把各国分为四类：很高发展水平国家、高发展水平国家、中等发展水平国家、低发展水平国家。"很高发展水平国家"的HDI值在0.8以上，共有62个（2018年）。这62个"很高发展水平国家"也可以视为"发达经济体"，其中居中等水平的（如列在第29—31位的意大利、爱沙尼亚、塞浦路斯等）HDI值大体上在0.88—0.87，相对应的按购买力平价计算的人均GDP在30000—36000国际元。①

我国2020年人均GDP水平按汇率法折算突破1万美元，按购买力平价折算已达到16000国际元以上（2019年），在世界银行的分类中处于上中等收入阶段（人均GDP4055—13205美元），在214个国家和地区的排序中列第75位，在联合国开发计划署的HDI排序中列第85位左右。要在2035年人均GDP水平赶上中等发达国家水平，实际相当于按现在的美元或国际元价格计，从目前的11000多美元达到30000美元左右，或从目前的16000多国际元达到30000多国际元左右。假定其他条件不变，要求GDP总量或人均收入水平翻一番，GDP总量将超过200万亿元（按现价折算为美元将超过30万亿），相应的年增长率平均要达到4.73%。在15年内实现年均4.73%的增长率将会面临一系列的矛盾和挑战，特别是外部环境不稳定不确定因素较多，实现这一增长目标的任务是十分艰巨的。基于生产函数法对2020—2035年中国经济增长趋势预测，无论是基准还是乐观情形，如果不改变发展方式，则中国经济难以实现翻番增长。②

---

① 参见联合国开发计划署（UNDP）网站。

② 测算表明，延续传统增长路径，2020—2035年的年均增速仅为3.8%—4.3%，意味着到2035年人均GDP水平只能达到2020年的1.7倍，难以实现翻一番目标。参见刘伟、陈彦斌：《2020—2035年中国经济增长与基本实现社会主义现代化》，《中国人民大学学报》2020年第4期。

（三）2050年前后人均GDP水平赶上发达国家平均水平

第二个百年奋斗目标，即建成社会主义现代化强国，在综合国力和国际影响力上处于世界领先地位。从经济发展水平上看，不仅总量处于世界领先（有可能在2035年之前超越美国，成为世界第一大经济体），人均GDP水平也应当处于领先地位，即赶上包括主要发达国家在内的全部发达国家（而不仅仅是中等发达国家）的平均水平。根据联合国经济和社会事务部发布的报告，当代45个发达国家人均GDP平均水平高于40000美元（2014年），根据世界银行分类，当代65个高收入国家人均GDP平均水平高于45000美元（2019年）。也就是说，在2035年基本实现社会主义现代化基础上，我国人均GDP水平应从25000—30000美元（当代中等发达国家水平）再增长至40000—46000美元（当代发达国家平均水平）。这需要在2035—2050年的15年里，年均经济增长率保持在4%左右，实现起来将是十分艰巨的。事实上，我们假定2035年人均GDP水平赶上中等发达国家，2050年人均GDP水平赶上全部发达国家平均水平，是在假定其他条件不变，尤其是发达国家和中等发达国家水平不变的条件下，以现在已有的水平与我国现阶段实际水平之间的差距为追赶的任务，提出相应的年均经济增长率（2035年翻一番需年均增长4.73%，再到2050年赶上发达国家现有水平需年均增长4%左右）。但实际上，在未来15年至30年的时间里，发达国家和中等发达国家的水平客观上会提升，因此动态地看，我国经济增长要实现赶超目标必须保持比假定发达国家静态不变更快的速度，才能真正有效地缩小与发达国家之间的距离，如期实现第二个百年奋斗目标。实现第二个百年奋斗目标，不仅是与我国经济社会发展自身的历史相比较，也是与国际社会发达国家经济发展的相对的比较；不仅是我国经济社会重要指标本身的绝对变化，也是在与发达国家经济社会发展动态进程的比较中发生的变化。

应对这一挑战，需要根本转变发展方式，这样才能适应新发展阶段新增长目标的要求，适应新时代国内国际经济发展条件和环境的深刻变化，推动发展方式根本转变，实现从主要依靠要素投入量扩大拉动经济增长向主要依靠要素效率和全要素生产率提高拉动经济增长，以新增长动能推动经济由高速度增长向高质量发展转变。否则，我国经济发展进入新常态后出现的增长速度将呈"换挡期"的下降趋势，在新阶段必然进一步强化。事实上，若仍依照以往的发展方式，我国在2020年至2035年潜在经济增长率可能难以达到实现GDP总量或人均收入水平翻一番的增长要求，2035—2050年潜在经济增长率则会进一步下降。[1]

第二节　进入新发展阶段我国仍是发展中国家[2]

从经济社会发展水平上看，特别是从人均国民收入水平以及相应的一系列经济社会发展性指标上看，现阶段我国与世界发达国家仍然存在较明显的差距，仍然属于发展中国家。正如党的二十大报告所进一步明确的，我国是一个发展中大国。这是我们的基本国情中的突出特点，也是我们制定发展方略的重要立足点和出发点。只有清晰认识我国在经济发展上与发达国家的差距，才能科学制定追赶发达国家经济发展的战略安排，只有明确了我国经济发展进程中的历史方位，才能深刻把握需要克服的主要矛盾和需要坚持的"第一要务"。

---

① 参见刘伟、陈彦斌：《2020—2035年中国经济增长与基本实现社会主义现代化》，《中国人民大学学报》2020年第4期。

② 参见刘伟、蔡志洲：《如何看待中国仍然是一个发展中国家？》，《管理世界》2018年第9期。

一、"发展中国家"的提出

"发展"是相对于"发达"而提出的，并成为比较流行的区分各国和地区之间经济发展水平的方法，这种方法所包括的具体指标在不同的分类方式中有所不同，但总体上是从总量和结构两方面进行。

发展中（developing）国家和发达（developed）国家的提法，是20世纪60年代以后流行起来的。1961年，一些欧美发达国家共同建立了经济合作与发展组织（OECD），讨论如何将真实资源由富国（发达国家）向穷国（发展中国家）转移，从此，"发达"（developed）和"发展中"（developing）这一对概念在世界上得到了越来越广泛的应用。顾名思义，发达国家就是已经发展起来的国家，主要是指经济已经得到了发展，人均国民总收入或人均国内生产总值较高的（高收入）国家，发展中国家则是指经济正在发展中但发展水平还不高的国家或者根本没有得到发展的（中低收入）国家。这是对世界各国经济发展水平的最简单分类。OECD宣称，发达国家应该在经济上支持发展中国家，实现共同发展。这个思想也体现在各个国际组织的运作中，如在世界银行、国际货币基金组织（IMF）、联合国开发计划署、世界贸易组织（WTO）等，都有对发展中或中低收入国家提供优惠的政策。

但是在统计实践中，对于如何定义发达国家和发展中国家的边界，各个国际组织之间存在着差异，有的甚至没有明确或清晰的标准。美国、日本等七国集团（G7）的成员属于发达国家，联合国2018年确认的最不发达国家名录上有47个国家（阿富汗、孟加拉国、柬埔寨等）属于发展中国家，这不存在什么争议，但是对许多处于中间状态的国家，如何确定它们的归属就有些问题。例如，对于独联体国家和东欧的原计划经济国家，它们的归属被争议多年。①

第一，看世界贸易组织。世界贸易组织明确指出，要对发展中国家提供过渡期的优惠。但是，并不存在"发达国家"和"发展中国家"的定义。一个国家是否属于发展中国家由这个国家自行宣布，而别的国家可以提出疑问。②中国在2001年加入WTO时，人均GDP还不到1000美元，无疑属于发展中国家，但是在2018年，中国的发展水平已经大大提高。一些国家由此对中国在WTO享受发展中国家的优惠提出疑问。③因为WTO对一个国家是否属于发展中国家，并没有自身的定量标准。

第二，看联合国统计局。联合国统计局制订的"为统计用途制订的标准国家和地区代码"中，把世界各个国家分为发达地区（developed regions）和发展中地区（developing regions），发达地区包含北美洲、大洋洲、欧洲的大多数国家，俄罗斯联邦、捷克甚至阿尔巴尼亚等原苏联、东欧的中央计划经济国家都被包含在内，但亚洲只有日本一个国家，共有66个国家；而发展中地区则包含亚洲、非洲和拉丁美洲的广大地区，其

---

① 发生争议的主要原因除经济发展水平上难以按统一统计口径（比如计划经济国家长期不采用GDP核算体系，而是采取工农业物质资料生产核算体系）进行比较外，还涉及体制和制度之间的不可比性。许多西方发展经济学家在定义"发展"过程时，将其历史内涵归纳为：发展意义上的落后国家实现"工业化"，体制意义上的传统经济实现"市场化"，甚至有学者将"发展"的本质归结为制度变迁意义上的"市场化"。而计划经济国家虽然在当时其"工业化"水平已达相当高度，但囿于统计口径上的不一致难以确定，更重要的是体制上的"计划经济"与"市场化"的差异，使之难以被纳入"发达"行列，从而形成既不属"发展"又不属"发达"的争议。

② 参见世贸理论，*Who are the developing countries in the WTO？*，https://www.wto.org/english/tratop_e/devel_e/d1who_e.htm。

③ 根据中国商务部《中国与世界贸易组织》白皮书（2018年6月），在货物贸易领域，早在2010年，中国降税承诺就已全部履行完毕，关税总水平由2001年的15.3%降至9.8%；在服务贸易领域，截至2007年，中国开放承诺已全部履行完毕，100个服务业分部门已按承诺开放。这意味着中国在该组织中已经不再享受"过渡期优惠"。

中，既包含印度、孟加拉国等南亚低收入国家，也包含韩国、新加坡等东亚高收入国家，还包含沙特阿拉伯等中东石油输出国家，中国以及中国香港、澳门地区也被同时包含进这一地区。联合国统计局强调指出，这一分类的制订是为了统计工作的方便而不是对一个特定国家或地区发展阶段的判断。从这一分类以及在分类下包含的国家和地区中，我们可以看到"发达"和"发展中"的区别，但是它们的边界是模糊的。

第三，看世界银行的分类。1978年，世界银行发布了第1期"世界发展报告"（WDR），以世界发展指数（WDI）为统计依据，把世界各国分为3个类别，（1）发展中国家；（2）工业化国家；（3）资本剩余石油输出国家。发展中国家包括低收入国家（人均GNI在250美元以下）和中等收入国家（人均GNI在250美元以上但在工业化国家水平以下）；工业化国家则用OECD替代，但是希腊、葡萄牙、西班牙和土耳其仍然被看作是发展中国家。南非不是OECD成员国，但也被列入工业化国家。1989年，世界银行对收入分类作了进一步的改革，按照人均国民总收入水平把各个国家（和地区）分为低收入国家、中等收入国家（其中又具体分为下中等收入国家和上中等收入国家）和高收入国家。低收入和下中等收入分组，参考了世界银行的业务分类，人均收入较低的国家或地区能够有较大的贷款优惠，随着收入水平的提升而减少，而人均收入达到一定水平时，则从国际复兴开发银行（IBRD）支持的国家中"毕业"，不再享受世界银行的"软贷款"；但是上中等收入和高收入分组，则是根据经济分析的要求来确定的。1989年，世界银行研究部门向世界银行提供了一篇工作报告《人均国民收入：估算国际比较数字》（*Per Capita Income: Estimating Internationally Comparable Numbers*），提出以1987年6000美元为"工业化"（"industrialized"）[①] 经

---

① 严格地说，这个"industrialized"翻译成产业化更加合理，因为它指的不仅仅是工业的发展，而是反映一个国家现代化的水平。

济体的人均GNI的标准，也就是说，作为高收入经济体人均GNI的下限，如果达到了这一标准，那么这个国家就是"工业化"国家，当然也就是高收入国家。高收入的名义标准下限每年都在变化（2020年为13205美元），这是因为全球的价格总水平在不断提升，这个标准也要把全球价格一般水平的上涨因素考虑进去，而调整的依据是国际货币基金组织的特别提款权折算系数（the "SDR deflator"）。也就是说，从1989年以来，世界银行的"工业化"或"高收入"的标准一直是按1987年可比价格（constant price）的6000美元规定的，没有发生变化，[1] 即按折算系数折算为1987年的6000美元水平。同时，世界银行还将分析分类与业务分类相结合，将人均GNI在480美元以下的国家归为低收入国家，480—1940美元的国家为下中等收入国家，1940—6000美元为上中等收入国家。目前，各个分组的名义人均GNI标准大约为当年的2倍。低收入和下中等收入国家无疑属于发展中国家，能够享受发展中国家的"软贷款"，而上中等收入国家则被认为要逐渐从国际复兴开发银行"软贷款"支持的发展中国家中"毕业"，享受的贷款优惠及贷款明显减少直至取消，但从经济分析的观点看，仍然把它们归入发展中国家。[2] 高收入国家则属于工业化国家或发达国家。

第四，看联合国开发计划署的国家发展分类。目前，UNDP在每年发布的"人类发展报告（Human Development Report）"中，都要计算和发布各个国家人类发展指数并由此对各国进行排序和归类。由人类发展指数计量的发展水平和用人均收入计量的发展水平的排序结果可能有所差别，例如马来西亚2015年的人均GNI高于智利，但人均受教育程度和人均寿命则低于智利，综合计算的结果是智利（0.847）高于马来西亚（0.789）。

---

① 参见World Bank: *How are the income group thresholds determined?*, https://datahelpdesk.worldbank.org/knowledgebase/articles/378833-how-are-the-income-group-thresholds-determined。

② 参见World Band: *World Development Index Indicators 2009*, page xxi。

2015年，参与排序的国家和地区有188个，前5名分别为挪威（0.949）、澳大利亚（0.939）、瑞士（0.939）、德国（0.926）、丹麦和新加坡（0.925，并列第5名），最后5名分别为中非共和国（0.352）、尼日尔（0.353）、乍得（0.396）、布基纳法索（0.402）和布隆迪（0.404），中国的排序为第90位，恰好在中间位置上。188个国家和地区中，HDI值在0.8以上的国家为极高人类发展水平（very high human development）国家，约占排序国家的1/4，包括美国、俄罗斯联邦等在内，共有51个国家和地区为发达国家；HDI值在0.8以下的国家为发展中国家，中国的HDI为0.738，仍然属于发展中国家。[①]

第五，看国际货币基金组织的划分。IMF每年出版《世界经济展望报告》（World Economic Outlook），在最新年度报告的国家分类中包括两个组别：先进经济体（advanced economies）及新兴和发展中经济体（emerging and developing economies），IMF指出，这一分组并不是按照经济或其他方面严格的数据标准得出的，而是服务于合理而有意义的分析目标（IMF，2018）。2018年，先进经济体包括40个左右的国家和地区，具体包括七国集团，欧盟国家，大洋洲国家，亚洲"四小龙"以及中国澳门特别行政区，2021年列为发达经济体的国家和地区为39个，其人均国民收入水平下限为20000美元以上；其他被列入分类的154个国家和地区被归入新兴和发展中经济体，中国、俄罗斯、印度、土耳其等国家都被包含在内。

从以上的讨论中可以看出，就"发达"和"发展中"这一对概念而言，人们对它们的总体理解是一致的，即经济发展、人民生活以及相应的其他方面发展在世界上达到了高水平，就属于"发展了的"或者是"发

[①] 在UNDP的人类发展报告（2016）中的表6"多维贫困指数——发展中国家"中，对包括中国在内的102个国家计算了多维贫困指数。

达"国家，否则就属于"发展中"国家。但是发展同时又是一个动态的概念，随着各国的经济增长和经济发展的情况不同，各个国家之间发展水平的分布在不断变化，尤其在20世纪60年代以来，出现了一批发展水平持续迅速提升的国家或地区，被称为新兴（市场）国家和地区，或者是新兴经济体。"新兴"是对发展状态而不是发展水平的描述，韩国、中国、印度都是新兴经济体，目前在世界上都保持着较高的发展速度，但在发展水平上却存在着明显的差别。韩国已经迈过两类国家之间的门槛，进入发达国家的行列，但中国和印度仍然是发展中国家。

那么，发达国家的门槛究竟在哪里？从前面的综述中可以看出，对于这个"门槛"有明确定量规定的国际组织主要有两个，一个是世界银行，另一个是联合国开发计划署。世界银行主要是从人均GNI来看的，把1987年的6000美元作为"高收入"或"工业化"的固定标准，一个国家按照可比价格计算的人均GNI达到了这个标准即成为高收入国家，就可以认为是"工业化了"的或"发达国家"。而联合国开发计划署的标准是相对标准，即把人类发展指数0.8以上的国家（极高人类发展水平）归入发达国家，其余均为发展中国家。国际货币基金组织在理论上没有明确标准，但在实践上是把人均国民收入超过20000美元作为划分界线，低于这一水平的，在现阶段就被列为"发展中"经济体。

二、中国仍然属于发展中国家

（一）人均国民收入水平

目前世界上有多种对各国经济发展水平进行排序的方法和指标，但使用最普遍的还是人均国民收入或人均国内生产总值。统计表明，其他各种排序方法，也往往与人均GNI或人均GDP水平有较高的相关度。我国在1998年，人均GNI达到800美元（按汇率法折算），实现了从低收入发展阶段向下中等收入阶段的成长，到2010年人均GNI达到4340美元，迈入了上中等收入国家的行列（按照世界银行划分标准）。到2022年达到1.27万美元，赶上了世界平均水平，但距离世界银行划分的高收入阶段的起点线（2022年为13205美元以上）尚有较大差距。但即使达到高收入阶段的起点线，距离发达国家的人均国民收入水平还有很大差距，现阶段的统计数据显示，中等发达国家人均国民收入水平的平均数在2.5万—3万美元，而当代主要发达国家则平均在4.6万美元以上，说明我国虽然经过了长期高速增长，但真正实现赶超还是十分艰难的，即使在经济增长方面也还有相当漫长的过程。

（二）产业结构

产业结构包括就业结构、产值结构等，是国民经济发展阶段性特征的本质性体现。

以中国发展进入新时代的起点，即党的十八大召开之际作为比较分析的起始年份，中国与美国之间的产业结构相比较，具有以下突出差别，一是从产值结构看，中国第一产业的产值是美国的4倍以上，制造业和建筑业产值规模均已超过美国，第二产业产值已经是美国的1.3倍以上，但第三产业的产值与美国存在很大差距，不到美国的40%。以党的十八大召开之后进入新时代以来的2014年数据为例，美国三大产业产值占比分别是1.2%、20.3%、78.5%，属于典型的后工业化时期的产业结构。我国则是9.3%、43.3%、47.4%，尽管已初步形成了现代产业经济结构格局，但仍是一个处于工业化进程（后期）的国民经济体。从就业结构上看，美国的就业结构与增加值结构是相似的，说明三大产业之间劳动生产率和资本平均收益率大体上是均衡的，我国的产值结构和就业结构之间则存在明显差距，第一产业就业比重要比相应的产值比重高出20%以上，第二产业和第三产业就业比重比相应的产值比重低10%左右，表明中国经济中农业与非农业之间效率上的二元性特征突出。若仅就三大产业之间的就业比重而言，我国第一产业就业比重比美国高出25个百分点左右，而第三产业就业比重又比美国低36个百分点左右。[①]

中国与世界各国产业结构相比较，一国的经济发达程度与产业结构（尤其是就业结构）高度相关，一般来说，工业化国家或进入工业化中后期的国民经济，由于第二产业中具有较高的资本密集度和技术水平，其所能够容纳的就业规模是有限的，一般会稳定在20%—30%之间。我国已接近工业化完成，近年来这一比重稳定在25%—30%，虽有波动，但幅度不大，与发达国家的差异主要在第一产业和第三产业。一般来说，第一产业就业比重越低，第三产业就业比重相应就越高。相应地，第一产业的产值占比与就业占比之间的差别越大（产值占比越低，就业占比越高），表明第一产业发展水平越低，劳动生产率水平越低，与非农产业差距越大。从现阶段的各国产业结构状态看，中国大体处于发展中国家到发达国家排序的中间位置，属于发展水平不断提升中的发展中国家。我国现阶段正处在工业化接近完成的加速期，无论是产值还是就业比重，第二产业在规模和所占比重上都已进入相对稳定状态，尽管所占比重略有波动，但主要已不在数量占比的变化，而是在以新型工业化推动工业化的质量和本身的结构优化，三大产业结构的变化主要体现为第一产业占比下降和第三产业占比相应上升，尤其是就业比重变化显著。进入新时代以来，每年第一产业就业比重下降约1个百分点，相应第三产业就业比重每年上升一个百分点，按这一速度，在2030年前后可达到发达国家水平。[②]

---

① 参见中华人民共和国国家统计局编：《中国统计年鉴2017年》，中国统计出版社2017年版。

② 参见中华人民共和国国家统计局编：《中国统计年鉴2017年》，中国统计出版社2017年版。

（三）人类发展指数

如前所述，HDI是一个相对指标（0~1之间），其分类基于固定的分界值，HDI值小于0.550为低人类发展水平；介于0.550到0.699之间为中等人类发展水平；介于0.700到0.799之间为高人类发展水平；大于等于0.800为极高人类发展水平。根据联合国开发计划署统计，现阶段中国在世界188个国家HDI排序中，大体居中位数水平（90位左右）。虽然从动态上看，我国HDI值上升速度很快，在1990年时仅为0.499，为低人类发展水平国家，2001年达到0.6，成为中等人类发展水平国家，2010年则达到0.7，成为高人类发展水平的国家，到2022年上升到0.788，但到目前仍未超过0.8，按照HDI分类标准，未进入发达国家行列，仍处于发展中国家水平。[①]

（四）城乡差距

作为发展中国家，突出特点之一在于城乡之间发展的不均衡，即所谓"二元性特征"。一般而言，对于发展中国家来说，一个地区工业化程度越高，相应的城镇化程度也越高，即城镇化率越高，相应的经济发展水平（人均GDP）也就越高。在我国现阶段二者之间的相关系数高达0.8996（以2016年数据为样本测算）。[②]

城乡差距重要的体现是城乡居民收入的差距。从整体上看，我国现阶段城镇居民的人均可支配收入是农村居民的2倍以上。从不同地区的比较来看，经济发展水平相对较高，因而城乡居民人均可支配收入水平较高的地区，城乡居民之间可支配收入水平的差距相应也较小，反之，则较大。二者的排序等级相关系数为0.9371（以2016年数据为样本测算），说明各

---

① 参见联合国开发计划署：《2023/24年人类发展报告》。

② 参见中华人民共和国国家统计局编：《中国统计年鉴2017年》，中国统计出版社2017年版。

地区的人均可支配收入与人均GDP之间存在较强的相关关系。同时，各地区城市化率与城乡居民收入也有较强的相关关系，二者的排序等级相关系数达到0.8956，这就使得不同地区的城乡居民构成成为影响地区居民总收入的重要因素，进而成为影响不同地区之间居民收入差距的重要因素。[①] 进一步分析，显而易见的原因是城乡居民收入之所以存在较大差距，主要还是在于产业结构效率的差别上，农村主要集中于农业或直接相关的产业，其比较产业劳动生产率及报酬率低于非农产业。这种城乡间的发展不平衡所形成的"二元结构"，是中国式现代化进程中必须克服的重要矛盾，也是我国仍然是一个发展中国家的重要体现。同时，我国城乡二元结构特征不仅突出表现在城乡居民可支配收入的差异上，而且还反映在居民所享受的公共服务方面的差异上。农村的教育、医疗、社保、社会福利等方面的发展水平都明显落后于城市，不仅在水平上低于城市，而且在体制上与城市也有很大差异。这种发展不平衡、不充分的二元结构与体制上的二元性交织在一起，凸显出作为发展中国家的特征。

既然进入新发展阶段的中国仍然是一个发展中国家，那么在这一发展阶段上，我国社会主要矛盾为人民日益增长的美好生活需要和不平衡不充分的发展之间的矛盾，这一发展阶段上产生的各方面其他矛盾，都与这一主要矛盾有着深刻的联系，而且要从根本上克服这一矛盾并进而有效解决经济社会各方面的发展矛盾，就必须坚持把发展作为我们党执政兴国的第一要务，把高质量发展作为主题。这是我们党改革开放以来始终坚持的马克思主义辩证唯物史观的根本要求，是党的十八大以来历次党代会报告突出强调的基本观点，党的二十大则更进一步把坚持贯彻新发展理念、着力推动高质量发展作为推进中国式现代化的"首要任务"，并且立足新发展阶段，做出了系统的战略部署。

---

① 参见刘伟、蔡志洲：《如何看待中国仍然是一个发展中国家？》，《管理世界》2018年第9期。

第三节　新发展阶段仍处于社会主义初级阶段

　　党的二十大报告在概括中国式现代化的本质要求时，开宗明义地强调指出，中国式现代化坚持中国共产党领导，坚持中国特色社会主义。中国式现代化不仅是在经济社会等生产力发展水平上实现对发达国家的赶超，从而根本改变人类现代化的世界版图，而且与以往现代化历史不同，坚持以中国特色社会主义为基本制度和道路，从而为世界各国实现现代化提供新的选择。中国特色社会主义是需要长期奋斗的历史进程，需要几代、十几代，甚至几十代人的接续努力。我们现阶段所进行的中国特色社会主义事业，在科学社会主义的历史发展中，属于初级阶段的社会主义，这是我们党长期以来从中国特色社会主义实践中总结出来的一项重要认识，也是我们制定基本路线、基本方略的重要依据，对于社会主义初级阶段的历史客观性和长期性应当保持清醒的认识，党的二十大报告再次强调，我国仍处于社会主义初级阶段，就是要求我们准确把握事物发展规律，以科学思想方法推进中国式现代化。

一、社会主义发展阶段划分的理论和实践探索

（一）马恩经典作家的认识及在苏联的实践

　　马恩经典作家对资本主义之后到共产主义的社会发展阶段划分做出过讨论，但非常原则性。马恩经典作家在《哥达纲领批判》中对资本主义社会之后人类社会形态做出过划分，即过渡时期——在资本主义社会到共产主义社会之间的革命转变时期，与之相适应存在政治上的过渡期；共产主义社会第一阶段——生产力水平还不够发达，消灭了剥削及其产生的根源私有制，但仍只能进行按劳分配；共产主义社会高级阶段——与共产主义第一阶段相比具有一系列新特征，社会生产力水平高度发展，按需分配取

代按劳分配。①

列宁首次明确区分了"共产主义"与"社会主义",即把马克思所说的"共产主义社会的第一阶段"(或称低级阶段)称为"社会主义",把"共产主义社会高级阶段"称为"共产主义"。②列宁的重要贡献在于,一是指出无产阶级推翻资本主义制度的革命可以首先发生在资本主义世界链条薄弱的环节,突破了马恩经典作家关于无产阶级革命将首先发生在最为发达的资本主义国家的预测。二是指出无产阶级革命可以首先发生在个别国家,突破了经典作家关于无产阶级革命实践从一开始就是多国同时进行的国际性运动的预测。三是在苏联"军事共产主义"遭受挫折后,列宁提出"新经济政策",在理论和实践上发展了马恩经典作家关于从资本主义到共产主义(社会主义)"过渡期"的思想,指出在这一"过渡期",所有制是多元结构的,运行机制是存在市场经济关系的,与世界经济的联系是开放的,并剖析存在这些特点的根本原因在于适应相对落后的社会生产力发展要求。

马恩经典作家指出了"共产主义社会第一阶段"(低级阶段)不同于高级阶段,是刚刚从资本主义社会产生出来的,虽然否定了私有制,不承认阶级差别,取消了剥削,但仍承认差别,默认不同等的个人天赋,默认不同等的工作能力是天然特权。③列宁进一步指出,在"共产主义第一阶段",列宁称之为社会主义,不存在私有制和阶级,但国家还未完全消亡,脑力劳动和体力劳动等差别仍然存在,不同等的工作能力和不平等的权利仍不可避免;只有到了共产主义社会高级阶段,差别才会消失,人才

---

① 参见马克思:《哥达纲领批判》,中共中央马克思恩格斯列宁斯大林著作编译局编译,人民出版社2015年版,第27、14、16页。

② 参见《列宁专题文集·论马克思主义》,人民出版社2009年版,第265、269页。

③ 参见马克思:《哥达纲领批判》,中共中央马克思恩格斯列宁斯大林著作编译局编译,人民出版社2015年版,第14、15页。

能够实现全面自由发展。因此，社会主义社会需要采取"中间环节"①，即新经济政策所包含的制度和政策方式、手段。事实上，列宁通过对比"军事共产主义"和"新经济政策"，对资本主义社会向社会主义社会过渡时期的特征，甚至对社会主义社会本身的特征有了新认识。

"新经济政策"在列宁逝世后便结束了，苏联在斯大林的领导下对社会主义社会发展的阶段划分问题同样十分重视，但斯大林认为"过渡时期"即采取"新经济政策"时期应当是不长的时期，之后便进入社会主义社会，而社会主义社会，即马恩经典作家所说的共产主义社会第一阶段也是不长的历史时期，所以1936年11月斯大林在《关于苏联宪法草案》中宣布"过渡时期"已结束，从1917年十月革命到1936年，苏联已经完成了从资本主义社会向社会主义社会的过渡，建立了社会主义制度，基本实现了共产主义第一阶段的目标。到1939年3月，斯大林在《苏联共产党（布）第十八次代表大会关于第三个五年计划的决议》中进一步宣布，苏联已经进入共产主义社会，即已从社会主义社会过渡到共产主义社会。应当说，没有认识到社会主义阶段的历史长期性。

后来的赫鲁晓夫虽然全盘否定斯大林，但在"苏联已经进入共产主义社会发展阶段"的历史判断上依然继承了斯大林的观点，之后的勃列日涅夫、戈尔巴乔夫等虽然从"已进入共产主义社会"的阶段判断上有所倒退，但仍坚持苏联的社会主义已不再是马恩经典作家所说的共产主义第一阶段或称低级阶段的社会主义，而是"发达社会主义社会"（勃列日涅夫），或称之为"发展中的社会主义"（戈尔巴乔夫）。② 显然这种划分

---

① 参见《列宁全集》第41卷，人民出版社2017年版，第217页。

② 参见《赫鲁晓夫同志在苏联共产党第二十次代表大会上的报告（摘要）》，《人民日报》1956年2月16日第3版；中国社会科学院情报研究所编译：《苏联理论界论社会主义》，人民出版社1983年版，第12—13页；中共中央马克思恩格斯列宁斯大林著作编译局《马列主义研究资料》编辑部编：《马列主义研究资料》1988年第2辑，人民出版社1988年版，第67页。

判断不符合科学社会主义发展客观历史规律。

邓小平同志曾深刻地总结道："社会主义究竟是个什么样子，苏联搞了很多年，也并没有完全搞清楚。可能列宁的思路比较好，搞了个新经济政策，但是后来苏联的模式僵化了。"[①]

（二）我国关于社会主义社会发展阶段划分的探索

我们党关于从新民主主义革命胜利后进入社会主义社会的"过渡期"的理论与实践探索，发展了马克思主义关于从资本主义社会到社会主义社会的"过渡时期"（革命转变期）的思想。

一是论证并实践证实了不仅在资本主义链条的薄弱环节，而且在半殖民地半封建社会的中国进行无产阶级领导革命也是可能和必然的，论证了这种革命的特殊历史性质和特点，即新民主主义革命。明确了新民主主义革命所要达到的目标和实现途径，形成了新民主主义革命基本纲领，深入分析了作为其基础的基本经济纲领。在1949年新中国成立前夕全国政协第一次会议上具有临时宪法性质的《中国人民政治协商会议共同纲领》确立下来。二是在"一化三改"的历史实践中探索并发展了马克思主义向社会主义社会过渡的理论，新中国成立不久，经过三年国民经济恢复发展（期间还发生了抗美援朝战争），我国即开始从新民主主义社会向社会主义社会的过渡，开始毛泽东设想大体要经过15年左右时间，后来实际用了三年时间便完成了生产资料所有制改造，到1956年即结束了过渡期，进入社会主义社会。虽然存在争议，如：这一过渡时期是否过快过短？新民主主义社会是否应当作为独立的社会形态存在更长时期？我国生产资料所有制社会主义改造是否过快？但是在这期间，无论是与我国经济社会发展以往的历史相比，还是与此前苏联等社会主义国家由资本主义进入社会主义社会

---

① 《邓小平文选》第3卷，人民出版社1993年版，第139页。

的过渡时期相比，我国社会生产力不仅没有受到破坏，而且获得了空前的发展。表明我国过渡时期总体上的制度变革和方针政策是适应了当时我国社会生产力发展历史要求的。

严重的教训在于，完成向社会主义社会过渡之后，社会主义社会本身作为一个长期发展的历史过程，是否还存在不同发展阶段，进而不同发展阶段的基本特征、基本路线、基本目标和任务是否有所不同？由于缺失经验，我国并没有明确且科学的认识和划分，由此产生了许多混乱，一是把社会主义阶段等同于共产主义阶段，或者同斯大林等一样认为社会主义阶段作为共产主义第一阶段（低级阶段）是不长的历史时期，因而经过新民主主义向社会主义过渡之后，很快便可以进入共产主义，进一步便是按照对共产主义高级阶段的制度理解来建设社会主义制度，严重脱离生产力发展的实际和客观要求，采取"大跃进"式的"穷过渡"或"洋过渡"，导致对生产力发展的严重破坏。超越社会生产力发展的历史客观性推动生产关系变革，取消一切私有经济，取消限制商品货币关系和市场，取消一切差别，甚至否定按劳分配所存在的事实上的差别等等，严重违背了马克思主义辩证唯物史观。二是不区分社会主义社会的不同发展阶段，从而导致对不同阶段的社会主要矛盾和主要任务的认识发生偏差和混乱，尤其是不承认我国社会主义社会发展本身的生产力落后性，因此不承认经济发展的落后，以及人民日益增长的物质文化需要同落后的社会生产之间的矛盾是长期存在的主要矛盾，或者对这种主要矛盾的认识发生根本性的动摇，社会主义制度建设和方针政策选择脱离解放和发展生产力要求，脱离经济建设中心目标，脱离解决社会主要矛盾的根本要求，片面强调以阶级斗争为中心。三是由于缺乏对社会主义社会不同阶段的科学划分，因而一方面对现实中我国社会主义社会存在的种种矛盾现象，特别是生产力水平低，经济发展落后，人民生活普遍贫穷等难以从科学社会主义发展理论上予以阐释，进而导致人们怀疑社会主义，甚至把贫穷等同于社会主义；另一方面，对社会上客观存在的种种差别和利益冲突，特别是对人们利益独立性的要求，如商品生产和商品货币关系发展带来的利益变化，资本主义经济因素和市场竞争的影响等难以从实际出发作出科学的分析，进而认为社会主义社会的发展既然已经进入到取消这些利益差别的阶段，那么，这些利益冲突的存在以及由此产生的矛盾就只能从社会主义生产关系内部寻找原因，即在社会主义生产关系内部存在产生资本主义经济关系的可能与必然，而其政治上的代理人，即为"党内走资本主义道路的当权派"。

二、"社会主义初级阶段"的提出和明确

改革开放伊始，我们党面临的重要问题便是怎样重新认识社会主义性质和特征，重新确立我们所进行的社会主义事业的历史方位。回答这一问题至少涉及两方面相互联系的基本问题，一方面涉及我们所进行的社会主义事业在国际社会主义运动中的特殊性，以及中国社会生产力发展对生产关系具有怎样的特殊要求等问题，即关于"中国特色社会主义"的问题；另一方面涉及我们所推进的社会主义事业在科学社会主义发展史上所处阶段的特殊性，即关于"社会主义初级阶段"的问题。这两方面的问题具有深刻的内在联系，从一定意义上讲，关于社会主义初级阶段的理论构成中国特色社会主义理论体系的重要组成部分，没有关于"中国特色社会主义"的认识和自觉，就不可能有"社会主义初级阶段"的判断，没有"社会主义初级阶段"的理论，就难有"中国特色社会主义"认识的深化。社会主义初级阶段既是现阶段和今后很长时期中国特色社会主义的历史方位和阶段性历史现实，又是中国特色社会主义这一需要经过几代，十几代甚至几十代人长期努力奋斗的伟大事业在现阶段的重要特征。社会主义初级阶段是确定中国特色社会主义从摆脱贫困到实现中国式现代化目标这个长期发展过程的基本制度、基本路线、基本方略的重要基石。

　　我国经济学界关于社会主义初级阶段的讨论是围绕什么是社会主义展开的。新中国成立之后，特别是"三大改造"完成之后，中国所进行的是不是真正的社会主义？如果我们进行的是社会主义，那么为什么发展了几十年还处于贫困状态？进而，还要不要坚持社会主义？若要坚持社会主义，应当坚持怎样的社会主义？改革开放伊始，我们党在理论上必须回应这些质疑。1982年9月党的第十二次全国代表大会上，邓小平同志首先提出"建设有中国特色的社会主义"命题，在这一思想引导下，1986年9月党的十二届六中全会《关于建国以来党的若干历史问题的决议》第一次以党中央文献提出"我们的社会主义制度还是处于初级的阶段"作为我国社会主义事业的指导思想的依据。同时强调社会主义是向共产主义高级阶段前进的历史运动，这实质上批评了不顾我国社会主义发展阶段的现实。中国共产党第十三次全国代表大会确立了社会主义初级阶段作为党的基本路线，论证了阶段问题的重要性和核心要义，即正确认识我国社会现在所处的历史阶段，是建设有中国特色的社会主义的首要问题，是我们制定和执行正确的路线和政策的根本依据。社会主义初级阶段有两层含义：第一，我国社会已经是社会主义社会。我们必须坚持而不能离开社会主义。第二，我国的社会主义社会还处在初级阶段。我们必须从这个实际出发，而不能超越这个阶段。它不是泛指任何国家进入社会主义都会经历的起始阶段，而是特指我国在生产力落后、商品经济不发达条件下建设社会主义必然要经历的特定阶段。从20世纪50年代生产资料私有制的社会主义改造基本完成，到社会主义现代化的基本实现，至少需要上百年时间，都属于社会主义初级阶段。党的第十四次全国代表大会肯定了社会主义发展阶段问题上作出的我国还处在社会主义初级阶段的科学论断，重申了这是一个至少上百年的很长的历史阶段，并第一次提出社会主义初级阶段是我国的基本国情，应据此制定社会主义初级阶段的基本路线。中国共产党第十五次全国代表大会提出最大的实际就是中国现在处于并将长期处于社会主义初级阶段，社会主义是共产主义的初级阶段，有中国特色社会主义是科学社会主义在当代的体现，使之"在二十一世纪展现出更加的蓬勃生命力"。从1949年10月新中国成立过渡到社会主义社会直至建成社会主义现代化强国（本世纪中叶实现第二个百年奋斗目标），百年的发展进程都属于社会主义初级阶段，在中国特色社会主义制度下实现现代化的过程也还是社会主义初级阶段发展过程的重要部分。

社会主义初级阶段是中国国情规定的中国特色社会主义所特有的发展阶段和特征。党的十三大报告指出："我国社会主义的初级阶段，是一个什么样的历史阶段呢？它不是泛指任何国家进入社会主义都会经历的起始阶段，而是特指我国在生产力落后、商品经济不发达条件下建设社会主义必然要经历的特定阶段。我国从五十年代生产资料私有制的社会主义改造基本完成，到社会主义现代化的基本实现，至少需要上百年时间，都属于社会主义初级阶段。"也就是说中国特色社会主义现阶段（在实现现代化目标之前）仍处于社会主义初级阶段，社会主义初级阶段是中国特色社会主义所具有的特定阶段。

社会主义初级阶段是中国特色社会主义发展不可逾越的历史阶段，从社会发展的历史特征来看，我们是从半殖民地半封建社会基础上进行新民主主义革命再经过社会主义革命进入社会主义社会，生产力水平远远落后于发达的资本主义国家，这种不发达规定了我们必须经历一个很长的社会主义初级阶段（实践表明至少要上百年）去实现发达国家在资本主义制度基础上完成的工业化和现代化。从现代化的实现进程看，人口众多、基础薄弱、传统落后的经济结构刚性突出、人均国民收入水平低下、人均拥有的资源少、生态环境约束更为严格，因而更需要保持历史耐心。党的十五大报告指出："中国又处在社会主义的初级阶段，就是不发达的阶段。在我们这样的东方大国，经过新民主主义走上社会主义道路，这是伟大的胜利。但是，我国进入社会主义的时候，就生产力发展水平来说，还远远落后于发达国家。这就决定了必须在社会主义条件下经历一个相当长的初级阶段，去实现工业化和经济的社会化、市场化、现代化。这是不可逾越的历史阶段。"① 党的二十大报告再次重申，我们仍处于社会主义初级阶段。②

社会主义初级阶段上的中国特色社会主义的基本纲领是实现中国式现代化。党的十五大明确强调社会主义初级阶段是基本实现社会主义现代化（建设社会主义现代化国家）的历史阶段，在社会主义基础上实现中华民族伟大复兴的历史阶段，指出这一历史阶段的主要任务包括由农业国转变为工业化国家；由自然经济半自然经济为主转变为经济市场化程度较高的阶段；由贫困人口占很大比重，人民生活水平比较低转变为全体人民比较富裕，逐步缩小地区之间发展差距，逐步缩小同世界先进水平的差距。明确中国特色社会主义在社会主义发展初级阶段上的基本纲领是实现社会主义现代化（第二个百年奋斗目标）。实现了这一基本纲领，中国特色社会主义初级阶段的根本任务和发展目标即已完成，中国特色社会主义社会的历史进程将从社会主义初级阶段发展至新的更高阶段。正如党的十五大报告所阐释的，社会主义初级阶段是"在社会主义基础上实现中华民族伟大复兴的历史阶段。这样的历史进程，至少需要一百年时间。至于巩固和发展社会主义制度，那还需要更长得多的时间，需要几代人、十几代人，甚至几十代人坚持不懈地努力奋斗"③。具体说，从我国社会主义制度建立初

---

① 江泽民：《高举邓小平理论伟大旗帜，把建设有中国特色社会主义事业全面推向二十一世纪——在中国共产党第十五次全国代表大会上的报告》，人民出版社1997年版，第16页。

② 参见习近平：《高举中国特色社会主义伟大旗帜 为全面建设社会主义现代化国家而团结奋斗——在中国共产党第二十次全国代表大会上的报告（2022年10月16日）》，《人民日报》2022年10月26日第1版。

③ 江泽民：《高举邓小平理论伟大旗帜，把建设有中国特色社会主义事业全面推向二十一世纪——在中国共产党第十五次全国代表大会上的报告》，人民出版社1997年版，第17页。

期我们党提出实现四个现代化根本任务和目标，到改革开放初期提出"三步走"战略，从明确中国特色社会主义这一改革开放探索的主题并在此基础上提出社会主义初级阶段思想，到把中国特色社会主义初级阶段的基本纲领确定为实现现代化，从明确提出"两个一百年"奋斗目标，到实现第一个百年奋斗目标之后中国式现代化进入不可逆转的历史阶段，我们党关于中国特色社会主义初级阶段（初始阶段）存在的客观性、发展的长期性、使命的艰巨性等重大问题的认识越来越清晰，对社会主义社会与共产主义社会，中国特色社会主义与科学社会主义发展，社会主义初级阶段与中国特色社会主义的相互关系和历史逻辑的理解越来越深刻。

三、新发展阶段仍处于中国特色社会主义初始阶段

经过长期努力，特别是党的十八大以来，我国经济社会发展取得了历史性成就，中国特色社会主义制度也更加成熟、更加定型，推动中华民族伟大复兴进入不可逆转的历史进程。党的十九届五中全会提出实现第一个百年奋斗目标，全面建成小康社会之后，我国要乘势而上开启全面建设社会主义现代化国家新征程，党的二十大则对这一新征程做出了战略安排，指出，从现在起，我们党的中心任务就是团结带领全国各族人民全面建成社会主义现代化强国、实现第二个百年奋斗目标，以中国式现代化全面推进中华民族伟大复兴。标志着我国进入了一个新的发展阶段，但是需要明确的是，正如党的二十大报告再次强调的，我国仍然是一个发展中国家，仍然处于社会主义初级阶段，必须坚持党在初级阶段的基本路线、基本制度、基本方略，坚持发展是第一要务，高质量发展是主题。对此，我们既要勇于进取、满怀信心，又要实事求是、保持历史耐心。

我们需要以历史唯物主义的态度来对待和认识新发展阶段的历史方位，根据生产力与生产关系矛盾运动的特点和规律，客观地认识所处的发

展阶段，脱离生产力与生产关系矛盾运动，主观地理解发展阶段，必然会付出高昂的代价。

一方面，在发展上，我们现阶段仍然是发展中国家，经济社会发展水平距离发达国家仍有明显差距，尽管我们创造了长期社会稳定和经济持续发展的奇迹，但发展的不平衡不充分的社会主要矛盾仍然存在，距离实现中国式现代化目标，即达成中国特色社会主义初始阶段的基本纲领还有很长的征程。另一方面，在制度上，我国现阶段的制度和体制与实现中国式现代化的历史发展要求仍存在很大差距，尽管伴随改革开放的不断深入，制度和体制更加成熟更加定型，但仍不完善，与中国式现代化要求相比，改革的任务仍然十分艰巨，中国特色社会主义基本经济制度和社会主义市场经济体制仍需不断完善。因而，若以实现中国式现代化作为社会主义初级阶段的目标和使命，作为中国特色社会主义初始阶段的基本纲领，那么，在这一纲领实现之前，其目标和使命达成之前的发展阶段，应当都还属于社会主义初级阶段。也就是说我们还需要很长时间的艰苦奋斗才能实现现代化，完成社会主义初级阶段的根本任务（第二个百年奋斗目标）。只有实现了中国式现代化发展目标之后，中国特色社会主义才可能在社会主义初级阶段的基础上向更高阶段发展。

我们也不能以教条的、机械的、形而上学的态度，而应以辩证唯物主义的态度来认识和对待发展阶段的历史方位。在整个中国特色社会主义的初始阶段，即从社会主义制度建立到实现现代化强国目标（第二个百年奋斗目标）的百年历程中，也是存在不同具体发展时段的。这种阶段性的存在，同样是生产力与生产关系矛盾运动所规定的，忽视社会主义初级阶段发展过程之中的不同阶段的特点，同样会严重束缚生产力的发展。正如习近平总书记所分析的："社会主义初级阶段不是一个静态、一成不变、停滞不前的阶段，也不是一个自发、被动、不用费多大气力自然而然就可以跨过的阶段，而是一个动态、积极有为、始终洋溢着蓬勃生机活力的过程，是一个阶梯式递进、不断发展进步、日益接近质的飞跃的量的积累和发展变化的过程。全面建设社会主义现代化国家、基本实现社会主义现代化，既是社会主义初级阶段我国发展的要求，也是我国社会主义从初级阶段向更高阶段迈进的要求。"①

既然在我国进入实现中国式现代化新征程的新发展阶段，仍处于社会主义初级阶段，那么，在这一发展阶段，原则上就需要继续坚持党的社会主义初级阶段的基本制度、基本路线、基本方略，坚持发展是党执政兴国的第一要务，深入贯彻新发展理念，践行高质量发展主题，以高质量发展推进中国式现代化，以中国式现代化推进中华民族伟大复兴，落实2035年基本实现现代化，是本世纪中叶把我国建成社会主义现代化强国的两步走战略安排。坚持贯彻中国式现代化的本质要求，在制度和体制机制上不断完善中国特色社会主义，使新阶段的高水平的改革开放切实成为实现中国式现代化的"关键一招"，在中国式现代化历史进程中，坚持党的领导，坚持社会主义道路，坚持逐渐实现全体人民共同富裕，使中国特色社会主义制度在更加成熟更加定型的基础上进一步完善，使其解放和发展生产力，推动中国式现代化目标实现的优势更加充分显现出来，以中国特色社会主义制度和发展方式实现到本世纪中叶把我国建成富强民主文明和谐美丽的社会主义现代化强国，以建成社会主义现代化强国为基础，进一步推动中国特色社会主义从初级阶段向新的更高级阶段的发展。

第四节　新发展阶段我国进入战略机遇和风险挑战并存、不确定难预料因素增多的时期

党的二十大报告指出："我国发展进入战略机遇和风险挑战并存、

---

① 习近平：《论把握新发展阶段、贯彻新发展理念、构建新发展格局》，中央文献出版社2021年版，第474—475页。

不确定难预料因素增多的时期。"① 应当说，这是我们党关于"战略机遇期"问题认识的进一步深化。

一、经济社会发展目标与战略机遇期的演变

由于种种原因，我国错过了工业革命和现代化历史进程上的多次机遇。进入改革开放新时期之后，我们党经过透彻分析国际国内发展趋势的演变，敏锐地意识到我国面临历史性的发展战略机遇，不容再次错过。尽管当时我们党并未明确"战略机遇期"概念，但以邓小平同志为核心的党第二代中央领导集体明确提出了抓住历史性战略机遇，推进"三步走"战略，在20世纪最后20年解决温饱进而实现中国式的"小康"（初步小康），GDP总量按可比价格计，实现翻两番，到21世纪中叶基本实现现代化。实践表明，我国不仅如期完成了20世纪末建成初步小康的发展目标，而且在许多方面，特别是经济社会发展指标上超额达成，为进入新世纪我国经济社会持续发展创造了必要的物质技术基础。这一发展战略的提出和实践，与我们党对发展的历史战略机遇的意识和判断是分不开的。

进入新世纪后，经历了自改革开放以来到20世纪末20年的持续高速增长（年均经济增长率达到9%），并且实现了"初步小康"目标之后的中国经济社会发展还能不能保持持续发展的强劲势头？成为人们普遍关注的重大问题。② 要科学地回答这一问题需要对进入新世纪中国经济社会发展的

---

① 习近平：《高举中国特色社会主义伟大旗帜　为全面建设社会主义现代化国家而团结奋斗——在中国共产党第二十次全国代表大会上的报告（2022年10月16日）》，《人民日报》2022年10月26日第1版。

② 比如当时有西方学者（克鲁格曼等）就曾基于对"东亚泡沫"增长方式的分析，提出依靠要素投入量扩大为主，依靠要素成本低为竞争优势，所支持的高速增长难以持久，据此提出"20年持续高速增长极限"的观点，而20世纪末的中国恰好到了20年增长所说的临界点，由此便对中国在新世纪的发展势头和前景提出疑问。

约束条件和前景态势做出系统研判。江泽民同志在2002年中共十六大上首次明确提出"战略机遇期"概念,指出,21世纪头20年是我们必须紧紧抓住的战略机遇期。并据此提出到2020年,从20世纪末的初步小康迈入全面建成小康社会,在经济发展指标上,明确提出到2020年GDP总量按可比价格计,较2000年翻两番。从实践进展上看,到2020年我国GDP总量如期实现了较2000年翻两番增长目标,实现了全面建成小康社会的发展目标(年均经济增长率9%左右)。① 总体上说,我们牢牢抓住了新世纪头二十年的重要战略机遇期,推动中国社会经济发展迈上了新的台阶,为开启现代化新征程奠定了坚实的基础。

那么,进入新发展阶段,特别是全面建成小康社会,实现第一个百年奋斗目标之后,面对国际国内政治、经济、文化、军事等各方面条件发生系统性深刻变化,面对世界百年未有之大变局和统筹实现现代化战略全局的"两个大局",如何认识我们所处的发展阶段的特征,尤其是如何判断是否仍处在战略机遇期,成为必须做出科学判断的历史性问题。正如习近平总书记所说:"战略机遇期这个概念,当时提出来时指的是本世纪头20年。在20年后的今天,对战略机遇期如何判断,是一个重大问题。"②

以习近平同志为核心的党中央审时度势,做出我们在新发展阶段当前和今后一个时期,仍然处于重要战略机遇期的判断,同时指出机遇和挑战

---

① 以2008年世界金融危机为分水岭,我国与世界经济发展都发生了新的深刻变化,我国经济自2012年后进入新常态,2015年后经济增长速度低于7%,2020年由于新冠疫情冲击仅为2.3%(全球唯一正增长的主要经济体)。使得按党的十八大修订的2020年GDP总量较2010年翻一番的目标达成率为97%,不到100%,因为前10年按不变价格翻一番,年均增长率要达到7.2%,而实际为6.7%。但按原定较2000年翻两番目标而言,如期达成,因为前10年的增长速度近10%,翻了一番多。

② 习近平:《新发展阶段贯彻新发展理念必然要求构建新发展格局》,《求是》2022年第17期。

都有新的发展变化。① 这种发展变化突出体现在需要把握的发展目标和约束条件等方面发生的历史性变化，同时机遇和挑战的内涵和条件也都发生了深刻改变。

二、经济社会发展面临的主要矛盾和需要克服的主要问题发生了深刻的变化

就社会主要矛盾变化而言，正如党的十九大报告所指出的，我国社会主要矛盾已从人民日益增长的物质文化需要同落后的社会生产之间的矛盾，演变为人民日益增长的美好生活需要和不平衡不充分的发展之间的矛盾，相应地一系列深层次发展性的结构性问题更显突出。习近平总书记指出，我国发展面临的主要问题"归结起来，就是发展不平衡发展不充分。发展不平衡，主要是各区域各领域各方面存在失衡现象，制约了整体发展水平提升；发展不充分，主要是我国全面实现社会主义现代化还有相当长的路要走，发展任务仍然很重"②。这就要求我们在新发展阶段，必须坚持马克思主义历史唯物主义和辩证唯物主义的世界观、方法论，坚持以经济建设为中心，把发展作为第一要务，解放和发展生产力，根本转变发展方式，切实有效地克服发展的不平衡不充分矛盾，实现经济社会均衡有效高质量发展。

就经济社会发展需要克服的主要问题或需要解决的主要任务而言，现阶段突出地体现为：如何跨越"中等收入陷阱"，从而为2035年基本实现现代化，2050年前后建成中国式现代化强国奠定坚固的经济社会发展基

---

① 参见习近平：《新发展阶段贯彻新发展理念必然要求构建新发展格局》，《求是》2022年第17期。

② 习近平：《新发展阶段贯彻新发展理念必然要求构建新发展格局》，《求是》2022年第17期。

础，切实使我国现代化进入不可逆转的历史发展阶段。与贫困状态和摆脱贫困时代不同，贫困时代的主要发展任务是跨越"贫困陷阱"，即克服贫困的累积性效应（马太效应），阻断贫困再造贫困的恶性循环，需要开展的发展工作主要是增进发展动能，推动经济"起飞"，冲破贫困循环，增强资本形成和积累能力。在发挥比较优势基础上推进国际收支平衡，克服资本不足和外汇不足的"双缺口"。我国新发展阶段经济社会发展已进入当代上中等收入水平，如何跨越中等收入阶段，健康发展进入高收入阶段是我们当前面临的突出任务。

"中等收入陷阱"之所以是一个客观存在的事实，表明实现跨越的确存在一系列新的发展难题，尤其是面临一系列结构性矛盾：一是城乡二元经济转换的结构性矛盾，解决城乡经济在发展上和体制上的脱节及割裂在新发展阶段要求更为迫切，转换过程带来的人口流动问题、城乡收入差距问题、"三农"与现代化脱节问题等都会急速演变。二是新旧动能转换的结构性矛盾，创新力不足导致新动能变革滞后，资源环境等方面约束力度增大导致传统产业和增长方式难以持续，使得增长和发展动力不足。三是失业与空位并存的结构性矛盾，这一矛盾在经济社会发展中是长期存在的问题，但在跨越中等收入阶段由于各方面的结构急速演变，并且极其不均衡，使这一矛盾更为尖锐。农业农村大量剩余劳动力的结构性释放（如农民工）和大学生等受过高等教育的群体就业矛盾突出，是这一问题的具体表现。四是经济发展与生态环境保护的结构性矛盾，伴随经济发展规模的扩大，传统增长方式下经济发展与生态环境间的矛盾更为突出，转变发展方式的要求更为迫切。五是区域间发展不平衡不协调的结构性矛盾更为尖锐。沿海与内地，由于开放程度及相应市场化、工业化等方面的体制差异和发展水平差距愈发拉大，增长点和发展极的加速形成使之与边远封闭地区发展差异更为明显，各区域资源禀赋和比较优势的不同导致的竞争优势落差进一步加大，经济增长驱动与区域主体功能错配的矛盾更加尖锐，等等。六是收入分配差距拉大的结构性矛盾进一步深化，国民收入在区域间、城乡间、部门间的宏观分配结构扭曲加剧，国民收入在不同要素（劳动、资本、土地、技术等）之间的分配矛盾进一步突出，与之相适应的国民收入在社会各阶层和城乡居民间的分配差距进一步扩大（有研究表明我国近些年来，基尼系数长期在0.45以上，高于通常所说的警戒线水平0.4），不仅严重损害社会主义初级阶段共同富裕目标的历史实现，而且使生产与分配进而与流通、消费相互脱节，形成国民经济循环的堵点，降低经济增长的动力，内需疲软的重要原因便在于收入分配差距扩大导致的消费需求不足。七是经济体制转轨的矛盾进一步尖锐化，改革进入深水区，涉及更深层次的体制性结构性矛盾，一方面经济发展进入新阶段，根本转变发展方式要求更深层次的改革和更高水平的开放，另一方面改革开放在新的发展阶段会遇到前所未有的矛盾和风险，重点在于从制度机制上处理好政府与市场关系，推进市场化使市场切实在资源配置中发挥决定性作用，更好发挥政府作用，切实使政府与市场有机统一起来，构建更为完善的高质量的市场体系，在构建全国统一大市场的同时，提升市场竞争有效性和公平性，培育并完善市场经济的竞争主体秩序（企业制度）和交易秩序（价格制度）。推进法治化进程，以法治化维护并提升市场化水平，以法治化约束政府行为，从制度上克服"寻租"现象普遍发生。

三、约束经济增长的供给和需求两端的经济条件及相应的发展目标和市场竞争优势发生了深刻的变化

早在党的十八大召开之后不久，习近平总书记系统分析了中国经济进入新常态之后约束经济增长条件发生的新变化及其特点。从供给侧来看，劳动力资源、土地、各类自然资源能源等生态环境资源、技术进步要素等各方面投入的生产要素价格系统性上升，尤其是人口老龄化时代的到来，

人口红利开始减少，"刘易斯拐点"的到来，使城市经济发展的体制性歧视形成的农民工低工资成本优势逐渐减弱；生态环境约束力度提高，治理标准提升，以及与之相联系的能源革命和"双碳"目标等带来的成本提高；技术进步的主要方式从"模仿"向"创新"的转换及由此形成的不确定性和高风险、高投入、高成本等，推动整个国民经济成本大幅度提高，以往生产要素成本绝对或相对低的竞争优势绝对或相对地削弱，保持经济持续有效发展需要培育新的竞争优势。从需求端看，市场需求由长期膨胀转为疲软，"羊群效应"不再普遍存在，整个国民经济进入经济新常态，低水平发展阶段的普遍"短缺"被产能过剩所取代，高通胀压力下的需求膨胀被需求疲软所取代，以往以解决"有没有"为首要的生产动因被首要解决"好不好"所替代。以往主要依靠要素投入量的扩大带动经济增长的生产方式不再具备生产要素方面的可能和优势，以产出数量增长和规模扩张为特点的高速增长不再具有市场需求方面的条件和支持。经济发展方式转向以要素效率和全要素生产率提升为主拉动经济高质量发展成为新发展阶段的客观必然。

相应地进入新发展阶段，我国在国际经济竞争中的优势也发生了格局性的改变，在以往，一方面利用生产要素成本低的竞争优势在国际市场上具有相对强或绝对强的竞争力，另一方面依托国内需求旺盛的市场条件不仅可以拉动国内经济高速增长，而且可以对外商投资产生较强吸引力，为国际经济提供广阔的中国市场。从而形成以中国为枢纽联结发达国家和发展中国家的双环流。一个环流是中国与发达国家之间，我国利用要素成本低的优势生产消费品尤其是资源和劳动密集型产品，出口发达国家市场，同时利用国内市场需求规模巨大的优势，从发达国家进口资本、技术密集型产品，弥补我国资本和技术的缺口；另一个环流是中国与发展中国家之间，我国利用相对齐全的工业制造业体系和较强的生产能力，向发展中国家出口工业制成品，同时为满足国内市场需求，从发展中国家进口资源型和初级产品。两个环流以中国为联结点相互贯通（类似阿拉伯数字"8"），使我国国内经济与国际经济之间形成相互促进的大循环，出口需求和国外市场对中国经济发展起到了强劲的拉动作用，国际经济资源对国内供给能力和产业链水平稳定提升起到了重要的支撑作用，国内国际两种市场、两类资源共同发挥作用，拉动中国经济实现持续高速增长。"两头在外，大进大出"成为经济运行和增长的突出特征。事实上，我国改革开放40多年来，经济年均增长率超过9%，特别是在2008年世界金融危机发生之前，年均增速更高，在这种高速增长过程中，经济增长率超过10%的年份，出口需求的增速大都超过20%。但是以2008年为标志，世界金融危机爆发之后，世界经济受到严重冲击，且长期恢复迟缓，2020年新冠疫情之后，包括发达经济体和发展中国家的新兴经济体均进入深度结构调整期，经济低速除具有周期性特征外，更具结构性特征，经济风险除具系统性特征外，更具不确定性特征（"黑天鹅""灰犀牛"不断发生），因而中国经济"两头在外，大进大出"发展方式走到了尽头，难以持续。中国本身经济发展进入新阶段内需不足的矛盾进一步凸显，深层次的结构性变革矛盾尖锐，结构升级对国际经济循环提出了更为深刻的结构性要求，这种结构性要求一方面推动中国经济进一步深化质态升级，带来新的更高水平的发展机遇；另一方面也形成新的矛盾和障碍。因而，中国经济与世界经济的市场联结和循环面临新的挑战，迫切需要在重塑新优势的基础上，构建新格局。

四、大国竞争格局发生了深刻变化

新发展阶段我国经济社会发展和现代化进程面临的大国竞争主要体现在中美关系上，体现在中美经济从互补性突出到竞争性不断强化的历史变化上。从总量上看，改革开放初期中国GDP相当于美国GDP的6.3%，到2012年中共十八大召开之年，已相当于美国的55%左右，到2017年中共十九大召开之年，已相当于美国的63%左右，到2021年则相当于美国的77%左右。从结构上看，一方面尽管中美经济结构差异显著，仍具有较强的互补性，特别是中国作为发展中国家，经济结构高度仍远低于美国，但伴随着40多年的改革开放，特别是党的十八大以来伴随工业化和市场化的深入发展，我国经济结构高级化进程明显加快，与世界经济包括与美国经济之间的结构性差异发生了深刻的变化，需要进行互动式的结构性调整，在这一调整过程中包含新机遇，也包含新的矛盾。另一方面，在互动式的结构性升级过程中的竞争性更为深刻，与总量差距缩小不同，结构质态的结构性发展高度上的差距缩小，才是两国发展差距最本质的缩小，现代化的实质性进展和真正困难在于经济社会发展的结构升级，因为结构变化最根本的动力在于创新，结构质态的演进是创新，包括科技创新和制度创新的函数。如果说，低水平发展阶段结构升级所需要的技术创新更多的是一般性技术，较少涉及核心技术，因而可以通过一般性"模仿"获得并快速掌握，对技术领先的美国及发达经济体并不构成真正的竞争威胁，反而新兴经济体的成长有助于发达经济体进一步开拓国际市场，因此也允许输出。但进入新发展阶段，在新的发展水平上的国际竞争格局中，结构升级所要求的技术创新往往是核心技术领域的竞争，正如习近平总书记所分析的，核心技术是买不来、换不来、讨不来的，因为所谓核心技术，一是当前世界前沿的战略性的技术，其前沿性和战略性决定了不存在"模仿"的可能性；二是美国等发达国家为保持和扩大其领先地位，对我国实施"卡脖子"技术策略，我们更不可能通过市场方式获得进而加以"模仿"；三是我们处于领跑的进而可以用来实施反制的"撒手锏"技术，已经处于领先地位的优势使得不存在"模仿"的必要。这就需要坚持以自主创新为主，因而我国与美国在新发展阶段的竞争，必然深入核心技术领域，而这种核心技术领域的全面竞争将是涉及根本发展能力的战略性、全局性的竞争。与之相适应，"修昔底德陷阱"的跨越便成为我国现代化新征程上不容回避的问题。"修昔底德陷阱"的跨越，说到底是中美关系在新时代的格局演变，面对中国式现代化目标的日渐接近，面对中国作为世界上人口规模最大的发展中国家进入现代化的不可逆转的趋势，以美国为首的资本主义发达国家出于自身的根本利益和霸权地位的要求，自然不愿根本改变国际利益格局，而且要竭力使中国的现代化纳入符合美国利益格局，适应强化美国霸权地位需要。事实上，这种"现代化"既不可能实现，也不符合中国人民的根本利益。

因此，实现中华民族伟大复兴，我们必须勇敢面对并成功跨越"修昔底德陷阱"，在新发展阶段的大国博弈中重塑全球化格局，在当前和今后一个时期维护并延长战略机遇期。一是从全球经济增长的动态趋势看，我国在全球经济增长和复苏中作用和贡献的提高增大了创造新的战略机遇的可能。2022年我国经济增量超过1.2万亿美元，连续15年对全球经济增长贡献超过25%；连续11年成为全球规模第一大工业国；货物贸易进出口总额超过5万亿美元，连续8年成为世界最大的货物贸易国，成为130个国家的第一贸易伙伴；2021年我国社会消费品总额超过6.5万亿美元，首次成为世界第一大消费市场；2020年中国对外直接投资达1530亿美元，吸引外资达1630亿美元，首次超过美国，成为全球最大的对外直接投资国家和全球最大的外资流入国。[①] 这种综合经济实力和影响力的提升，为我国创造新机遇和把握新机遇增强了可能，正如习近平总书记于2014年11月在中央外事工作会议上所指出的，我们最大的机遇是自身的发展壮大。二是从世界经济结构变化看，亚太地区和发展中国家重要性的上升为我国发展带来更多的战略合作的机遇和空间，世界经济重心自19世纪以来首次出现向非西方国家，尤其是向亚洲转移的态势。到2020年亚洲拥有全球一半的中产阶层

① 数据来源：国家统计局。

人口，亚洲经济规模超过世界其他地区的总和。[①] 据统计，2030年中国、日本、韩国与东盟经济总量将可能首次超过西方七国，2035年美国将可能从第一大经济体降为第二大经济体，包括新兴经济体在内的发展中国家在世界经济中的比重将可能达到60%。[②] 亚洲和发展中国家经济地位的提升有利于我国可持续发展和延长战略机遇期。三是从全球治理体系看，发展议程与发展中国家意愿逐渐上升为世界治理关注的主流程序，增强了中国对外战略话语地位，全球经济治理赤字加大，迫使其进入加速变革期，治理主体出现多元化、多极化趋势，尤其是发展中国家参与全球经济治理体系改革的要求不断上升，将深刻改变现有全球经济治理格局，世界谋求新发展和新合作的愿望成为主流，能够为我国经济发展创造新机遇。特别是新时代以来，中国提出"一带一路"倡议，推动构建人类命运共同体，也将为我国在未来新的国际分工体系中开辟更多的机遇和空间。四是从全球科技产业发展趋势看，新技术革命在加剧结构变革速度的同时也为我国发展动能转换实现赶超带来了新的重构机遇，以数字化、信息化、智能化为代表的新一轮科技革命深刻改变着世界经济社会发展格局，新能源、新材料技术以及生物技术和生命科学等的发展，将重塑人类经济社会发展结构，与前几次社会发展重大科技革命不同，中国不再是落伍者而是积极参与者和推动者，新技术革命推动的新的生产方式、新的国际贸易投资格局、新的国际分工体系的加速形成，为我国改变并提升在国际经济中的地位进而更充分地分享全球化经济红利提供了机会。五是从国际经济社会发展权利秩序看，二战后形成的美国霸权地位开始衰落，客观上减缓了外部

---

① 参见［美］帕拉格·康纳：《亚洲世纪——世界即将亚洲化》，丁喜慧、高嘉旋译，中信出版社2019年版，第121页；张松：《2020年，世界将开启"亚洲世纪"》，《文汇报》2019年4月8日第7版。

② 参见国务院发展研究中心课题组：《未来15年国际经济格局变化和中国战略选择》，《管理世界》2018年第12期。

对中国发展的实际战略压力，面对深刻变化的世界，美国自身的政治、经济体系同样面临深刻的挑战，中国自身经济社会发展及制度改革形成的改革红利推动实现中国式现代化成为不可逆转的发展趋势，从而使我国面临的新的重要战略机遇期在新发展阶段得以进一步的维护并延长。[①] 要做到这一点面临极其严峻的挑战，正如习近平总书记所洞察的，机遇更具有战略性、可塑性，挑战更具有复杂性、全局性，挑战前所未有，应对好了，机遇也前所未有。[②] 党的二十大报告指出："当前，世界百年未有之大变局加速演进，新一轮科技革命和产业变革深入发展，国际力量对比深刻调整，我国发展面临新的战略机遇。同时，世纪疫情影响深远，逆全球化思潮抬头，单边主义、保护主义明显上升，世界经济复苏乏力，局部冲突和动荡频发，全球性问题加剧，世界进入新的动荡变革期。我国改革发展稳定面临不少深层次矛盾躲不开、绕不过，党的建设特别是党风廉政建设和反腐败斗争面临不少顽固性、多发性问题，来自外部的打压遏制随时可能升级。我国发展进入战略机遇和风险挑战并存、不确定难预料因素增多的时期，各种'黑天鹅'、'灰犀牛'事件随时可能发生。"[③] 因而，在新征程上，我们必须按照党的二十大提出的要求牢牢把握五方面的重大原则，即坚持和加强党的全面领导，坚持中国特色社会主义道路，坚持以人民为中心的发展思想，坚持深化改革开放，坚持发扬斗争精神。[④] 显然，

---

① 参见刘伟：《维护并延长对中国发展有利的重要战略机遇期》，《中国党政干部论坛》2022年第1期。

② 参见习近平：《新发展阶段贯彻新发展理念必然要求构建新发展格局》，《求是》2022年第17期。

③ 习近平：《高举中国特色社会主义伟大旗帜 为全面建设社会主义现代化国家而团结奋斗——在中国共产党第二十次全国代表大会上的报告（2022年10月16日）》，《人民日报》2022年10月26日第1版。

④ 参见习近平：《高举中国特色社会主义伟大旗帜 为全面建设社会主义现代化国家而团结奋斗——在中国共产党第二十次全国代表大会上的报告（2022年10月16日）》，《人民日报》2022年10月26日第1版。

与以往我们党关于"战略机遇期"的认识相比，党的二十大报告进一步强调了风险挑战的全局性、复杂性和变化的不可预料性、不确定性，在机遇与挑战的关系上，进一步强调了应对挑战的重要性和前提性，进而要求我们必须提高风险意识和斗争精神。①

① 参见刘伟：《怎样理解和应对我国战略机遇期的演变——学习党的二十大报告关于"战略机遇"的体会》，《中国经济问题》2022年第6期。

第五章

中国式现代化的发展主题：
高质量发展与新理念、新格局

      党的二十大报告强调指出：高质量发展是全面建设社会主义现代化国家的首要任务，要坚持以推动高质量发展为主题。为此，首先"必须完整、准确、全面贯彻新发展理念"[①]。在实践中贯彻落实新发展理念，关键在于适应并引领经济发展新常态，推动发展方式根本转变，从以往主要依靠要素投入量扩大为主要动能拉动经济增长，转变为主要依靠要素效率及全要素生产率提高为主要动能拉动经济增长，实现动能变革；或者说，变革依靠要素成本低廉的核心竞争力重塑新的竞争优势。同时，从以往以规模扩张为特征的高速增长，转变为以结构质态升级为特征的高质量发展，实现结构变革、质量变革、动能变革。之所以必须根本转变发展方式，一方面如前所述，由于经济发展进入新常态，约束经济增长的需求和供给两端的条件均发生了系统性变化，传统的依靠要素投入量为主拉动经济高速增长的方式既无供给侧的要素可持续能力和竞争力，又无需求侧的市场需求规模和吸纳力。另一方面，新常态下中国

---

    ① 习近平：《高举中国特色社会主义伟大旗帜　为全面建设社会主义现代化国家而团结奋斗——在中国共产党第二十次全国代表大会上的报告（2022年10月16日）》，《人民日报》2022年10月26日第1版。

式现代化目标的实现要求经济增长必须建立在新的效率水平上，否则中国式现代化的预期目标的实现缺乏经济发展能力上的支持。因而，根本转变发展方式既是适应经济社会发展进入新常态的客观要求，又是实现中国式现代化发展目标的内在要求。要根本转变发展方式，必须首先转变发展理念，因为"发展理念是战略性、纲领性、引领性的东西，是发展思路、发展方向、发展着力点的集中体现"①。理念意味着发展观和基本指导思想及理论根据，理念不改变，实践中的发展方式不可能改变。但理念代替不了实践，要把新发展理念贯穿到实践中，必须构建相应的传导机制和实现方式，这个机制和方式即为现代化经济体系。没有现代化经济体系，新的发展理念便无法贯彻于发展实践，没有新发展理念引领并贯彻于实践，发展方式便不可能发生科学意义上的根本转变，没有发展方式的根本转变，就不能适应新发展阶段客观经济条件的变化，不能实现可持续发展，不仅难以跨越中等收入阶段，而且中国式现代化发展目标也难以实现，而要建设现代化经济体系，则必须努力构建新发展格局，即按照党的二十大报告所要求的，到2035年形成新发展格局，建成现代化经济体系。

---

① 习近平：《以新的发展理念引领发展，夺取全面建成小康社会决胜阶段的伟大胜利》，载中共中央文献研究室编：《十八大以来重要文献选编》中册，中央文献出版社2016年版，第825页。

第一节　新发展理念的提出是适应并引领经济新常态的历史要求

一、新发展理念的提出是实现发展方式根本转变，推动经济高质量发展的客观要求

进入新时代，伴随我国经济发展达到新的水平，相应地必然形成新的矛盾，经济发展面临新的机遇，相应地必然面临新的挑战，这些历史性的变化，首先使得原有的发展方式出现严重的不适应性和不可持续性。改革开放以来努力摆脱贫困的发展时期，需要也能够以要素投入量扩大为主（具有相对或绝对竞争优势）拉动经济高速增长（具有短期摆脱贫困的强烈需求），这种竞争优势和巨大市场需求汇集在一起，形成了中国经济持续高速增长的基本经济条件。与这一持续高速增长历史事实相适应的是发展理念集中体现了高速增长的引领要求，在相当长的时期里，发展理念突出的特点是，以经济增长为核心指标，以平均10年翻一番的高速增长（年均增长率至少达到7.2%）为基本方略，以迅速摆脱贫穷为根本目标。在实践中，到2000年较1980年GDP总量实现了翻两番以上的增长（20年翻两番目标提前达成）；到2020年较2000年GDP总量又实现了翻两番增长目标（2010年较2000年翻一番以上，2020年较2010年虽未翻一番，但较2000年20年合计实现翻两番），从而为实现建党百年（第一个百年奋斗目标）全面建成小康社会奠定了经济社会发展基础，成功地跨越了"贫困陷阱"。

进入新时代之后，这种10年翻一番式的高速增长已不再具备客观发展可能，其局限性逐渐显现。事实上2020年较2010年按不变价格计，GDP

总量就未能实现翻一番，2012年到2021年十年里GDP年增长率为6.7%，低于翻一番所要求的年均7.2%。继续坚持原有的发展理念，推动经济高速度增长不再具有可持续性，必然出现经济增长速度持续下滑的趋势，难以满足现代化新征程对于经济发展的基本要求，必须根本转变发展方式。据测算，仅就增长速度而言，如果不根本改变发展方式，从2020年到2035年的15年里，我国潜在经济增长率（长期平均增速）将仅能保持在3.8%—4.3%，远低于实现2035年GDP水平达到中等发达国家水平，基本实现现代化发展目标的基本要求（4.73%）。不仅如此，继续沿袭原有高速增长的方式必然造成一系列严重的甚至是社会发展难以承受的种种矛盾，从而可能阻断中国式现代化进程。因此必须根本改变以往的发展理念，习近平总书记指出："一个新理念的确立，总是同旧理念的破除相伴随的，正所谓不破不立。"①

　　但是，根本转变发展方式，转变发展理念，在破除旧理念的同时，更重要的是树立新的发展理念。习近平总书记指出："理念是行动的先导，一定的发展实践都是由一定的发展理念来引领的。发展理念是否对头，从根本上决定着发展成效乃至成败。实践告诉我们，发展是一个不断变化的过程，发展环境不会一成不变，发展条件不会一成不变，发展理念自然也不会一成不变。"② 因此，在党的十八届五中全会讨论并审议第十三个五年规划发展纲要而做出的《中共中央关于制定国民经济和社会发展第十三个五年规划的建议》中，系统地提出了新发展理念，即坚持创新、协调、

---

① 习近平：《在省部级主要领导干部学习贯彻党的十八届五中全会精神专题研讨班上的讲话》，载中共中央文献研究室编：《习近平关于社会主义经济建设论述摘编》，中央文献出版社2017年版，第45页。

② 习近平：《以新的发展理念引领发展，夺取全面建成小康社会决胜阶段的伟大胜利》，载中共中央文献研究室编：《十八大以来重要文献选编》中册，中央文献出版社2016年版，第824—825页。

绿色、开放、共享的新发展理念。创新发展注重的是解决发展动力问题，协调发展注重的是解决发展不平衡问题，绿色发展注重的是解决人与自然和谐问题，开放发展注重的是解决发展内外联动问题，共享发展注重的是解决社会公平正义问题。习近平总书记特别强调："这五大发展理念不是凭空得来的，是我们在深刻总结国内外发展经验教训的基础上形成的，也是在深刻分析国内外发展大势的基础上形成的，集中反映了我们党对经济社会发展规律认识的深化，也是针对我国发展中的突出矛盾和问题提出来的。"[①] 同时习近平总书记指出："按照新发展理念推动我国经济社会发展，是当前和今后一个时期我国发展的总要求和大趋势。"[②]

二、新发展理念要求实现从高速度增长向高质量发展的深刻转变

我国经济社会发展进入新常态，客观要求集中体现在追求高质量发展上，党的十九大报告明确指出，进入新时代，我国经济已由高速增长阶段转向高质量发展阶段。何谓高质量发展？习近平总书记指出："高质量发展，就是能够很好满足人民日益增长的美好生活需要的发展，是体现新发展理念的发展，是创新成为第一动力、协调成为内生特点、绿色成为普遍形态、开放成为必由之路、共享成为根本目的的发展。"[③] 实现经济高质量发展是经济社会发展认识经济新常态、适应新常态、引领新常态的客

---

① 习近平：《以新的发展理念引领发展，夺取全面建成小康社会决胜阶段的伟大胜利》，载中共中央文献研究室编：《十八大以来重要文献选编》中册，中央文献出版社2016年版，第825页。

② 中共中央文献研究室编：《习近平关于社会主义经济建设论述摘编》，中央文献出版社2017年版，第45页。

③ 《习近平谈治国理政》第3卷，外文出版社2020年版，第238页。

观要求，我国经济发展进入新常态的突出特征在于增长速度正从高速增长转向中高速增长，经济发展方式正从规模速度型粗放增长转向质量效率型集约增长，经济结构正从增量扩能为主转向调整存量、做优增量并举的深度调整，经济发展动力正从传统增长点转向新的增长点。正如习近平总书记早在2014年就指出的："我国经济发展进入新常态，是我国经济发展阶段性特征的必然反映，是不以人的意志为转移的。认识新常态，适应新常态，引领新常态，是当前和今后一个时期我国经济发展的大逻辑。"①

要适应并把握这一经济发展的大逻辑，根本转变发展方式，推动经济高质量发展，必须坚持贯彻新发展理念。习近平总书记告诫全党"坚持创新发展、协调发展、绿色发展、开放发展、共享发展，是关系我国发展全局的一场深刻变革。这五大发展理念相互贯通、相互促进，是具有内在联系的集合体，要统一贯彻，不能顾此失彼，也不能相互替代。哪一个发展理念贯彻不到位，发展进程都会受到影响。全党同志一定要提高统一贯彻五大发展理念的能力和水平，不断开拓发展新境界"②。

贯彻新发展理念推动高质量发展，关键在于根本转变发展方式，尤其是要实现结构变革、动能变革进而实现质量变革。而实现系统性变革的首要动力在于创新，创新是提高效率的关键因素，而效率又是结构变革的首要条件。推动发展理念深刻变革进而引领我国经济系统性变革是新发展阶段适应约束经济社会发展条件系统性变化的必然要求。早在2014年习近平总书记就曾深刻剖析我国经济发展进入新常态之后经济条件发生的系统性变化，从消费需求、投资需求、出口和国际收支、生产能力和产业组织

---

① 习近平：《经济工作要适应经济发展新常态》，载中共中央文献研究室编：《十八大以来重要文献选编》中册，中央文献出版社2016年版，第245页。

② 习近平：《以新的发展理念引领发展，夺取全面建成小康社会决胜阶段的伟大胜利》，载中共中央文献研究室编：《十八大以来重要文献选编》中册，中央文献出版社2016年版，第827页。

方式、生产要素相对优势的变化、市场竞争特点的转化、资源环境约束条件、经济风险积累和化解、资源配置模式和宏观调控方式等方面做出了阐释，并进一步指出："这些趋势性变化，既是新常态的外在特征，又是新常态的内在动因，有的可能进一步强化，有的则可能发生变化。"①

以新发展理念引领高质量发展既是我国经济新发展阶段保持持续健康发展的必然要求，又是适应我国社会主要矛盾变化的必然要求，同时也是遵循经济规律发展的必然要求。从经济发展史来看，能否实现可持续发展的关键正在于能否适应发展阶段的变化，变革发展理念，根本转变发展方式，提升发展质量和竞争能力。正如习近平总书记所总结的："那些取得成功的国家，就是在经历高速增长阶段后实现了经济发展从量的扩张向质的提高。那些徘徊不前甚至倒退的国家，就是没有实现这种根本性转变。经济发展是一个螺旋式上升的过程，上升不是线性的，量积累到一定阶段，必须转向质的提升，我国经济发展也要遵循这一规律。"②

三、新发展理念的基本特征

党的十八届五中全会提出新发展理念以来，我国经济社会发展从理念到实践发生着深刻的历史性变化，党的十九大报告特别强调"贯彻新发展理念，建设现代化经济体系"，并将其作为我国经济跨越关口的迫切要求和我国发展的战略目标。③党的二十大报告再一次重申"必须完整、准

---

① 习近平：《经济工作要适应经济发展新常态》，载中共中央文献研究室编：《十八大以来重要文献选编》中册，中央文献出版社2016年版，第245页。

② 《习近平谈治国理政》第3卷，外文出版社2020年版，第238页。

③ 参见习近平：《决胜全面建成小康社会　夺取新时代中国特色社会主义伟大胜利——在中国共产党第十九次全国代表大会上的讲话》，人民出版社2017年版，第29、30页。

确、全面贯彻新发展理念"①。因而，需要对"新发展理念"有深入系统准确的科学认识。

其一，新发展理念根据历史唯物主义和辩证唯物主义的基本观点，强调发展是解决我国一切问题的基础和关键，要求坚定不移地把发展作为党执政兴国的第一要务，把高质量发展作为践行全面建设社会主义现代化国家这一党在新发展阶段的"中心任务"的"首要任务"，坚持把解放和发展生产力作为制度创新的根本标准，从而使发展、改革、开放在新时代形成新的高水平的有机统一。我国改革开放以来，成功地跨越了"贫困的陷阱"，如期实现了第一个百年奋斗目标，摆脱了绝对贫困，实现了全面建成小康社会的发展目标。进入新发展阶段，我们作为最大的发展中国家，在未来五年，作为全面建设社会主义现代化国家开局起步的关键时期，我们面临十分艰巨的发展任务，其中最突出的在于跨越"中等收入陷阱"，进而为实现2035年和2050年前后的现代化目标奠定发展阶段性基础，我们面临的挑战也将是前所未有的，必须坚定不移贯彻新发展理念，坚持高质量发展主题，贯彻党的二十大提出的实现高质量发展必须坚持的重大原则，落实党的二十大提出的一系列战略举措。

其二，新发展理念是适应这一系列发展条件变化而提出的重要方略，"经过长期努力，中国特色社会主义进入了新时代，这是我国发展新的历史方位"②。近40年的改革发展，特别是党的十八大以来，中国特色社会主义事业取得了全方位的开创性成就，发生了深层次的根本性变革，中国社会发生了深刻的历史性变化，这些变化的集中体现便是

<hr>

① 习近平：《高举中国特色社会主义伟大旗帜　为全面建设社会主义现代化国家而团结奋斗——在中国共产党第二十次全国代表大会上的报告（2022年10月16日）》，《人民日报》2022年10月26日第1版。

② 习近平：《决胜全面建成小康社会　夺取新时代中国特色社会主义伟大胜利——在中国共产党第十九次全国代表大会上的讲话》，人民出版社2017年版，第10页。

社会主要矛盾在新时代发生的新变化，"我国社会主要矛盾已经转化为人民日益增长的美好生活需要和不平衡不充分的发展之间的矛盾"，新发展理念是这一主要矛盾转化所提出的历史必然要求。一方面，进入新时代，我国社会主要矛盾在根本上仍然是"需要"与"发展"之间的矛盾，不同的是，"需要"和"发展"本身的内涵均已发生深刻历史性变化，从而促使社会主要矛盾发生了"转化"，但这种主要矛盾的变化，"没有改变我们对我国社会主义所处历史阶段的判断，我国仍处于并将长期处于社会主义初级阶段的基本国情没有变，我国是世界最大发展中国家的国际地位没有变"①。因此党在新时代中国特色社会主义发展中全面贯彻党的基本理论、基本路线、基本方略的要求没有变，坚持"发展是第一要务"是贯彻党的基本理论、基本路线、基本方略要求的集中体现。另一方面，在新时代"人民日益增长的美好生活需要和不平衡不充分的发展之间的矛盾"中，相比较而言，不平衡不充分的发展是矛盾的主要方面，尽管"需要"对"发展"具有引导作用，但是说到底，是"发展"决定"需要"能够实现的程度，发展的不平衡不充分是满足人民日益增长的美好生活需要的主要制约因素。因此新发展理念进一步强调发展，特别是强调解决发展的不平衡不充分这一突出问题，是以对新时代中国特色社会主义发展规律的深刻认识为基础。

其三，新发展理念根据新时代约束条件的变化，根据现代化新的历史进程所面临的新机遇、新挑战，科学地丰富了"发展"的内涵，强调"发展必须是科学发展，必须坚定不移贯彻创新、协调、绿色、开放、共享的发展理念"。新发展理念包含了一系列对发展方式转变的深刻历史要求：经济增长的动力要从要素投入驱动转变为创新驱动为主；经济

---

① 习近平：《决胜全面建成小康社会　夺取新时代中国特色社会主义伟大胜利——在中国共产党第十九次全国代表大会上的讲话》，人民出版社2017年版，第12页。

发展的逻辑要从总量非均衡扩张式增长转变为结构均衡协调发展；经济发展的成果要从允许一部分人先富起来转变为更多地体现以共同富裕为目标的共享；经济发展的生态要从发展目标之外的附加任务转化为发展本身的内在要求；经济发展的国际格局要从边缘转化为正在日益走近世界舞台中央，形成人类发展的命运共同体；等等。这些历史性变化，赋予新时代中国特色社会主义现代化经济发展全新的内涵，对"发展"本身提出崭新的要求，新发展理念是对这种新的历史变化和要求的高度概括。

其四，新发展理念强调了发展目标上的结构同步性，强调发展中的"推动新型工业化、信息化、城镇化、农业现代化同步发展"。就现代经济发展的本质而言，发展的根本在于质量提升和质态改进，即效率的提高和基于效率改进基础上的经济结构优化，特别是产业结构的高度演进，而不是单纯的经济增长，以及建立在经济要素投入规模不断扩张基础上的经济产出的数量增长。早期关于"经济发展"的认识通常是把经济发展定义为"经济增长"。特别是基于对落后的发展中国家摆脱贫困的迫切要求，为打破"贫困恶性循环"的陷阱，在探讨"贫困陷阱"产生的原因时，经济学家往往将其归结为投资增长不足，进而导致贫困再造贫困的累积性循环效应，因而不断扩大投资带动经济规模扩张以增加就业机会成为实现发展的根本。[1] 显然这种对"经济发展"本质的理解具有严重的历史局限，经济发展本质上依赖于结构升级，结构优化和升级也构成发展的真正困难。社会经济发展上的真正差异，不仅在于经济数量水平上的差距，更在于经济结构高度上的差异；不同经济发展阶段的本质特征不仅是数量水平上的不同，更重要的是结构特征上的不同，农

---

① R.纳克斯早在20世纪50年代就提出"贫困恶性循环"，并将其原因归结为投资—储蓄规模小，许多西方经济学家也都把"贫困陷阱"归结为储蓄和投资水平低。参见R.纳克斯《不发达国家资本形成问题》（牛津大学出版社，1953年版）。

业文明、工业文明、现代文明之间的区别，本质体现在经济结构上首先是产业结构上的区别。因为，结构变化是长期累积而成的，结构变化的动因在于效率的提升，结构演变是效率改善的结果，而效率的改善又只能是创新的结果，包括技术创新和制度创新等。只有坚持长期和持续不断创新，才能够真正引起效率的长期和持续改善，进而推动经济结构的演进，推动经济实质性发展，而不是单纯的数量增长。新发展理念要求新型工业化、信息化、城镇化、农业现代化同步发展，集中体现了对经济发展中质态演进和结构变化的强调。

其五，新发展理念把经济制度和经济体制改革及完善作为"发展"本身的有机组成部分，充分体现了对现代化过程中经济发展与制度和体制变迁的内在统一性的深刻认识。习近平总书记在党的十九大报告中阐释坚持新发展理念时，明确提出必须坚持和完善我国社会主义基本经济制度和分配制度，强调在基本制度上坚持"两个毫不动摇"，强调在资源配置机制上坚持发挥市场的决定性作用与更好发挥政府作用的统一。实际上，这一点构成中国特色社会主义现代化发展区别于西方正统经济学所说的"发展"的重要方面，一方面，"发展"命题除经济增长和经济结构升级等经济数量和质态变化外，是否包含制度和体制变革与完善？在经济发展史和经济发展思想史上，人们对于一般意义上的"发展"和制度变迁之间的关系，尤其是以怎样的制度支持发展有着长期争论。从早期单纯把"发展"理解为经济增长，特别是归结为GDP规模扩张，到后来虽然把产业结构质态演变纳入"发展"命题，但往往同时把制度及体制作为发展的外在约束条件，而不视为发展本身的历史内涵，使发展与制度相互之间形成割裂或机械式的联系，再到较为普遍承认制度和体制变化对于"发展"的不可或缺性和内在性，但把这种制度变迁归结为资本主义私有化、市场化、自由化。从20世纪50年代的美国经济学家罗斯托针对战后贫困发展中国家提出的"经济起飞和发展阶段"学说，到20世纪70年代西方主流经济学家针对

"拉美漩涡"提出,后又运用到体制转轨国家的"华盛顿共识",莫不如此。习近平新时代中国特色社会主义思想中的"新发展理念",基于对中国特色社会主义实践的总结,基于在实践总结基础上的"四个自信",把中国特色社会主义基本制度,把与之相适应的政府与市场的相互统一的经济运行机制,作为"新发展"的有机组成部分,实际上不仅是对发展本质的科学认识的极大提升,而且是"给世界上那些既希望加快发展又希望保持自身独立性的国家和民族提供了全新选择,为解决人类问题贡献了中国智慧和中国方案"的重要体现。另一方面,将分配制度同生产资料所有制一道纳入"新发展理念",是对发展认识深化和科学化的又一体现。"发展"命题应当包括发展成果如何分配的历史内容,根据马克思主义政治经济学原理,生产决定分配,分配制约生产,生产方式决定分配方式,分配方式又反作用于生产方式。[①] 因此如果把中国特色社会主义基本制度(基本生产关系),统一于"发展"命题,与之相联系的分配制度自然应当成为"发展"命题中应有之义。特别需要指出的是,几乎所有发展中国家之所以难以持续健康协调发展,一个重要的且普遍存在的原因是未能有效地处理好发展成果在不同历史发展阶段如何合理分配的问题。其实,当代资本主义国家社会经济之所以发生严重问题,之所以产生深刻的经济、金融、社会等方面的危机,重要的原因也在于分配制度的不合理。而这种分配制度又是由不合理的生产方式及所有制结构决定的。"新发展理念"以中国特色社会主义基本制度为基础,特别明确分配制度的特征以及所要贯彻的原则,目的是要体现新发展理念所要求的发展成果由广大人民"共享"。新发展理念追求的是在中国特色社会主义制度基础上的发展,是以增进民生福祉为发展的根本目的,是为"保证全体人民在共建共享发展中

---

① 参见《马克思恩格斯选集》第2卷,人民出版社1972年版,第98页。

有更多获得感，不断促进人的全面发展、全体人民共同富裕"①。"发展"不是抽象的无社会目的的发展，"发展"本身是历史的社会的发展，因而就必然包含"为谁发展、为什么发展"的问题。

其六，新发展理念把开放纳入"发展"命题，从而使发展、改革、开放形成有机统一。习近平总书记在党的十九大报告中阐释坚持新发展理念内涵时指出，要"主动参与和推动经济全球化进程，发展更高层次的开放型经济"。在党的二十大报告中，在阐释高质量发展的主题时，强调推进高水平对外开放，稳步扩大规则、规制、管理、标准等制度型开放。把新时代的开放纳入新发展命题是对发展认识的科学深化，也是基于对我国发展与世界之间关系变化的深刻认识的清醒判断。中国经济的发展使中国经济在世界经济格局中的地位发生了显著变化，使得中国虽然作为世界上最大的发展中国家，与发达国家相比仍有较大差距这种国情并未改变，但中国经济对全球的影响，全球经济对中国发展的影响，其程度和复杂性均达到新的高度，需要在新时代新发展中推动形成全面开放的新格局。新时代中国特色社会主义现代化过程坚持推动构建人类命运共同体，以"一带一路"倡议为引导，以"共商、共建、共享"为基本国际合作范式，在促进自身经济可持续发展的同时，对世界经济增长和贡献作出中国的努力，与世界各国一道在寻求共同发展中，构建经济利益共同体、社会责任共同体、生态环境共同体，形成新时代的政治互信、经济互惠、文化包容、生态文明可持续发展的人类命运共同体。把新时代的开放命题纳入"新发展"，不仅是对"发展"内涵认识的新的升华，对发展、改革、开放三者内在联系的进一步深刻把握，而且更是在义利观、安全观上向世界展示中国的价值观。

———————————

① 习近平：《决胜全面建成小康社会　夺取新时代中国特色社会主义伟大胜利——在中国共产党第十九次全国代表大会上的报告》，人民出版社2017年版，第23页。

第二节 推进中国式现代化要求坚持以 高质量发展为主题[1]

习近平总书记在党的十九届五中全会上指出，我国进入新发展阶段，新发展阶段是全面建设社会主义现代化国家，向第二个百年奋斗目标进军的阶段，是中华民族伟大复兴历史进程的大跨越。党的二十大报告宣告，进入新发展阶段，以中国式现代化全面推进中华民族伟大复兴是我们党的"中心任务"，而高质量发展是实践这一"中心任务"的"首要任务"，中国式现代化必须"坚持以推动高质量发展为主题"[2]。

一、"高质量发展"的内涵

党的二十大报告指出，"坚持以推动高质量发展为主题，把实施扩大内需战略同深化供给侧结构性改革有机结合起来，增强国内大循环内生动力和可靠性，提升国际循环质量和水平，加快建设现代化经济体系，着力提高全要素生产率，着力提升产业链供应链韧性和安全水平，着力推进城乡融合和区域协调发展，推动经济实现质的有效提升和量的合理增长"[3]。

也就是说，所谓"高质量发展"这一主题的含义，包括以下要点。

一是高质量发展是供给与需求相互良性作用条件下着力提升均衡性的

---

① 参见刘伟、刘守英：《坚持以高质量发展为主题 推进中国式现代化历史进程》，《前线》2022年第11期。

② 习近平：《高举中国特色社会主义伟大旗帜 为全面建设社会主义现代化国家而团结奋斗——在中国共产党第二十次全国代表大会上的报告（2022年10月16日）》，《人民日报》2022年10月26日第1版。

③ 习近平：《高举中国特色社会主义伟大旗帜 为全面建设社会主义现代化国家而团结奋斗——在中国共产党第二十次全国代表大会上的报告（2022年10月16日）》，《人民日报》2022年10月26日第1版。

发展，包括总量均衡和结构均衡，是以培育内需体系，以满足国内需求为基点和立足点，以市场需求及其变化来要求并牵引供给，以高质量的具有真正市场竞争力的供给来适应并创造需求，提升供给体系与国内市场需求之间在总量和结构上的适配性，这就要求在经济体制上充分发挥市场在配置资源上的决定性作用，努力提高国内市场竞争的充分性和公平性，切实建立起高质量的全国统一的市场体系，同时针对市场失灵更好发挥政府作用，供求之间高水平的动态平衡只能在高水平的社会主义市场经济体制条件下才可能真正实现，高质量发展是在高水平的社会主义市场经济体制下充分竞争才能实现的发展。二是高质量发展是着力提高全要素生产率的发展，是建立在加快科技自主自强基础上高效率的发展。"教育、科技、人才是全面建设社会主义现代化国家的基础性、战略性支撑。必须坚持科技是第一生产力、人才是第一资源、创新是第一动力"[1]，"这是确保国内大循环畅通、塑造我国在国际大循环中新优势的关键"[2]，也是提高全要素生产率，增强国内大循环内生动力的可靠性，提升国际循环质量和水平的关键。三是高质量发展是着力提升产业链供应链优化升级并不断提升产业链供应链韧性基础上的安全发展。也就是说，高质量发展是有强大抗击打能力和应对风险挑战能力的发展，是以国内市场需求为立足点实现国民经济循环畅通，进而能够主动赢得和吸引国际市场资源的发展。这是稳固国内大循环主体地位，增强在国际大循环中带动能力的迫切需要，尤其要把制造业作为立国之本、强国之基，把提高产业链韧性和竞争力放在更加重

---

① 习近平：《高举中国特色社会主义伟大旗帜　为全面建设社会主义现代化国家而团结奋斗——在中国共产党第二十次全国代表大会上的报告（2022年10月16日）》，《人民日报》2022年10月26日第1版。

② 习近平：《新发展阶段贯彻新发展理念必然要求构建新发展格局》，《求是》2022年第17期。

要的位置，在关系国家安全的领域和节点实现自主可控。① 四是高质量发展是推进农业农村现代化基础上的城乡融合和区域结构优化的协调发展。也就是说，高质量发展是各方面协调的发展，是推动发展中国家经济"二元性"特征不断缓解和克服进而实现协调均质的发展。一方面，城乡经济循环是国内大循环的重要方面，也是确保国内国际两个循环比例关系健康的关键因素。实现农业农村现代化是我国作为发展中国家全面建设现代化的重大任务，是解决新发展阶段发展不平衡不充分这一主要矛盾的必然要求。另一方面，区域间发展不平衡是制约发展中的大国经济演进的重要因素，高质量发展要求在区域协调发展基础上构建有效合理的区域经济布局和国土空间体系。五是高质量发展是以现代化经济体系为运行机制的发展，高质量发展需要以构建新发展格局为战略基点，构建新发展格局的目的就在于建立并完善现代化经济体系，并以此为基础保障畅通国民经济循环，进而推动国民经济实现质的有效提升和量的合理增长，实现总量的均衡增长的同时推进结构质态升级。

二、以高质量发展推进中国式现代化需要把握的重大原则

怎样实现高质量发展？首先需要明确践行高质量发展必须坚持的重大原则。党的二十大报告指出，前进道路上，必须牢牢把握以下重大原则：坚持和加强党的全面领导，坚持中国特色社会主义道路，坚持以人民为中心的发展思想，坚持深化改革开放，坚持发扬斗争精神。②

---

① 参见习近平：《新发展阶段贯彻新发展理念必然要求构建新发展格局》，《求是》2022年第17期。

② 参见习近平：《高举中国特色社会主义伟大旗帜　为全面建设社会主义现代化国家而团结奋斗——在中国共产党第二十次全国代表大会上的报告（2022年10月16日）》，《人民日报》2022年10月26日第1版。

一是坚持和加强党的全面领导，明确领导力量。历史表明，人类现代化文明进程是极为深刻的革命，必须有代表相应革命阶级的政治领导力量来组织并推动，中国近代以来的历史表明，只有中国共产党才能真正承担起领导中国人民革命，实现中华民族伟大复兴的重任。以中国式现代化推进中华民族伟大复兴是中国共产党的使命初心，并且一百年来一以贯之，付出了巨大牺牲，取得了举世瞩目的历史性成就。进入新时代，以中国式现代化推进中华民族伟大复兴遇到的阻力和挑战是空前的，更需加强和完善党的领导，尤其是坚持和加强党中央集中统一领导具有决定性意义，只有坚持和完善党领导经济社会的体制机制，才能为实现高质量发展提供根本保证。这是中国特色社会主义经济发展的客观规律，也是经济社会发展的内在要求。二是坚持中国特色社会主义道路，明确道路方向。我国改革开放几十年来探索的主题就是中国特色社会主义，中国特色社会主义道路是中国共产党领导中国人民在科学社会主义实践探索中开辟出来的新路，既不同于传统僵化的老路，更不同于资本主义邪路。中国改革开放以来取得的历史性成就，表明中国特色社会主义道路是符合中国国情的马克思主义中国化时代化指引下的正确道路，中国特色社会主义使"科学社会主义在二十一世纪的中国焕发出新的蓬勃生机，中国式现代化为人类实现现代化提供了新的选择"[1]。坚持中国特色社会主义道路，包括坚持中国特色社会主义基本理论、基本制度、基本方略。三是坚持以人民为中心的发展思想，明确目的取向。依靠人民为了人民，这是中国式现代化的根本价值指向。"为民造福是立党为公、执政为民的本质要求"[2]，这是我们党的性质

---

[1]　习近平：《高举中国特色社会主义伟大旗帜　为全面建设社会主义现代化国家而团结奋斗——在中国共产党第二十次全国代表大会上的报告（2022年10月16日）》，《人民日报》2022年10月26日第1版。

[2]　习近平：《高举中国特色社会主义伟大旗帜　为全面建设社会主义现代化国家而团结奋斗——在中国共产党第二十次全国代表大会上的报告（2022年10月16日）》，《人民日报》2022年10月26日第1版。

和初心所决定的，也是中国特色社会主义制度所要求的，更是中国式现代化事业能够成为不可逆转的历史进程的最为深刻的发展动力所在。四是坚持深化改革开放，明确动力活力。改革开放是中国特色社会主义事业能够取得历史性成就的关键一招，也是新发展阶段实现中国式现代化目标的关键一招。现代化的普遍要求之一便是制度创新，包括制度根本性变革和不断的完善，重要的是以怎样的方式，选择什么样的制度目标来推动和引导制度变迁。历史和现实都表明，在中国选择资本主义制度，以资本主义市场经济机制实现现代化不仅不具可能性，而且会把中国引向危机和混乱；以传统集中计划经济体制推动中国式现代化，不仅不具高质量发展的可持续性，而且会把中国引向僵化和低效；只有坚定不移坚持中国特色社会主义市场经济改革方向，才能切实推进高质量发展，推进中国式现代化。现代化的另一普遍要求在于其面对全球的开放性。现代化的内在逻辑从其历史开端起直到现在，都具有深刻的全球开放性，开放是中国式现代化的必由之路。所谓现代化的重要含义就在于与世界各国经济社会发展水平相比，要居于领先水平并对世界产生深远的影响力和引领力，关键在于中国式现代化的开放性既不能采取发达国家殖民扩张掠夺的方式，也不能恪守闭关锁国的封闭状态，而是以"人类命运共同体"构建为引领，开创人类文明新形态。五是坚持发扬斗争精神，明确精神状态。中国式现代化进入新征程，面临的挑战前所未有。经济社会发展的国内外环境和约束条件都会发生深刻的系统性变化，社会主要矛盾和各方面的利益冲突也会发生历史性变化，"中等收入陷阱"以及"修昔底德陷阱"等新发展阶段面临的新威胁更加严峻复杂。[①] 正如习近平总书记所强调的："一个大国的崛起，绝不可能是轻轻松松、一帆风顺的，必然要经历一番艰苦的磨炼和斗

---

① 参见中共中央文献研究室编：《习近平关于社会主义经济建设论述摘编》，中央文献出版社2017年版，第7页。

争。"① 这是不以我们主观意志为转移并且是被人类现代化文明史反复证明的客观规律，而中国式现代化作为世界上人口规模最大的也是最具典型特征的发展中国家实现现代化，面临的发展难题是极其艰巨的，作为中国特色社会主义制度基础上的现代化，作为处于资本主义制度"汪洋"中的"孤岛"，面临的国际矛盾和挑战也是极其复杂的，并且越是接近中国式现代化目标的实现，斗争也就越是尖锐，必须牢固树立坚持斗争的精神。

第三节　新发展格局的本质特征与内在逻辑

实现高质量发展，需要贯彻新发展理念，根本转变发展方式，而贯彻新发展理念要求建设现代化经济体系，现代化经济体系是将新发展理念贯彻于经济发展实践的途径和机制。党的二十大报告明确要求在2035年中国式现代化总体战略安排的第一步，要建成现代化经济体系。建设现代化经济体系需要在改革、发展、开放等方面推出更加深入的高水平的战略举措，这些战略举措的有机集合便构成新发展格局。因而，党的二十大报告在提出2035年建成现代化经济体系要求的同时，提出到2035年形成新发展格局。换句话说，贯彻新发展理念需要建设现代化经济体系，建设现代化经济体系需要构建新发展格局，构建新发展格局的战略目标在于建成现代化经济体系。

新发展格局是在新的全球经济形势急剧变化、原有发展格局难以满足我国高质量发展要求的背景下提出，旨在解决经济发展中不平衡不充分问题，这就内生地决定了新发展格局是一种"整体发展格局"，其战略实

---

① 习近平：《新发展阶段贯彻新发展理念必然要求构建新发展格局》，《求是》2022年第17期。

质是"供求动态平衡"。现阶段，我国面临着传统增长模式难以为继和经济风险加剧的压力，客观上决定了新发展格局是一种"改革深化格局"和"风险防范格局"。我国正处在第一个百年奋斗目标实现基础上开启第二个百年奋斗目标新征程的新起点上，应统筹"两个大局"，这就历史性地决定了新发展格局是一种"目标导向格局"，其根本目的是实现中华民族近代以来最伟大的梦想，实现中华民族伟大复兴，实现中国特色社会主义基本纲领，实现中国式现代化。①

一、新发展格局的提出

改革开放以来，我国经济社会发展取得了举世瞩目的成就，但在新时期面临着新的发展困境和新的挑战，特别是随着新时代对经济高质量发展的需求，传统发展格局和增长模式的局限日益凸显。

（一）原有发展格局下，传统增长模式不可持续，难以满足高质量发展需要

伴随过去40多年的经济增长，我国经济总量已经跃居世界第二，出口贸易总额位居世界第一，步入经济大国行列。2014年，习近平总书记就指出，"必须清醒地看到，我国经济规模很大、但依然大而不强，我国经济增速很快、但依然快而不优。主要依靠资源等要素投入推动经济增长和规模扩张的粗放型发展方式是不可持续的"②。

从国际竞争环境看，在过去的40多年中，我国凭借工业成本优势推

---

① 参见刘伟、刘瑞明：《新发展格局的本质特征与内在逻辑》，《宏观经济管理》2021年第4期。

② 习近平：《在中国科学院第十七次院士大会、中国工程院第十二次院士大会上的讲话》，《人民日报》2014年6月10日第2版。

动中国制造业大国地位的确立，但"老是在产业链条的低端打拼，老是在'微笑曲线'的底端摸爬，总是停留在附加值最低的制造环节而占领不了附加值高的研发和销售这两端，不会有根本出路"[①]。同时，随着近年来我国劳动力成本上升和资源环境压力不断增大，中国制造传统成本优势不复存在，曾支撑我国经济快速增长的出口加工贸易逐渐由东南沿海转向劳动力和环境成本更低的东南亚国家，特别是随着发达国家吸引制造业回流的趋势不断明显，我国工业发展面临的国际竞争迅速增大。传统粗放型增长模式对外依赖较大、经济结构失衡、潜在风险加大等问题长期以来未能得到实质性解决，逐渐积累加深，并伴随着外部压力增大，日益成为束缚经济发展的突出矛盾。

从国内经济结构看，过去粗放型发展模式积累了大量结构性问题，包括产业结构、动力结构、收入分配结构、城乡与区域结构等方方面面。"在经济结构、技术条件没有明显改善的条件下，资源安全供给、环境质量、温室气体减排等约束强化，将压缩经济增长空间。"[②]经济增长空间的压缩表明，传统数量型高速增长模式不可持续，在这种情况下，亟须重塑新发展格局，转变发展方式，推动经济高质量的发展。

从国内外经济形势的变化看，打通国内大循环，促进国内外循环协同发展，构建新发展格局，是大势所趋。"经济持续回升向好仍面临诸多挑战，主要是有效需求仍然不足，企业经营压力较大，重点领域风险隐患较多，国内大循环不够顺畅，外部环境复杂性、严峻性、不确定性明显上升。"[③]同时，"我国经济基础稳、优势多、韧性强、潜力大，开局良

---

① 中共中央文献研究室编：《习近平关于科技创新论述摘编》，中央文献出版社2016年版，第26页。

② 习近平：《关于〈中共中央关于制定国民经济和社会发展第十三个五年规划的建议〉的说明》，《人民日报》2015年11月4日第2版。

③ 《决定召开二十届三中全会》，《人民日报》2024年5月1日第1版。

好、回升向好是当前经济运行的基本特征和趋势"①。深化供给侧结构性改革和着力扩大有效需求协同发力，发挥超大规模市场和强大生产能力的优势，使国内大循环建立在内需主动力的基础上，提升国际循环质量和水平。

（二）原有发展格局难以应对新的全球形势变化

良好的国际经济环境和经济全球化的浪潮是改革开放后推动我国经济增长的重要条件。伴随着国际金融危机以来世界经济发展环境的快速变化，逆全球化出现，新兴经济体竞争加剧，以及大国经济博弈下科技创新在经济发展中重要性凸显，我国在国际大循环中面临更多的风险和困难，迫切需要重塑国际合作和竞争新优势的新格局。

纵观历史，我国以投资拉动经济增长的模式与经济全球化的浪潮紧密联系在一起。20世纪80年代开始，经济全球化开始进入加速时期，我国的改革开放正好顺应了全球化浪潮，而庞大的人口和市场规模也吸引着发达国家的潜在投资者。

正是在全球化浪潮兴起的背景下，我国的改革开放和经济社会发展与西方发达国家的利益矛盾尚未充分显现。2001年，成功加入世界贸易组织以及签订《中美贸易发展框架合作协议》，使我国经济发展的外部环境趋好。改革开放与经济全球化浪潮兴起的需求一致，为我国经济的快速腾飞提供了较宽松的国际环境，我国经济通过吸引外资弥补国内资本不足的缺陷，通过对外贸易驱动国内工业发展，引进技术进而在"干中学"中促进技术升级。一系列有利于我国开放发展的世界经济环境为我国扩大投资、经济增长提供了供给和需求方面的支持，也是我国传统经济模式创造"中国奇迹"的重要条件所在。

---

① 《决定召开二十届三中全会》，《人民日报》2024年5月1日第1版。

但是，2008年国际金融危机以来，世界经济发展环境发生显著变化。"一些国家政策内顾倾向加重，保护主义抬头，'逆全球化'思潮暗流涌动。"① "逆全球化"改变了改革开放以来我国投资驱动的外向型经济增长模式的生存环境。一方面，国际经济秩序发生新变化。以美国为首的发达国家经济复苏缓慢，新兴经济体经济发展水平的不断提升，使得发达国家转变其全球化经济策略，发达国家经济"逆全球化"现象逐渐出现。这使得国际范围内的贸易争端和投资壁垒不断加剧，我国经济快速增长的外部环境发生变化。另一方面，在促进制造业回流的政策主导下，美国政府实施了大量的税收优惠和政府行政干预等措施。美国是我国主要的国际直接投资（FDI）来源国，其对外投资政策的转变直接影响到我国的投资水平，进而制约传统外资利用型经济驱动方式的增长潜力。

在此背景下，为适应经济社会发展条件的系统性变化，切实推进高质量发展，适应新发展阶段实现第二个百年奋斗目标的要求，2020年4月习近平总书记在中共中央财经委会议上首次提出构建以国内大循环为主体、国内国际双循环相互促进的新发展格局。接着，2020年5月14日召开的中共中央政治局常务委员会会议再次强调："要深化供给侧结构性改革，充分发挥我国超大规模市场优势和内需潜力，构建国内国际双循环相互促进的新发展格局。"②

二、新发展格局的本质特征

伴随着国内结构性矛盾加剧以及国际环境的日趋复杂，我国经济亟须

---

① 习近平：《坚定信心　共谋发展——在金砖国家领导人第八次会晤大范围会议上的讲话》，《人民日报》2016年10月17日第2版。

② 《中共中央政治局常务委员会召开会议》，《人民日报》2020年5月15日第1版。

按照新发展理念要求，构建新发展格局，推动经济增长方式转变和高质量发展，以实现中华民族伟大复兴的根本目标。在这一背景下，新发展格局应运而生。新发展格局所处的时代背景决定了其本质特征。

（一）新发展格局是系统的"整体发展格局"

不同于以往针对某个产业或地区的发展规划，新发展格局是系统性的"整体发展格局"，以经济社会中各环节、各层面、各领域的互联互通为前提，通过国内国际双循环联动，实现国民经济"大循环"的一个有机整体。因此，新发展格局不可简单地套用到局部的地区、行业、环节或领域内，以防止经济结构失衡的加剧，防止出现地区性市场分割和"小而全""大而全"的重复性资源配置。

从纵向看，应保障生产、分配、流通、消费等各环节畅通。在生产环节，减少和消除制度、技术、成本等方面的制约，提供高质量产品和服务供给。在分配环节，通过更加合理完善的收入分配体系促进生产、消费等环节的畅通。流通环节重点是打通生产、消费的中心环节，只有打通了流通堵点，才能真正发挥出我国超大规模市场的优势。但是，目前我国基础设施水平和流通体系现代化、一体化程度仍然不高，物流成本过大且效率较低。在消费环节，我国当前的消费率水平仍低于同期同等收入国家和世界平均水平，释放消费潜能的关键，在于降低生产到消费环节的信息不对称水平，加强监管，提升消费产品质量，尤其在老龄化背景下，需要着重创新消费服务形式，不断满足消费者需求。

从横向看，应保障产业、地区、供给和需求间的畅通。在产业间，减少低端产品的无效供给和产能过剩，缓解高端产品的供给不足。当前，我国存在着产能过剩和产能短缺并存的失衡现象，一些传统产业的产品无法被市场完全消化，产能得不到充分利用。与此同时，公共服务、新产品，包括许多高质量的传统产品等又普遍无法满足人民需求。在地区间，一些地方政府为了增加本地就业、增长水平，往往采用"以邻为壑""画地为牢"等方式扶持本地企业，不仅阻碍了要素的自由流动和高效配置，而且容易引发地区间重复建设、产业同构的问题，造成资源的极大浪费。实际上，产业、地区间的供需失衡问题归根到底是要素配置问题。目前，我国在不同维度上存在着不同程度的要素配置扭曲，引发了大量的生产效率损失，根本原因仍在于尚未建立以市场为主导的资源要素配置机制。因此，未来的关键仍以供给侧结构性改革为方向，优化要素配置，解决纵向、横向的不畅通问题。

（二）新发展格局是一种"改革深化格局"

改革开放以来，我国所取得的成就，在很大程度上归因于社会主义市场经济改革的不断深化。但是，改革走到今天，已经进入了"攻坚期""深水区"，剩下的都是"难啃的骨头"，导致一些地方改革"迟滞""拖延"等现象不断增多，一些领域体制机制的弊端得不到实质性解决。例如，垄断性行业国有企业改革进展缓慢、民营经济的生存环境有待进一步改善、自主创新动力需要充分释放等。这些问题如果得不到及时解决，会直接威胁到高质量发展。

新发展格局以畅通国民经济的各个环节循环为主题，通过深化改革打通发展过程中的"堵点""难点"，实现质量变革、效率变革、动力变革，实现"不断革除体制机制弊端，让我们的制度成熟而持久"[①]。新发展格局，依托资源配置效率提升和技术创新，以尽可能小的资源投入获得大的产出水平，不断提高劳动效率、资本效率、土地效率、资源效率、环境

---

① 《完善和发展中国特色社会主义制度　推进国家治理体系和治理能力现代化》，《人民日报》2014年2月18日第1版。

效率和全要素生产率，适应高质量、高效率现代化经济体系建设的需要。[①]新发展格局重视消费拉动的需求动力转变，强调创新驱动的要素动力转变，侧重服务业发展的产业动力转变，全方位推进的制度供给动力转变等方面，推进新时代经济增长的动力变革。

在本质上，新发展格局是在更高起点、更高层次、更高目标上推进经济体制改革的行动指南。因此，依靠深化改革和扩大开放，才能不断破除制约发展的体制机制弊端，从而补齐经济发展的短板弱项，为实现高质量发展提供支撑。

（三）新发展格局是一种"风险防范格局"

"今后一个时期，我们将面对更多逆风逆水的外部环境，必须做好应对一系列新的风险挑战的准备。"[②]新发展格局的一个重要考虑是主动防范风险，维护国民经济安全，是一种统筹发展和安全风险防范底线管理的发展格局。

从国内形势看，我国正处在转变发展方式、优化经济结构、转换增长动力的攻关期，结构性、体制性、周期性问题相互交织。内循环中的技术创新等短板、弱项十分明显，关键核心技术"卡脖子"问题突出，因此，企业生产容易受到掣肘，随时面临产业链断裂的风险。可见，无论从国外还是国内形势看，启动以内循环为主体的国内国际双循环格局进行风险防范是历史必然。

从国际形势看，受2008年国际金融危机的冲击，世界各国的经济发展遭受不同程度的破坏和损失。伴随着世界各国内部矛盾的累积，贸易保护

---

① 参见刘世锦：《推动经济发展质量变革、效率变革、动力变革》，《中国发展观察》2017年第21期。

② 习近平：《在经济社会领域专家座谈会上的讲话》，《上海经济研究》2020年第10期。

主义和"逆全球化"趋势加剧，必须通过新发展格局对冲风险。尤其是特朗普上台以来，整个世界经济政治局势动荡不平，中美关系渐趋复杂，贸易争端不断，打破了过去几十年全球贸易共赢的格局。在这种局势下，有关国际政治经济格局和国家间博弈方式，平添了很多不确定性。突如其来的新冠疫情，则进一步加剧了世界经济的衰退和国际市场需求的萎缩，这就要求我国及时作出防范，重塑新的发展格局。

（四）新发展格局是一种"目标导向格局"

新发展格局的目标是解决发展的不平衡不充分的时代矛盾，在保持经济增长的同时降低波动性和周期性，从而保障经济长期高质量发展，最终实现中华民族伟大复兴的根本目标。

一方面，新发展格局从一开始就具有突出的问题导向，是出于更有效地解决发展所面临的突出矛盾的需要。党的十九大报告明确指出："中国特色社会主义进入新时代，我国社会主要矛盾已经转化为人民日益增长的美好生活需要和不平衡不充分的发展之间的矛盾。"[1] 新发展格局就是针对社会主要矛盾的变化，通过"充分发挥市场作用、更好发挥政府作用的经济体制，实现市场机制有效、微观主体有活力、宏观调控有度"[2]，从而保障经济长期高质量发展的格局，最终的目标是实现中华民族伟大复兴。

另一方面，新发展格局是实现现代化的历史要求。党的十九大提出，在实现第一个百年奋斗目标的基础上，开启实现第二个百年奋斗目标的现代化新征程。党的二十大具体部署了这一历史进程，在"十四五"期间实现跨越中等收入阶段，进入高收入阶段；2035年基本实现社会主义现代化，经

---

① 习近平：《决胜全面建成小康社会　夺取新时代中国特色社会主义伟大胜利——在中国共产党第十九次全国代表大会上的报告》，人民出版社2017年版，第11页。

② 《深刻认识建设现代化经济体系重要性　推动我国经济发展焕发新活力迈上新台阶》，《人民日报》2018年2月1日第1版。

济社会发展水平赶上当代中等发达国家；2050年实现社会主义现代化强国目标，经济社会发展水平赶上发达国家，在综合国力和国际影响力方面居世界领先地位。这一历史进程的实践，将根本改变现代化的格局和路径，将实现中国特色社会主义基本纲领，但也面临一系列挑战，新发展格局恰是应对挑战的必然要求。

三、新发展格局的内在逻辑

（一）新发展格局的战略实质是供求均衡

新发展格局作为一种"整体发展格局"，旨在解决经济发展中的不平衡不充分问题，因此，新发展格局逻辑的起点是供求均衡。供求均衡包括总量均衡和结构均衡。

1. 总量均衡

总量均衡是供求均衡的基础，总量需求得不到满足就会形成经济短缺和通货膨胀。改革开放初期，由于我国经济发展基础薄弱，生产力水平落后，再加上长期忽视经济发展，以及传统计划经济体制向市场经济体制转轨中出现的预算软约束等体制原因，供给能力无论是数量还是质量，规模还是结构，都远远不能适应需要。这一期间因需求得不到满足而发生过3次严重的通货膨胀，1985年（CPI上涨9%以上）、1988年（CPI上涨18%以上）和1994年（CPI上涨24%以上）。伴随着我国改革开放，生产能力得到大幅提升，市场约束日益强化，近些年，我国总量失衡问题更多地演变为供给过剩和部分地区部分行业产能过剩。

2. 结构均衡

结构均衡包括产业结构、区域结构、资源配置结构、国民收入分配结构等方面的均衡，是现阶段应着力解决的问题。在产业结构方面，应着力破除并存的产能过剩和产能短缺的失衡现象。目前，产能过剩主要集中在低端传统行业和低质量消费品及服务方面，而产能短缺主要表现在公共服务品、创新性产品、高质量消费品和服务上。在区域结构方面，地区间差异显著，2019年东部沿海地区的人均GDP水平已接近西部地区的2倍，南北之间的经济社会发展差异仍然巨大，未来"要把构建新发展格局同实施国家区域协调发展战略、建设自由贸易试验区等衔接起来"[①]。在资源配置结构方面，仍存在一定的体制机制性障碍。未来，充分发挥市场在资源配置中的主导作用是新发展格局的体制条件。在国民收入分配方面，城乡、地区间的收入差距问题依然严峻，这种差距的存在和扩大，会从总体上限制国民经济中消费需求的增长，成为国内大循环构建的障碍。

（二）新发展格局的战略支撑是创新引领

从世界经济大国博弈的历史进程看，一个明显的规律在于，"谁牵住了科技创新这个'牛鼻子'，谁走好了科技创新这步先手棋，谁就能占领先机、赢得优势"[②]。正如党的二十大报告指出的："教育、科技、人才是全面建设社会主义现代化国家的基础性、战略性支撑。"[③] 19世纪末20世纪初，德国作为一个新兴经济体，之所以能够在与英国的贸易竞争中取胜，正是得益于技术创新和生产变革。这就意味着，创新引领是新发展格

---

①　《推动更深层次改革实行更高水平开放　为构建新发展格局提供强大动力》，《人民日报》2020年9月2日第1版。

②　中共中央文献研究室编：《习近平关于科技创新论述摘编》，中央文献出版社2016版，第26页。

③　习近平：《高举中国特色社会主义伟大旗帜　为全面建设社会主义现代化国家而团结奋斗——在中国共产党第二十次全国代表大会上的报告（2022年10月16日）》，《人民日报》2022年10月26日第1版。

局的关键，既是形成国内大循环为主体的关键，也是摆脱西方国家"卡脖子"、提高国际竞争主动权、促进国内国际双循环的关键。

改革开放之初，我国面临着较为严重的资本和技术约束，自主技术创新的成本较高。当时，我国整体的发展程度较为落后，技术水平与世界前沿面的距离较远，与发达国家不存在严重的利益冲突，能够通过技术引进、消化和吸收的方式在一定范围内快速实现技术进步，同时，降低技术创新的成本和风险，形成后发优势。随着我国经济发展水平的不断提高，技术水平距离世界前沿越来越近，与发达国家在创新领域的利益冲突逐渐增大，技术引进的难度也越来越大。不仅如此，对于那些最前沿的领域，也必须通过自主创新才能实现技术进步。

"实践反复告诉我们，关键核心技术是要不来、买不来、讨不来的。只有把关键核心技术掌握在自己手中，才能从根本上保障国家经济安全、国防安全和其他安全。"[1] 如果自主创新能力得不到提高，关键核心技术"卡脖子"问题得不到根本性解决，那么国内大循环的构建也就无从谈起。现阶段，解决这一问题，必须"着力破除制约创新驱动发展的体制机制障碍，完善政策和法律法规，创造有利于激发创新活动的体制环境"[2]。而"有利于激发创新活动的体制环境"需要在"企业为主体、市场为导向、政府搭平台"的创新体制机制构建框架下，改变传统增长模式以投资拉动和技术引进为主的技术升级路径，打破传统增长模式对企业创新积极性和创新能力积累的体制机制束缚，实现科技创新由引进吸收向自主研发为主的根本性转变。

---

[1] 习近平：《在中国科学院第十九次院士大会、中国工程院第十四次院士大会上的讲话》，《人民日报》2018年5月29日第2版。

[2] 《真抓实干主动作为形成合力　确保中央重大经济决策落地见效》，《人民日报》2015年2月11日第1版。

（三）新发展格局的战略基点是扩大内需

我国拥有超大规模的市场需求潜能，随着国际经济形势变化、保护主义抬头、"逆全球化"趋势加剧、新冠疫情冲击导致全球经济衰退，做好应对国际市场萎缩的防范，其战略基点便是扩大国内市场需求。这与新发展格局作为一种风险防范格局是内在一致的。

从投资需求看，2015年以来，我国工业制造业规模超过美国，成为世界制造业第一大国，制造业产值占全球比重已超过30%，拥有按联合国划分的41个大类、191个种类、525个小类部门齐全的工业体系和完整的产业链。近年来，我国固定资产投资规模均超过50万亿元，但存在大而不强、大而不优，尤其是优质的投资需求不足，表现在自主创新能力、资源利用效率、信息化水平、产品质量等方面都与世界前沿存在着较大差距。对此，我国未来应围绕《中国制造2025》进行制造业转型升级，充足的投资需求潜力等待释放。我国仍处于新型工业化、信息化、城镇化、农业现代化的加速发展时期，完全有条件在未来释放出大量的投资需求。

从消费需求看，截至2023年年末，我国城镇常住人口达到9.3亿以上，常住人口城镇化率达66.16%，未来仍有巨大的空间释放"人口红利"，对消费方式水平和结构将产生深刻影响，拥有4亿多人规模的中等收入阶段，进一步支撑着我国消费需求的稳定基础。2019年我国社会消费品零售总额超过40万亿元，成为世界第一大实物消费市场。随着我国居民收入水平的稳步提升，国内消费需求将进一步扩大。[1] 值得注意的是，在总量潜力巨大的同时，以供给侧结构性改革破解制约消费需求的难题：进一步完善国民收入分配体系，扩大中等收入群体，解决好人民群众的住房、医疗、子女教育、社会保障等问题，充分释放消费需求。综上，新发展格局

---

[1] 参见刘伟：《疫情冲击下的经济增长与全面小康经济社会目标》，《管理世界》2020年第8期。

的基础是扩大内需，并在扩大内需的基础上，实现生产、分配、流通、消费等国民经济各环节之间的畅通循环、相互促进。

（四）新发展格局的战略主线是深入推进供给侧结构性改革

新发展格局的重点任务之一是打通国民经济各个环节的堵点、畅通国民经济大循环。这就意味着，深化供给侧结构性改革是构建新发展格局的战略方向。

1. 需求疲软导致的下行风险在于，无效供给得不到消化和有效需求得不到满足

"我国经济发展面临的问题，供给和需求两侧都有，但矛盾的主要方面在供给侧。"[①]事实证明，我国不是需求不足，或没有需求，而是需求变了，供给的产品却没有变，质量、服务跟不上。有效供给能力不足带来大量"需求外溢"，消费能力严重外流。解决这些结构性问题，必须推进供给侧改革。比如，我国一些行业和产业产能严重过剩，同时大量关键装备、核心技术、高端产品还依赖进口，国内庞大的市场没有掌握在我们自己手中。这种供需结构的失衡主要源于资源配置效率的低下，资源大量被配置到那些市场无法消化的生产部门之中，形成了无效的供给和过剩产能，而那些市场需求仍未能得到满足的生产部门却获取不到足够的生产资源，形成供给的短缺。资源配置的无效率归根到底是由于体制机制的不完善，供给侧结构性改革就是要破除体制机制的不畅，对于无效供给的过剩产能予以破除，释放出更多资源用于创造有效供给，从而实现供给和需求的有效对接。

---

① 中共中央宣传部编：《习近平总书记系列重要讲话读本（2016年版）》，学习出版社、人民出版社2016年版，第155页。

2. 有效需求得不到满足的重要原因在于相应生产部门的生产成本较高

近年来，伴随着我国经济中人口红利、资源红利、土地红利、外贸红利逐渐变弱，实体经济的"硬成本"不断上升，进而为"软成本"的下降提出了更高的要求。其中，尤其是要降低制度性交易成本，清理涉企收费，降低用能、物流、融资等成本。从客观看，无论是当前民间投资增速下滑，还是外资撤离，都和实体经济成本过高有关，应进一步通过"放管服"改革实现制度性交易成本的下降，也要对制约实体经济发展的长期累积的诸多制度障碍（如融资困境、税负较重）予以破除。

（五）新发展格局的战略前提是高水平开放："一带一路"倡议

构建新发展格局，必须高度重视国内国际双循环相互促进，并不是简单地强调国内大循环，而是以国内大循环为主，通过国内国际双循环实现国民经济的新发展。改革开放是我国经济发展的基本国策，新时代新型高水平的开放集中体现在"一带一路"建设上。因此，在西方主要发达国家纷纷出现经济疲软、"逆全球化"抬头的情况下，"一带一路"倡议构成了新发展格局的战略重点。

新发展格局下的"一带一路"倡议，由我国倡议推动，至今已逾十年，基于共建国家资源、人口、资本、技术等生产要素的比较优势，"各施所长、取长补短"。一方面，将对共建国家具有发展潜力的优质且性价比高的产能因地制宜实现有效转接，能快速转化为高效率的生产能力，使国内企业在国际市场中继续保持竞争力，从而"对内"实现要素有效配置、产业结构升级。另一方面，通过满足共建国家市场需求，加强资源开发和产业投资，延长产业链条，有助于东道国实现生产要素升级，产业结构优化，以促进当地经济增长，且通过促进就业提高东道国人民收入水平，改善生活质量。因此，"一带一路"能够实现我国与国际经济的优势互补，使国内循环带动国际循环，再通过国际循环优化国内循环，构建新型互利互惠的国内国际双循环的新发展格局。

"一带一路"推动发展双边、多边自贸区与国际组织合作，能够促进商品与服务贸易，扩大投资，开展国际技术交流与合作，以更大范围、更宽领域、更深层次地参与到国际市场中，有利于激发技术溢出、制度创新、市场竞争活力，进一步促进国内产业结构升级、优化劳动力结构和促进技术、制度以及管理创新，最终服务于以国内大循环为主体、国内国际双循环相互促进的新发展格局。

（六）新发展格局的战略突破是培育改革开放新高地

回顾我国改革开放历程，一个不可忽视的制度创新是以试点方式开展政策试验机制。试点作为一种以局部试验带动整体改革的渐进式治理机制，极大缓解了改革的不确定性，以较低的成本推进改革。"试点是改革的重要任务，更是改革的重要方法"[①]，因而，利用试点的方法，以区域改革开放新高地的打造作为战略突破口，创造更多更好可复制可推广的经验，发挥示范效应和引领效应，可以更为有效地带动全国经济高质量发展。

一个发展中大国实现现代化，重要的任务和难点在于提高区域之间、城乡之间的协调性，克服"二元性"。区域分化和差距过大是当前我国面临的突出问题。未来，在区域经济发展方面，需要"按照客观经济规律调整完善区域政策体系，发挥各地区比较优势，促进各类要素合理流动和高效集聚，增强创新发展动力，加快构建高质量发展的动力系统，增强中心

---

① 《树立改革全局观积极探索实践　发挥改革试点示范突破带动作用》，《人民日报》2015年6月6日第1版。

城市和城市群等经济发展优势区域的经济和人口承载能力，增强其他地区在保障粮食安全、生态安全、边疆安全等方面的功能，形成优势互补、高质量发展的区域经济布局"①。党的二十大报告进一步明确："深入实施区域协调发展战略、区域重大战略、主体功能区战略、新型城镇化战略，优化重大生产力布局，构建优势互补、高质量发展的区域经济布局和国土空间体系。"②

因此，区域协调发展战略有利于打破既有的体制机制束缚，解决当前一些区域发展中资源配置和要素流动机制不畅、合作分工程度不足、重复建设等严重问题，形成新的区域性增长极。新的区域性增长极的培育对于构建新格局具有示范引领作用。近年来，国内经济下行压力逐渐增大，党中央紧扣社会主要矛盾，大胆设立各种经济"试验田"，意图通过这些区域协调发展战略构筑区域性增长极，为我国经济崛起寻找新的突破口。

四、加快构建新发展格局

以坚持和完善社会主义基本经济制度为实现高质量发展的制度保障，以新发展理念为实现高质量发展的引领。那么，在战略举措上需要怎样推进？

（一）构建新发展格局是把握未来发展主动权的战略部署

党的十八大以来，国内国际发展条件发生了深刻的变化，带来新机遇

---

① 习近平：《推动形成优势互补高质量发展的区域经济布局》，《求是》2019年第24期。

② 习近平：《高举中国特色社会主义伟大旗帜　为全面建设社会主义现代化国家而团结奋斗——在中国共产党第二十次全国代表大会上的报告（2022年10月16日）》，《人民日报》2022年10月26日第1版。

的同时形成前所未有的挑战，继续沿袭已有的发展模式，难以适应经济社会发展条件的新变化，也难以达成中国式现代化的战略目标。据测算，我国"十四五"要实现跨越中等收入阶段进入高收入阶段目标，人均GDP水平达到高收入阶段（1987年人均6000美元），年均GDP要增长5%以上，2035年人均GDP要达到中等发达国家水平，15年内（2021—2035年）GDP年增长率要达到4.73%，而若发展方式不改变，顺其自然地增长，可能实现的年均增长率仅为4%左右。就约束条件而言，以"双碳"目标为例，2021年我国碳排量105亿吨，占全球比重30%，列首位，若要实现2030年碳达峰（35%）、2060年碳中和（9%以下），需要妥善处理减排与GDP增长（相关系数0.68），与结构演变和工业化（相关系数0.71），与城市化（世界70%—76%、我国80%碳排放源于城市），与能源禀赋结构（以煤为主），与宏观经济成本（减排自105亿吨降至90亿吨，每吨的宏观GDP损失428元；降至80亿吨，每吨则为4229元）等相互间的关系，必须推进高质量发展才有可能。因此必须加快构建新发展格局，正如习近平总书记在2023年春天两会期间出席江苏省代表团座谈会讲话中所指出的，实现高质量发展，必须以加快构建新发展格局为战略基点。在2023年2月政治局第二次集体学习会议上，习近平总书记指出："事实充分证明，加快构建新发展格局，是立足实现第二个百年奋斗目标、统筹发展和安全作出的战略决策，是把握未来发展主动权的战略部署。"[①]

（二）构建新发展格局是以问题为导向

一是补短板，二是上水平，进而从根本上克服我国经济大而不强的深层矛盾，切实提升我国发展的生存力、竞争力、持续力、发展力。正如习

---

① 习近平：《加快构建新发展格局　把握未来发展主动权》，《求是》2023年8期。

近平总书记所说："加快构建新发展格局，要从两个维度来研究和布局：一是更有针对性地加快补上我国产业链供应链短板弱项，确保国民经济循环畅通；二是提升国内大循环内生动力和可靠性，提高国际竞争力，增强对国际循环的吸引力、推动力。"① 只有不断增强我国发展的生存力、竞争力、持续力、发展力，才能"确保中华民族伟大复兴进程不被迟滞甚至中断，胜利实现全面建成社会主义现代化强国目标"②。要达到这一目标，必须加快构建新发展格局。习近平总书记指出，"我们只有加快构建新发展格局，才能夯实我国经济发展的根基、增强发展的安全性稳定性，才能在各种可以预见和难以预见的狂风暴雨、惊涛骇浪中增强我国的生存力、竞争力、发展力、持续力"③。

（三）构建新发展格局是一个系统工程

以加快构建新发展格局为战略基点全面推进高质量发展，以新发展理念为引领根本转变发展方式，以问题为导向夯实我国经济发展根基，是我国发展全局意义上的深刻变革，涉及经济社会发展的各方面。因而，一方面构建新发展格局必然是一个系统工程。习近平总书记指出："必须坚持问题导向和系统观念，着力破除制约加快构建新发展格局的主要矛盾和问题，全面深化改革，推进实践创新、制度创新，不断扬优势、补短板、强弱项。"④ 另一方面构建新发展格局具有深刻的历史艰巨性。习近平总

---

① 习近平：《加快构建新发展格局 把握未来发展主动权》，《求是》2023年8期。

② 习近平：《加快构建新发展格局 把握未来发展主动权》，《求是》2023年8期。

③ 习近平：《加快构建新发展格局 把握未来发展主动权》，《求是》2023年8期。

④ 习近平：《加快构建新发展格局 把握未来发展主动权》，《求是》2023年8期。

书记指出："全面建成新发展格局还任重道远。"[①] 构建新发展格局的进程与我国实现第二个百年奋斗目标，特别是与实现中国式现代化两步走中的第一步，即到2035年基本实现现代化的战略步骤和进程形成历史的统一。党的二十大报告明确提出，在2035年基本实现中国式现代化的同时，形成新发展格局，建成现代化经济体系。没有通过加快构建新发展格局以建成现代化经济体系，实现新发展理念引领的高质量发展，就没有中国式现代化战略目标的实现。也就是说，构建新发展格局的历史性使命就在于克服中国式现代化进程所面临的种种矛盾和挑战。正由于构建新发展格局的艰巨性、历史性，要求必须在战略上做出系统全面的部署，并使各方面的战略部署相互协调、有机统一。需要坚持以扩大内需为畅通国民经济循环的战略基点和立足点，以深化供给侧结构性改革为战略方向和主线，以教育、科技、人才、创新驱动为基础性战略性支撑，以高水平开放为战略前提和必由之路，以乡村振兴、区域性协调发展为重大发展战略举措，以构建高水平社会主义市场经济体制为制度保证和战略动能，以稳中求进为工作总基调和战略方针，等等，切实形成相互联系的统一系统的战略实施体系。

[①] 习近平：《加快构建新发展格局　把握未来发展主动权》，《求是》2023年8期。

第六章

中国式现代化的基本方略：
构建现代化经济体系

　　以高质量发展推进中国式现代化需要贯彻新发展理念，根本转变发展方式，贯彻新发展理念需要构建现代化经济体系，进而通过现代化经济体系将新发展理念贯彻于高质量发展实践。那么，怎样推进现代化经济体系建设，进而在2035年建成现代化经济体系，为达成基本实现社会主义现代化目标创造发展条件？这就要求明确一系列重要原则并采取一系列重要战略举措。相应地，在2035年形成新发展格局，或者说建成现代化经济体系需要构建新发展格局，而构建新发展格局的战略目的也正在于推进现代化经济体系建设。

　　构建新发展格局包含多方面的战略举措和约束，需要深刻把握构建新发展格局的本质特征和内在逻辑，并在此基础上，对关系到构建新发展格局的重要方面展开深入分析，特别是对于作为构建新发展格局的战略方向及主线的供给侧结构性改革问题，作为构建新发展格局的重要约束和要求的"双碳"目标问题，作为构建新发展格局的战略前提和必由之路的高水平开放问题等，需要深入讨论。

第一节 现代化经济体系的意义和内涵

应对风险挑战实现中国式现代化推进中华民族伟大复兴，首要任务在于贯彻高质量发展主题。践行这一主题需要以构建新发展格局为战略基点，以构建现代化经济体系为构建新发展格局的战略目标。

一、现代化经济体系的内涵和要求

党的十九大报告提出，贯彻新发展理念必须构建现代化经济体系，只有通过构建现代化经济体系才能使新发展理念不仅仅停留在理念上，而且能够切实贯彻于经济社会发展实践。因而构建现代化经济体系是我国经济跨越关口的迫切要求，更是推动发展的国家战略。同时，党的十九大报告特别概括指出，现代化经济体系的特征在于体现新时代新征程所要求的发展、改革、开放几方面的新的统一。在党的十九大召开不久，2018年1月中共中央政治局集体学习研讨现代化经济体系建设专题会议上，习近平总书记深入系统地阐释了现代化经济体系的内涵，将其概括为七大体系，即创新引领、协同发展的产业体系；统一开放、竞争有序的市场体系；体现效率、促进公平的收入分配体系；彰显优势、协调联动的城乡区域发展体系；资源节约、环境友好的绿色发展体系；多元平衡、安全高效的全面开放体系；充分发挥市场作用、更好发挥政府作用的经济体制。同时特别强调这七方面的内容是相互联系的有机整体，需要统一推进。

（1）现代化的产业体系是物质基础，其中尤以实体经济为首要，是在极限施压条件下保证国民经济循环的基础。产业体系的微观基础在于企业，现代化的产业体系必须拥有具备足够市场竞争力和创新发展引领能力的企业支撑；在企业集合的基础上形成一定的产业组织和产业市场结构，产业的竞争力在相当大的程度上取决于产业组织状态及相应的市场结构；在产业集合的基础上构成宏观意义上的国民经济体系及相应的产业结构，产业结构升级和优化的根本动力在于创新，形成机制在于供给侧结构性改革与需求侧市场牵引的良性互动。（2）现代化的市场体系是资源配置机制，形成准入畅通、开放有序、竞争充分、秩序规范的统一市场是构建现代化经济体系的基本体制条件和微观制度基础。一方面切实推进开放统一的市场体系构建，使市场机制能够充分覆盖资源配置，使之能够发挥决定性作用，另一方面切实完善市场经济秩序，包括市场主体秩序（企业产权制度）和竞争秩序（价格决定制度），使之能够实现尽可能充分的竞争，提升市场经济的质量和有效性。（3）现代化的收入分配体系是市场经济机制的重要基础性制度安排，从根本上关系到国民经济生产、分配、交换、消费各个环节间的循环，关系到社会生产和再生产各个方面的畅通；同时，收入分配既包括国民收入在各个部门、各个地区之间的总体分配，也包括在居民之间的个人收入分配，关系到经济发展的激励动力，关系到经济社会发展的结构性均衡协调。（4）现代化的城乡区域发展体系是现代化经济体系的空间布局及生产力发展的国土布局，城乡区域发展体系的现代化，既涉及作为发展中国家克服经济二元性的根本发展难题，包括城乡间的二元性和区域间的二元性，又涉及区域资源禀赋规定的效率提升和生产力发展按国土空间主体功能的划分，对于我国这样一个发展中的大国具有极为重要的意义。（5）现代化的绿色发展体系是构建现代化经济体系的基本约束条件和不可或缺的内在构成。一方面绿色发展本身是新发展理念的重要组成部分，"双碳"目标等尊重自然、顺应自然、优先保护的一系列环境生态指标，是对经济社会发展的基本约束，是现代化发展目标函数的基本约束函数；另一方面是建设富强民主文明和谐美丽的现代化国家目标的基本要求，既是作为人类文明进程的中国式现代化的重要特征，也是实现可持续发展的客观要求。（6）现代化的开放体系是构建现代化经济体系的重要前提，开放是现代化的内在属性，走和平发展道路，推进高水平制度型开放是中国式现代化的重要特征，通过贯彻人类命运共同体理念，落实"一带一路"倡议，推动中国式现代化真正融入全球化，真正能够借鉴和分享全球化发展的文明成果和发展红利，同时，使世界能够更为广泛和充分地参与到中国式现代化发展进程中，分享中国式现代化给世界带来的机会，封闭条件下不可能建构出现代化经济体系，更不可能实现中国式现代化。（7）现代化的经济体制是构建现代化经济体系的制度机制条件，关键在于在社会主义市场经济制度基础上，形成微观竞争与宏观治理之间，市场调节与政府调控之间相互协调的经济治理机制。在资源配置上，市场机制起决定性作用，更好发挥政府作用，形成市场机制有效，微观主体有活力，宏观调控有度的经济体制。

那么建构现代化经济体系，需要创造哪些基本条件？实现高质量发展转变需要实施哪些战略性举措？党的二十大进一步明确贯彻新发展理念，构建新发展格局，加快建设现代化经济体系，进而实现高质量发展是全面建设社会主义现代化国家的首要任务。并且要求在2035年基本实现中国式现代化目标的同时，建成现代化经济体系，形成新发展格局，推动发展方式根本转变，实现高质量发展，推动经济实现质的有效提升和量的合理增长。因而必须加快构建以国内大循环为主体、国内国际双循环相互促进的新发展格局，以构建新发展格局为战略基点，建构现代化经济体系。为此，党的二十大特别强调了五个方面的重点战略性举措。一是构建高水平社会主义市场经济体制，坚持和完善社会主义基本经济制度。深化国资国企改革，加快国有经济布局优化和结构调整；优化民营企业发展环境，促进民营经济发展壮大；完善中国特色现代企业制度，加快建设世界一流企业。建构全国统一大市场，深化要素市场化改革，建设高标准市场体系；

完善产权保护、市场准入、公平竞争、社会信用等市场经济基础制度。健全宏观经济治理体系，发挥国家发展规划的战略导向作用；在政策上，加强财政政策和货币政策协调配合；在体制上，健全、优化、完善现代预算制度、税制结构、转移支付体系；深化金融体制改革；健全资本市场功能；等等。从而在基本经济制度的基础上，在企业制度、市场制度、宏观治理各方面的统一上建设高水平的社会主义市场经济体制，开创人类现代化制度文明新形态。二是建设现代化产业体系。把发展经济的着力点放在实体经济上，推进新型工业化，加快建设制造强国、质量强国、航天强国、交通强国、网络强国、数字中国。三是全面推进乡村振兴，坚持农业农村优先发展，坚持城乡融合发展，畅通城乡要素流动，加快建设农业强国，扎实推动乡村全面振兴。四是促进区域协调发展。深入实施区域协调发展战略、区域重大战略、主体功能区战略、新型城镇化战略，构建优势互补、高质量发展的区域经济布局和国土空间体系。五是推进高水平对外开放。以高质量的制度型开放作为推进中国式现代化的必由之路。立足扩大内需，依托国内超大规模市场优势，增强国内国际两个市场两种资源联动效应，稳步扩大规则、规制、管理、标准等制度型开放。[①]

二、加快构建新发展格局，建设现代化经济体系面临的突出矛盾和主要任务

构建新发展格局的战略目标是建设现代化经济体系，现代化经济体系是有机整体，体现了新发展阶段贯彻新发展理念实现高质量发展对改革、发展、开放有机统一的新的要求。构建新发展格局，建设现代化经济体系

---

① 参见习近平：《高举中国特色社会主义伟大旗帜　为全面建设社会主义现代化国家而团结奋斗——在中国共产党第二十次全国代表大会上的报告（2022年10月16日）》，《人民日报》2022年10月26日第1版。

是以新发展理念为引领，以高质量发展为主题，以实现中国式现代化为目标的理论逻辑和实践逻辑体系中不可或缺的有机组成，需要统一建设协调推进。中国式现代化历史进程更是一个艰巨而又系统的工程，需要坚持系统观念，正如习近平总书记所提出的："推进中国式现代化是一个系统工程，需要统筹兼顾、系统谋划、整体推进，正确处理好顶层设计与实践探索、战略与策略、守正与创新、效率与公平、活力与秩序、自立自强与对外开放等一系列重大关系。"[1] 习近平总书记着重分析了加快构建新发展格局、建设现代化经济体系亟待着力破除一些主要矛盾。[2]

（一）更好统筹扩大内需和深化供给侧结构性改革的关系

增强国内大循环动力和可靠性，畅通国民经济循环，畅通生产和再生产，实现均衡发展，关键在于需求与供给在总量和结构上的均衡，主要取决于需求与供给两端动力是否强劲，以有效需求（包括有收入支撑的消费需求，有合理回报的投资需求，有本金和债务约束的金融需求等）牵引供给，以高水平供给（包括以科技创新、制度创新驱动的供给，突破瓶颈增强产业链供应链竞争力和安全性的供给）适应满足现有需求，创造引领新需求，形成需求与供给间高水平动态平衡，把扩大内需战略基点与深化供给侧结构性改革战略主线有机结合起来，而不是割裂开来，使需求与供给之间形成良性互动，而不是严重失衡错位。

（二）统筹好科技自立自强与开放借鉴引进的关系

加快自立自强步伐，解决外围"卡脖子"问题。作为发展中国家，构

---

① 《习近平在学习贯彻党的二十大精神研讨班开班式上发表重要讲话强调　正确理解和大力推进中国式现代化》，《人民日报》2023年2月8日第1版。

② 参见《习近平在学习贯彻党的二十大精神研讨班开班式上发表重要讲话强调　正确理解和大力推进中国式现代化》，《人民日报》2023年2月8日第1版。

建新发展格局，建设现代化经济体系需要尽可能地吸收、借鉴和引进经济社会发达经济体的先进技术，这也是中国式现代化之所以要以高水平开放为必由之路的重要原因。但开放引进必须立足自立自强，一方面关键核心技术，特别是"卡脖子"技术是买不来、引不进、换不来的，必须立足自主创新，越是接近赶超目标的实现，遇到的"卡脖子"压力越大，越需要加快科技自立自强步伐；另一方面自立自强、自主创新能力提升，在重要科技领域领跑，在前沿交叉领域开拓者地位越突出，在世界科学创新中心和创新高地地位越凸显，对外国先进科技吸引能力才可能越强，也越可能高水平、高质量地引进外国先进技术。因而，必须立足自立自强，实现科教兴国战略、人才强国战略、创新驱动发展战略有效联动，一体推进；坚持原始创新、集成创新、开放创新有效贯通，一体部署，而不是脱离自主创新的立足点，把自立自强与吸收引进割裂开来。

（三）统筹建设现代化产业体系与现代化经济体系的关系

加快建设现代化产业体系，夯实新发展格局的产业基础。以新发展格局推动建设现代化经济体系，其基础在于加快建设现代化产业体系，畅通国民经济循环关键在于产业链水平的提高和产业间的协调有序链接，宏观经济供求动态良性互动，前提在于产业结构的调整互洽。从全球产业体系和产业链供应链演变趋势看，呈现出多元化布局，区域化合作，绿色化转型，数字化加速的态势，这一态势体现了不以人的意志为转移的客观规律。从中国现代化进程的发展特点看，作为后发展起来的中国与传统发达经济体现代化的历史不同在于，正如习近平总书记所总结的，中国不是沿着机械化、电气化、信息化（数字化、智能化）纵向"串联式"发展，也不是循着第一、第二、第三次产业依次历史推进，而是"并联式"发展，叠加式推进。^① 这一特点为我们提供了新的机遇，但同时也提出了新的矛盾。要顺应这种产业演进发展客观趋势和我国发展的历史特点，一方面我们需要把着力点放在发展实体经济上，在基本实现工业化的基础上进一步扎实推进新型工业化，加快建设制造强国、质量强国、网络强国、数字中国等一系列发展强国战略，切实夯实产业基础。另一方面，统筹推进产业升级和产业转移，在增强产业发展的接续性和竞争力的同时，推动重要产业在国内和国际有序转移，优化产业和生产力区域布局，促进内外产业深度融合。防止脱实向虚，克服布局失衡，避免产业封闭，形成自主可控、竞争力强的现代产业体系，以此为基础，加快构建现代化经济体系。

（四）统筹并全面推进城乡间、区域间协调发展

提高国内大循环的覆盖面。作为发展中国家突出差距在于发展的二元性特征，这一特征突出表现在城乡间的二元性、区域间的二元性上，构建新发展格局建设现代化经济体系，实现高质量发展，重要的是克服二元性，提高协调性和均衡性。正如习近平总书记所说："只有实现了城乡、区域协调发展，国内大循环的空间才能更广阔、成色才能更足。"^② 要实现这种协调发展，一方面，必须协调推进乡村振兴战略与新型城镇化中的城市群和中心城市发展战略，特别需要推进以县城为重要载体的城镇化建设，畅通城乡经济循环；另一方面，必须协调区域重大战略与区域协调发展战略和主体功能区战略，在提高区域间协调和均衡发展水平的过程中，培育和提升经济区域重大发展极（增长点）水平和带动辐射效应，在均衡协调和优化高效的有机统一中，推动区域协调发展战略、区域重大战略、

---

① 参见中共中央文献研究室编：《习近平关于社会主义经济建设论述摘编》，中央文献出版社2017年版，第159页。

② 习近平：《加快构建新发展格局　把握未来发展主动权》，《求是》2023年8期。

主体功能区战略等深度融合，促进要素合理流动和高效集聚，畅通国内大循环。此外，在体制上，需要加快推动全国统一大市场的真正形成，防止各地自我小循环，打消区域壁垒，以国内统一大市场推动国内大循环畅通。

（五）统筹国外大循环与国内大循环的关系

进一步深化改革开放，增强国内外循环的动力和活力，提升双循环的相互促动能力。一方面，加快构建高水平社会主义市场经济体制，完善包括国有企业、民营企业、现代化企业等市场经济企业制度，建设全国统一包括商品市场和要素市场的高标准市场体系，完善包括产权保护、市场准入、公平竞争、社会信用等市场经济基础制度，完善现代财税金融体制和宏观政策机制，提升宏观经济治理体系和治理能力的现代化水平。以高水平社会主义市场经济体制保证国内大循环的畅通。同时为推进高水平的对外开放，吸引国际资本、资源、市场创造制度型条件。另一方面，推进高水平对外开放，对标高标准国际贸易和投资通行规则，稳步扩大规则、规制、管理、标准等制度型开放，构建参与国际经济合作和竞争的新优势、新机会，包括发展上的和制度上的新机遇、新优势。同时，推动"一带一路"高质量发展，更充分地体现人类命运共同体理念，在更加深入融入全球化的过程中，让世界能够更充分地分享中国现代化高质量发展带来的红利，增强在国际大循环中的话语权，推动形成开放、多元、稳定的世界经济秩序。以高质量的国内大循环支持高水平的开放，以高水平制度型的开放推进高质量的国际大循环，为实现国内国际双循环相互促进，国内国际两个市场两种资源联动循环创造条件，形成自主可控同时又是高水平开放的、以国内大循环为主体、国内国际双循环相互促进的新发展格局，切实建成现代化经济体系，为完整、准确全面贯彻新发展理念提供保障，通过新发展理念的贯彻引领根本转变发展方式，实现高质量发展，进而以高质量发展推进中国式现代化，以中国式现代化全面推进中华民族伟大复兴。

第二节　构建新发展格局、建设现代化经济体系与
深化供给侧结构性改革

　　深化供给侧结构性改革在构建新发展格局过程中居于重要位置，是形成新发展格局的战略方向和主线，居于枢纽性地位。一方面培育现代化经济体系是构建新发展格局的战略目标，而培育现代化经济体系就其发展意义而言，首要的是培育现代化的产业体系　　　，这是实现新型工业化、信息化、城镇化、农业现代化的重要物质技术基础，是推动高质量发展的重要战略举措。而我国现阶段建设现代化产业体系的任务重点和短板均集中在供给侧。另一方面，就培育现代化经济体系的体制意义而言，首要的是构建高水平社会主义市场经济体制，这是实现高质量发展的体制要求，是现代化经济体系的有机组成部分，而怎样运用社会主义市场经济体制推进供给侧结构性改革既是发展的难题，也是体制创新的矛盾焦点。此外，就贯彻高质量发展其他方面的要求和任务来看，全面推进乡村振兴战略的实施，重要的经济基础在于农业供给侧结构性改革；促进区域协调发展，构建优势互补、高质量发展的区域经济布局和国土空间体系，实质性的经济内涵也在于供给侧结构性改革；推进高水平的对外开放，以国内大循环吸引全球资源要素，增强国内国际两个市场两种资源联动效应，提升贸易投资合作质量和水平，关键在于供给侧结构性改革的支撑。因为，供给侧结构性改革最突出的特点在于，其改革举措、政策目标和发展导向等集中作用于"生产者"，而不是从需求侧入手集中影响"消费者"。"生产者"包括微观意义上的企业——市场竞争行为主体，结构意义上的产业——企业的集合形成产业组织和结构，宏观意义上的国民生产体系——产业的集合形成国民经济循环系统。而我国供给侧结构性改革的进程，从党的十八大之后的"三去一降一补"，到十九大以来的新八字方针（巩固、增强、

提升、畅通）都是围绕着增强企业竞争力，提升产业链供应链水平，畅通国民经济循环这一壮大生产能力和效率核心展开的。党的二十大报告提出以中国式现代化推进中华民族伟大复兴，以高质量发展推进中国式现代化，其内在要求首先在于把实施扩大内需战略同深化供给侧结构性改革有机结合起来，进而推动经济实现质的有效提升和量的合理增长。[①]

那么，我国供给侧结构性改革理论和实践具有怎样的特点？尤其与在西方经济理论和实践中提出的"供给革命"相比，有怎样的区别？这是在构建新发展格局过程中需要深入探讨的问题。[②] 从而进一步提高以深化供给侧结构性改革为主线，加快构建新发展格局的主动性和自觉性。

一、理论渊源和历史观上的特点和根本差异

就理论渊源而言，我国供给侧结构性改革依据的是马克思主义基本立场和方法，是从我国经济社会发展实际出发，把马克思主义中国化、时代化，形成了习近平新时代中国特色社会主义经济思想，而西方的"供给革命"则是沿袭资产阶级经济学传统，特别是经济自由主义传统。就所坚持的历史观而言，我国供给侧结构性改革是坚持历史唯物主义和辩证唯物主义，通过深化社会主义市场经济体制改革，完善中国特色社会主义基本经济制度，进而不断解放和发展生产力，推进中国式现代化。西方"供给革命"则是出于维护资本主义制度，缓解资本主义经济社会发展中的新矛盾新失衡的需要，于20世纪70—80年代提出的理论和政策。

[①] 参见习近平：《高举中国特色社会主义伟大旗帜　为全面建设社会主义现代化国家而团结奋斗——在中国共产党第二十次全国代表大会上的报告（2022年10月16日）》，《人民日报》2022年10月26日第1版。

[②] 参见刘伟：《我国供给侧结构性改革与西方"供给革命"的根本区别》，《中共中央党校学报》2017年第6期。

（一）西方"供给革命"的理论渊源在于资产阶级古典经济学以来形成的传统

英国古典政治经济学之前的重商主义或重农主义学说，对财富的性质和生产认识虽有局限，但本质上是关于财富来源的讨论，属于供给研究范畴。古典政治经济学本质上更是侧重供给分析的经济学说，强调分析国民生产，强调价值来源的探讨，强调劳动和产业的生产性质研究，典型代表即斯密的《国富论》。古典经济学既是对资本主义制度确立、对自由竞争时期的资本主义市场经济的政治经济理论回应，也是对大机器工业替代工场手工业的产业革命的回应。因而，一方面从供给的角度集中并系统地讨论经济增长的动力、源泉、效率；另一方面，从生产者的角度特别强调资本私有制的清晰和市场竞争的充分自由（实际上这两方面也构成了后来西方经济学中所谓"供给学派"的核心思想传统）。从古典经济学体系集大成者斯密到终结者李嘉图等，其理论和政策主张都是以突出供给方面的分析为特征的。

古典经济学瓦解之后直到马歇尔的经济学整合，同样也都坚持以供给分析为重点。其中以19世纪中叶的法国经济学家萨伊最典型，他所强调的"供给创造需求"等思想被后人概括为"萨伊定律"。其实，古典经济学之后直到凯恩斯之前的西方正统经济学（马克思称之为"庸俗经济学"）均强调供给分析，特别是强调在供给与需求的相互关系上，供给起决定性作用，并且可以创造需求，进而能与需求自动平衡。这种观点在本质上，不仅是在生产能力仍不够发达条件下，对发展资本主义以大机器工业为基础的社会化大生产的强调，而且更重要的是作为资产阶级的政治经济学，对资本主义制度优越性和公正和谐性的强调。自1825年资本主义经济出现经济危机之后，古典经济学的"看不见的手"的自动协调和均衡学说受到冲击，资本主义市场经济的自由竞争能否形成总体和谐，进而资本主义制度是否有效，成为必须回答的问题。萨伊等学者所谓"供给可以自动创造需求"的观点，包括19世纪末20世纪初的马歇尔的《经济学原理》中对多种学说的综合，都是在集中论证资本主义市场经济可以形成供求均衡，之所以出现供求之间的矛盾，是因为资本主义市场竞争不够自由和充分，而不是资本主义市场经济本身内在的矛盾所致。[①] 直到凯恩斯主义的产生，才开始打破西方经济学这种强调供给而忽视需求分析的传统，系统地否定了萨伊定律，并特别指出，供给与需求的均衡是偶然的，甚至只是理论上的假设，在现实中是难以成立的，实际经济中的常态是有效需求不足下的失业和生产过剩的危机。[②]

就西方经济思想史演变而言，这种争论背后存在经济哲学观上的分歧。从英国古典经济学开始确立经济自由主义的正统地位，到19世纪中叶德国历史学派和稍后的美国制度经济学对经济自由主义的质疑，再到20世纪初，马歇尔新古典经济学对经济自由主义的重新阐释，又到20世纪30年代大危机后凯恩斯主义的系统提出，直到20世纪后半期对凯恩斯主义的批评和经济自由主义的重振，以及以此为基础的货币主义、合理预期学派、新古典综合、新制度经济学，后凯恩斯主义等学说的兴起和活跃，都从不同角度以不同的方式体现着这一分歧。

就强调供给分析和需求分析的分歧而言，自古典经济学强调供给分析开始，直到20世纪80年代西方经济学和政策实践中出现的"供给革命"，在经济哲学观上共同点在于强调经济自由主义，强调资本主义私有制基础

[①] 在庸俗经济学家中如马尔萨斯曾特别强调对需求的重视，但一方面马尔萨斯的理论并不是主流，另一方面也不完全反映资本利益，而是带有为地主阶级争辩的色彩。此外，对于需求与供给失衡原因的分析也缺乏根据。参见陈岱孙等：《政治经济学史》，吉林人民出版社1981年版。

[②] 参见［英］约翰·梅纳德·凯恩斯：《就业、利息和货币通论（重译本）》，高鸿业译，商务印书馆1999年版。

上市场竞争的自发自由性质，强调完善和维护市场充分竞争的公平秩序（这一点是我们在讨论新常态下供给侧结构性改革必须注意的区别）。所以，"供给革命"本质上是回到经济自由主义传统。

"凯恩斯革命"之后对总需求分析的强调，在经济哲学观上与古典传统的显著差异，在于强调政府从总需求上对经济干预的不可或缺性。[①] 自古典经济学确定经济自由主义正统地位的传统以后，政府长期被作为市场经济秩序的"守夜人"，真正开始发挥宏观调控的作用，是在1929—1933年大危机之后的凯恩斯主义基础上。1929—1933年大危机深刻地暴露了资本主义制度内在矛盾，暴露了市场这只"看不见的手"的局限，自发自由的市场竞争并不能自动趋于平衡，深刻而又普遍发生的是有效需求不足，生产相对过剩的经济危机。如何认识这种危机并为资本主义生产方式寻求新的出路，成为资产阶级经济学家面对的重要命题。

围绕这一命题的探讨，产生了一系列新的学说和观点，其中在理论和实践上影响最大的便是凯恩斯主义，即所谓"凯恩斯革命"。一是经济学方法上的革命。传统以经济自由主义为基础的古典经济学不主张政府从总体上干预经济，所以在理论上不需要研究总体经济的宏观经济学，凯恩斯则认为微观的市场活动并不能使国民经济总体上自然和谐，需要引入宏观经济学。二是经济学观点上的革命。传统古典经济学认为供给与需求能够自动趋于协调，凯恩斯则认为，由于存在投资的边际报酬递减，消费的边际效用递减和人们的灵活偏好三大法则，总需求不足是常态，需求与供给之间不能自动均衡。三是经济政策上的革命。传统古典经济学不主张政府系统地干预经济，政府的职能更多的应是维护竞争秩序，凯恩斯则认为由于供求依靠市场无以自动均衡，因而必须引入政府系统干预，推动经济

---

① 参见方福前：《寻找供给侧结构性改革的理论源头》，《中国社会科学》2017年第7期。

趋均衡。与"凯恩斯革命"相呼应的美国"罗斯福新政"取得的反危机成效，很快使政府系统干预经济成为主要资本主义国家的政策选择。

尽管对凯恩斯主义及其政府干预的政策有不同的认识，并且不断补充和修正，但其后的主流经济理论和政策的基调并无根本变化，不过是把短期调节与长期调节、把经济自由主义与国家干预主义的不同政策要求，在一定程度上加以综合。自20世纪60年代末以来，主要资本主义国家经济出现"滞胀"，推动了对凯恩斯主义宏观经济学和政策主张的批评和修正，并进一步促使人们开始重视供给管理，形成所谓当代西方经济学中的"供给学派经济学"，即所谓针对传统凯恩斯主义需求管理的"供给革命"，对"凯恩斯革命"的革命。所以，"供给革命"的提出实际上是基于凯恩斯主义解释和推动资本主义市场经济恢复均衡能力的失灵。

供给学派针对凯恩斯主义需求管理注重政策对市场上消费者的影响，转而强调关注政策对供给侧生产者的影响，强调在短期内通过降低税率等措施来刺激经济，提高企业的竞争力以增加就业，实现在需求增长不足条件下的均衡增长（如所谓"拉弗曲线"所描述的情况）。这种供给管理政策是被作为需求管理的替代物而提出来的，其目的是应对"滞胀"条件下需求端调控的局限性，以缓解短期经济波动。

但是在实践中面对"滞胀"，20世纪80年代的美国里根政府和英国撒切尔政府采取供给学派的政策，并未获得预期的成功，加之人们对于"滞胀"的理解进一步深入，供给管理政策的短期效应受到质疑，需求管理政策又重新占据了宏观经济政策体系中的主要位置，供给管理政策在主流宏观经济学的视野中逐渐淡出。20世纪90年代之后，伴随以信息技术、生物技术为代表的技术革命带来的产业结构演变，伴随经济全球化所导致的世界区域经济布局的深刻变化，以及人们对长期经济增长及可持续发展命题关注程度的不断提高，使得技术创新政策、产业组织和产业结构政策、全球化及区域结构政策以及针对总供给的长期增长政策等，被作为长期性供给管理政策的主要构成部分，在淡化供给管理的短期政策效应的同时，重新引起了人们的关注。但运用供给管理政策处理一系列长期性矛盾，处理长期结构性失衡，需要深刻的制度创新，特别是要求处理好政府与市场的关系，而在资本主义私有制条件下的市场经济机制，在基本制度上难以协调政府自觉调节和市场自发竞争的矛盾，因而供给管理政策的长期效应在实践中也难以取得明显成效，这就加剧了人们对供给管理政策及"供给革命"的短期效应和长期效应的质疑。"供给革命"与"凯恩斯革命"虽然在经济哲学观和基本政策导向上不同，但在历史观上是同样的，即认为资本主义制度基础上的市场竞争机制能够推动资源实现有效配置，趋于均衡状态，而马克思主义恰恰认为资本主义制度不可能实现这种均衡。

（二）我国供给侧结构性改革的理论根据源于马克思主义经济理论

马克思的政治经济学就供给和需求分析而言，也是以供给分析为主的，其本质是分析社会生产方式及其历史运动，特别是考察资本主义生产方式。突出特点在于：第一，马克思是在生产、分配、交换、消费的生产关系矛盾运动等不同方面的统一中阐释供给与需求的关系，并且在这一生产关系矛盾运动中，论证生产（供给）是决定性的，需求作为一定的前提制约和影响着供给。马克思的供给分析本质上是对资本主义生产关系矛盾运动的深入系统剖析，并且在生产、分配、交换、消费的相互作用关系中阐释了资本主义生产（供给）与需求之间难以协调的根本性制度矛盾。在供给与需求的关系上，马克思特别强调供给对需求的决定性作用，供给的总量和结构从根本上决定着需求实现的总量和结构，供给的内在矛盾规定着需求的内在矛盾，生产决定着分配、交换和消费。生产方式规定着分配方式，并影响着交换和消费方式，同时需求反作用于供给，也制约着供给。消费、分配、交换关系，在一定意义上又构成生产的前提约束条件。第二，马克思关于供给的分析，不是论证资本主义市场经济供求之间或者可以自动均衡（"看不见的手"），或者可以通过完善市场竞争实现均衡（萨伊定律），或者可以引入政府干预克服失衡（凯恩斯主义），或者可以通过"供给革命"实现再均衡（供给学派）等等，而是把失衡的根源归结为资本主义制度，并从资本主义私有制与社会化大生产之间的根本冲突出发，揭示了这种失衡的不可克服性。要克服这种失衡，必须根本消除资本主义私有制，消除资本私有制下的市场盲目自发的竞争，以社会共同占有制下的自觉且有计划地配置资源为制度条件，才能真正统一生产和需要，真正直接实现生产的社会性。马克思特别指出资本主义生产方式供求之间产生矛盾的根源，在于资本主义私有制基础上的市场竞争，缓和矛盾的方式在于经济危机周期性地发生，追求趋于供求均衡的根本目的在于实现资本利润最大化，无论是资本积累和扩大再生产，还是盲目竞争形成严重总量及结构失衡后再以危机方式进行调整，都是出于资本追逐利益最大化的需要，而不是为满足社会需要。第三，马克思的经济哲学观根本不同于资产阶级经济学中的经济自由主义或国家干预主义。一方面，资产阶级经济学不同学派关于经济自由主义和国家干预主义的长期争论是建立在共同承认资本主义制度的历史观基础上的，虽然出发点和价值取向有所不同，但根本宗旨和落脚点都是解释和论证如何使资本主义制度更为有效，并认为资本主义制度是有可能有效实现供求均衡的，而马克思主义经济学的历史观则是根本否定资本主义这种制度的可能；另一方面，马克思经济学所运用的方法是历史唯物主义和辩证唯物主义，从生产力与生产关系矛盾运动的历史和辩证分析中，揭示资本主义生产方式运动规律，揭示未来理想社会自由人联合体以社会共同所有制替代一切私有制，以直接自觉的体现生产的社会性的资源配置方式替代间接异化的实现生产的社会性的市场机制。马克思的生产和需要的真正统一和均衡，是建立在未来否定资本主义市场经济机制之后的，经过历史否定之否定运动重新建立起来的"社会个人所有制"基础上的理想社会中，作为自由人联合体，具体的生产与社会共同需要间的直接统一，生产结构与需要结构间的自觉协调，"每个人的自由发展是一切人的自由发展的条件"[①]，个体人的自由全面成长与社会全面发展成为同一过程。

二、政策机制和实践效果根本不同

就供给学说在政策实践中的地位而言，在当代西方正统的宏观经济理论和政策体系中，自凯恩斯以来供给学说及政策常常被忽视，宏观经济理论和宏观调控方式往往等同于需求管理学说和政策。而我国进入经济新常态以来提出深化供给侧结构性改革则是在需求与供给两端矛盾运动的统一体当中，把供给端的调控和变量作为重点，这既是基于我国经济运行实际矛盾的特殊性，也是在理论上的重要创新。

（一）西方正统经济理论和政策忽视供给分析和管理的制度性和体制性原因

供给管理要求政府和市场之间充分协调、准确定位，政府调控必须以充分自由竞争的市场机制为基础，市场运行必须以有效的更好的政府调节为前提。否则供给侧调控可能促使经济体制产生根本否定市场机制作用的倾向，因为供给侧调控政策作用的着眼点和出发点是生产者，包括企业和产业等。因而，系统地运用供给管理政策会直接影响到国民经济的微观主体行为和市场竞争的结构，从而使政府政策干预的深入和具体程度可能高于需求管理政策，需求管理一般来说是宏观的和总量的政策干预。这就要

---

① 马克思、恩格斯：《共产党宣言》，中共中央马克思恩格斯列宁斯大林著作编译局编译，人民出版社2014年版，第51页。

求在运用供给管理政策时，政府与市场之间需要建立更为有机的协调统一机制。本来在市场经济条件下对供给管理的引入，是在承认和尊重市场竞争机制的基础上，通过调整和改变市场竞争中生产者所面临的激励和竞争条件，使其市场竞争能力和效率得以提升，进而提高整个国民经济的竞争能力，而不是建立在否定市场机制基础上，对厂商市场竞争权利和责任的否定。从供给管理的政策目的看，越是强调供给管理，越需要尊重生产者的市场权利和自由。但从供给管理政策的出发点看，越是强调供给管理，越需要政策直接影响生产者，如何使之统一？需要政府与市场间的有机协调。但是，在资本主义私有制基础上的市场经济，就基本制度而言难以为建立协调有效的政府与市场统一的机制创造可能，资本主义生产社会化与资本主义私有制之间的根本冲突，使其协调统一政府调控与市场调控的关系产生根本性困难，私有制下市场竞争的自发性与盲目性从根本上排斥着政府宏观调控的有效性，政府深入到市场内在竞争过程的干预，导致其与资本私有制的企业性质发生根本的抵触。正因为如此，供给管理在历史实践中难以深入运用，在经济理论上难以被重视。

事实上，若脱离市场经济机制基础，政府的供给管理很可能转向所谓"计划经济"。一方面，计划经济的实质是通过政府计划直接决定供给的制度安排和政策体系，计划经济从政策和制度效应上首先是针对社会生产，直接支配并约束生产者行为，这与供给管理政策的着眼点针对生产者是相似的。另一方面，在计划经济中需求是被忽视甚至是不被承认的，因为需求的复杂性及变化的多样性，使得政府不可能充分及时地占有需求信息，即使力图掌握，其成本也极其高昂，使之成为不可能。同时，在否定市场机制的计划经济中，市场需求无以真正形成，也就不可能被关注、被发现，更不可能根据需求变化去调节供给。当经济失衡时只能以供给作为政策调控的切入点，不可能从需求端展开调控。这又进一步提高供给管理与计划经济的相似性。因此西方正统理论和主流政策对计划经济的疑虑和计划经济在实践中的低效率，使其难以接受供给管理。

（二）我国供给侧结构性改革与西方"供给革命"的政策差异

我国经济进入新常态后提出深化供给侧结构性改革，在本质上是不同于西方经济中的供给管理的。一是我国作为一个发展中国家，在经济进入新常态后，经济增长和发展中的矛盾主要方面在于供给侧，特别是在于企业创新力弱，劳动生产率水平低，经济结构性失衡严重，二元结构性特征显著，区域结构失衡，国民收入分配结构扭曲等等，均属于供给侧的问题。不同于资本主义发达经济社会矛盾的主要方面首先集中于需求侧，资本主义私有制与生产社会化的矛盾运动特征，一方面是资本扩张的积累，另一方面是广大劳动者的贫困积累（绝对或相对），有效需求相对不足成为经济失衡中的常态，周期性相对需求不足而产生的生产过剩成为特征。因此，作为发展中国家宏观调控注重供给侧管理更具针对性。二是资本主义社会的基本矛盾使其政府与市场机制之间难以有效协调，因而难以为有效实施供给管理创造必要的制度和体制条件，需求管理与供给管理作为宏观经济管理的两种方式难以统一，在理论上也长期陷于经济自由主义与国家干预主义的争辩中。而中国特色的社会主义市场经济制度努力创造的是以公有制为主体、多种所有制经济长期共同发展的基本制度，与在资源配置中起决定性作用的市场机制相统一，从而为有机统一政府与市场创造着制度可能，为协调需求管理与供给管理创造必要的基础条件，所以特别强调改革。三是供给侧结构性改革落脚点是结构性调整，是国民经济结构的演变。在西方正统经济理论和政策看来，政府政策应主要针对需求总量进行调控，经济结构和产业结构的形成及升级主要是市场竞争的过程和结果，政府不应主动干预。所以"供给革命"提出的措施主要集中在减税上，主要也是通过影响企业实际生产成本增大企业总产出，达到政府"减税等于增税"的目标，主要还是涉及总供给效应，并不包含产业结构政策，也不包含结构变化政策效应，并且恰恰相反，为尽可能避免结构性调控可能产生的政策歧视，防止对市场公平竞争秩序的干扰，因此不主张引入结构性调整政策。新常态下的中国经济的供给侧结构性改革，根本的政策效应恰恰集中在结构演进上。四是供给侧结构性改革的着眼点是生产者。作为供给管理的各项政策，其制定和运用的出发点及着眼点，首先是视其对生产者的效率、成本、竞争能力产生怎样的影响。且在西方正统经济理论和政策看来，政府政策直接作用于生产者，可能导致政府对企业权利及自由竞争原则的否定，进而对市场自由经济的否定，因此难以深入运用供给管理。而中国特色社会主义市场经济在使市场机制发挥资源配置上的决定性作用的同时，更好地发挥政府作用，有可能使政府政策对生产者的作用与市场机制对生产者更有效的约束统一起来，使需求管理与供给管理、宏观调控与微观调控统一起来。五是从供给侧入手针对生产者竞争力和国民经济结构高度提升展开的调控，是以效率提高为基础的，而效率则是创新的函数。创新，包括技术和制度。创新是长期的，因此，总需求效应短期可明显见效，而供给效应一般来说更具长期累积性。这就要求政府作为宏观调控者，政策必须具有长期连续性和法治权威性，而西方当代多党制政体选举任期制使之难以更多地考虑跨任期的政策效应。这也是为何"供给革命"在西方难以有效实施的重要政策机制性原因。我国在中国共产党领导下能够超越党派、团体利益的局限，在最广泛的程度上代表广大人民利益，并且能够从根本长远利益上代表先进生产力的发展要求，这就使供给侧结构性改革具有更深层次的机制基础。六是供给侧调控给地方政府更多权力的同时，提出了更多的责任要求。需求管理主要是中央政府的权力和责任，无论是财政税率政策，还是货币政策及汇率政策等，决策权均是代表国家权力中心的中央政府，地方政府更多的是贯彻执行，供给管理则主要依靠地方政府的配合和落实；同时，需求政策效应对于地方政府来说具有更强的不确定性，本地居民收入增长形成的需求可能到国外、域外实现，而供给效应则具有明确的属地性。因此，要求协调好中央与地方政府间的关系，在供给管理上既有中央宏观政策又有地方政府的能动性，而这种协调机制在当代西方的政体下是难以建立的。

供给与需求是统一体，供给管理与需求管理是这一统一体的政策作用的两端。统一总需求调控与供给侧结构性改革是现代经济宏观调控方式演变的客观历史趋势，这一历史趋势的演进要求在我国经济发展进入新常态之后表现得尤其显著。只有在宏观调控中，把供给与需求作为统一体，才能真正把短期与长期、总量与结构等宏观经济目标的实现协调起来，才能真正有效地将经济增长目标、就业目标、通货膨胀目标等宏观经济目标的实现协调起来，才能真正把生产者、消费者对宏观经济政策的诉求和预期协调起来。这是宏观经济理论和政策的历史性的深刻革命，中国的经济发展需要这种创造性的理论与政策的指导，同时也为这种理论和政策革命提供着历史实践基础。正如习近平总书记所指出："纵观世界经济发展史，经济政策是以供给侧为重点还是以需求侧为重点，要依据一国宏观经济形势作出抉择。放弃需求侧谈供给侧或放弃供给侧谈需求侧都是片面的，二者不是非此即彼、一去一存的替代关系，而是要相互配合、协调推进。"[1]为此，必须努力创造必要的体制机制条件。

三、制度基础和创新动力的不同

西方"供给革命"政策实际上对体制机制变革提出了深刻要求，但资本主义私有制基本制度基础上的市场经济机制，无论怎样调整也难以从根本上适应和满足"供给革命"取得成功必须具备的历史条件，而中国特色

---

[1] 中共中央文献研究室编：《习近平关于社会主义经济建设论述摘编》，中央文献出版社2017年版，第99页。

社会主义市场经济的制度建设和改革，则为统一供给与需求管理，为深化供给侧结构性改革创造必要的制度基础。

（一）宏观调控方式转变能力的不同

统一需求管理与供给管理，必然要求改革宏观调控方式，但宏观调控方式的转变不能不受基本经济制度和经济运行机制的制约。

宏观调控方式的转变，统一并协调供给与需求两端的宏观调控，需要改革和完善宏观经济政策体系和传导机制。第一，由于需求管理政策作用对象或者说政策的出发点和着力点是消费者及购买者，而供给管理政策的作用对象及政策的出发点和着力点是生产者及劳动者，因而，统一协调需求与供给两侧的管理，在运用宏观财政和货币政策时，必须协调政策对生产者和消费者的不同作用。不仅要使之相互统一，而且要针对不同经济体的不同发展阶段及相应的经济失衡的特点，特别是要针对矛盾的主要方面，究竟是集中于供给端的生产者，还是集中于需求端的消费者？而使政策作用重点有所调整。不仅要在短期里兼顾宏观经济政策的需求效应和供给效应，而且从长远的角度来看要协调消费者利益增长和国民消费水平的提高与生产者竞争力和创新力持续增强间的矛盾。不仅在运用财政、货币政策时关注其税收、赤字规模和信贷货币供应量等数量工具产生的市场需求变化，尤其是最终消费需求变化的政策效应，而且要关注税率、利率等非数量和价格工具产生的供给效应，尤其是对企业成本及投资创新力等相应竞争力产生的影响。当然，这种兼顾宏观政策的需求效应和供给效应的政策导向，必然会对宏观调控机制、对政府与市场的关系等提出新的要求。第二，由于需求管理政策的落脚点及其效应体现在总需求的变化，政策效应主要体现为总量的市场需求的改变，而供给管理政策的落脚点及其效应体现在总供给的结构变化，政策效应主要体现为经济结构的供给质态的改变，但如何协调总量政策和结构政策？这不仅在理论上存在深刻分歧，而且在各国经济发展史上也有完全不同的政策实践选择，特别是围绕所谓"产业政策"的争论，也是经济思想史上不同经济哲学观点分歧的反映。[①] 但是要协调需求管理与供给管理，必须统一总量政策效应与结构政策效应，这就同样对政策体系和传导机制提出了创新性要求，对经济运行机制和宏观调控机制提出了深刻的改革要求。第三，供给侧调控目的是提高生产者竞争力，并在此基础上实现经济结构升级，这就需要把企业置于更充分更公平更自由的市场竞争条件中。然而，供给侧管理的政策手段又在更大程度上直接作用于企业，因此，统一需求管理与供给管理必须在政策和体制上协调好市场竞争的决定性与政府政策的有效性之间的关系。在西方经济理论界，政府干预是否应从总量（需求）再深入到结构（供给侧），始终是长期争论的问题。在实践上主要是难以协调政府与市场的关系，在机制上难以保证市场公平竞争的秩序与政府干预生产者的政策间的统一，在本质上是源于资本主义制度内在矛盾。马克思主义经济学，特别是《资本论》对此已作出深刻而科学的剖析。中国特色社会主义市场经济制度下能否实现这种有机统一？因此，供给侧结构性改革本身涉及的是基本制度的历史性革命。在社会主义初级阶段，在中国特色社会主义经济发展进程中，只有在公有制为主体（多种所有制经济共同发展）的基础上，构建竞争性的市场竞争机制，才有可能从根本上克服资本主义私有制的内在矛盾，把生产的社会性、自觉性与市场竞争的自发性、盲目性历史地协

---

① "产业政策"究竟需不需要？产业结构及产业组织问题是市场自由竞争形成的状态，还是可以通过政府结构性政策作用形成？长期哪种方式更有效？美国战后占主流的理论和政策是不承认"产业政策"作用的有效性的，而战后法国、日本等提出"产业政策"，特别是日本系统地运用"产业政策"实现了"神武景气"，但自20世纪80年代中期后，日本进入长期低速增长，经济竞争力下降，这一现象是否与"产业政策"所推动的政府政策对市场竞争的冲击相关联？怎样认识我国的"产业政策"作用的必要性、有效性？人们对于这些问题的看法存在严重分歧。参见刘伟、杨云龙：《中国产业经济分析》，中国国际广播出版社1987年版。

调起来，为其内在的统一创造制度可能，进而为政府与市场调节的有效协调创造制度基础。

（二）全面深化改革为供给侧结构性改革不断提供动力

从供给端的企业入手，以影响生产者为政策出发点，以国民经济结构升级质态提升为政策落脚点的供给侧结构性改革的战略举措，从根本上来说是系统的深化改革的历史性命题。这种对于制度创新的要求主要体现在两方面。

1. 经济制度及机制的创新

在我国现阶段，这一创新集中体现为中国特色社会主义市场经济制度的建设，把以公有制为主体，多种所有制经济共同发展作为社会主义社会初级阶段的基本制度，这本身就是深刻的创新；把公有制为主体、多种所有制共同发展的基本制度与竞争性的市场经济机制统一起来，形成社会主义市场经济，更是科学社会主义发展史上的伟大创造。社会主义市场经济制度的构建，制度前提在于所有制体系的完善，体制目标在于有效协调政府和市场的关系，重要基础在于市场机制为配置资源发挥决定性作用。强调市场起决定性作用，要求一方面，推动要素市场化。经过40多年的改革开放，中国社会主义市场经济的建设和发展中的商品市场化，包括消费品和投资品的市场化程度已经达到相当高的程度，尽管商品市场秩序和竞争质量仍有待完善，但投资品和消费品绝大多数是经市场交易机制进行配置，并且其价格大都是市场决定。但要素市场化，包括劳动力、土地、资本、外汇、环境生态、自然资源、技术专利等，无论是在市场化的程度上，还是在市场竞争质量上，都仍有极大不足。而要素市场化是实现供给侧结构性改革的关键性市场条件，没有充分竞争的要素市场化机制，企业不可能真正处于公平竞争的市场硬约束中，也就不可能真正提升市场竞争力，供给侧结构性改革提高供给质量和生产效率的目标便无以实现。另一方面，推动市场竞争秩序的完善。市场内在竞争秩序包括：市场竞争中的主体秩序（企业产权制度），涉及企业作为市场竞争主体的根本权、责、利，直接关系到市场是否失灵，竞争是否有效；市场竞争的交易秩序（价格决定制度），涉及相互间交易条件决定规则是否合理，直接关系到市场竞争的公平性。要素市场化和完善市场经济秩序，分别从程度和质量上提升市场化的水平，脱离市场化水平的不断提升，不仅难以深入推动供给侧结构性改革，难以实现供给变革的初衷，而且可能导致政府政策对市场竞争的过多直接干预，甚至导致对市场配置资源决定性作用的否定，进而严重背离经济效率原则。在经济体制改革和转轨过程中，突出的困难在于政府自身的改革，社会主义市场经济制度建设的重要难题也在于政府职责的转变和机制改革，尤其是需要根据市场配置资源决定性作用发挥的程度和效率，明确市场失灵和局限，有针对性地明确政府职能，使政府职能与市场功能形成动态的有机协调。从某种意义上可以说，市场化进展到一定历史程度，政府职能的转变和改革会成为市场化历史进程的关键性制约因素，成为能否实现市场在资源配置中起决定性作用的同时更好地发挥政府作用的决定性因素。我国改革开放的历史，从一定意义上可以说是探索社会主义所有制与市场经济的统一、探索在此基础上的政府与市场的协调的历史。

2. 法律制度和法治的建设

市场经济是法治经济，就其内涵而言，市场经济贯彻的是法权规则；就其方式而言，市场经济采取的是契约形式；这种内涵和方式都要求以法治的制度，来明确市场经济的制度安排。这就要求在制度创新过程中，必须推动法治化的深入。中国特色社会主义法治化的深入，关键在于两方面：一方面，推动法治制度的建设和完善，建立较健全和完备的法律制度体系，提高法律制度供给的充分性和完备性，即"有法可依"，同时不断提升法律的质量和有效性，即"法为良法"；另一方面，推动社会法治精神的培育和弘扬，提高全社会尊法守法的自觉，即法治的权威。否则，或者无法可依（法制建设不完备），或者有法难依（法为"恶法"，贯彻代价极高），或者有法不依（法治精神匮乏，有法律未必是法治），法律制度和法治精神的建设和培育，从法制供给和法治贯彻两个方面提升法治化水平。供给侧结构性改革是在市场竞争更充分基础上，政府进行更深入的干预。这种更深入的干预不仅体现为政府一般的对总量失衡的纠正，而且更体现为对经济结构、市场竞争主体（生产者）行为的引导，这就尤其需要法治化的深入。一方面切实有效地维护市场竞争主体的权利和公平竞争的秩序，即所谓维护市场竞争中的"私权"，否则在强调政府更深入地干预和引导经济的过程中会损害竞争主体的"私权"，损害市场竞争的自由和充分性，破坏市场竞争的公平性及有效性；维护"私权"本质上是以法治的方式明确市场竞争主体的权利与责任，肯定其权利的同时强调相应的责任约束，否则市场竞争主体权利与责任失衡，难以真正接受市场硬约束，市场主体的竞争行为不可能收敛于均衡的状态，市场将严重失灵。另一方面，切实有效有序地规范"公权"，在强调政府对经济干预深化，特别是从总量深入到结构，从结构深入到生产者的过程中，对政府权力运用的范围、程序、方式、监督、约束等都需要以法治的方式加以规范，以防止"公权"的滥用，以及由此带来的对市场公平竞争规则的破坏。对"公权"的法治规范本身是从根本上保护"公权"的权威，"法制"不同于"法治"的重要区别在于，法制是法律制度的系统建设，但有法律制度未必是法治社会，也未必是法治国家和法治政府，法治则是运用法制治理社会、国家、政府的过程，其有效性重要的不仅在于是否有法律制度规定，更重要的在于社会、国家、政府各方面是否具有自觉尊法守法的"法治精神"。而这种法治精神的培育，最为重要也是最为艰难的在于如何加强对国家公权、政府行政、立法执法者等本身权力运用的法律约束。统一需求管理与供给侧结构性改革作为宏观调控方式的根本性变革，是中国特色社会主义市场经济体制建设和改革的重要方面，不仅对政府与市场机制的相互关系提出了更深的改革要求，而且对法治化进程提出了更迫切的需要。正如党的二十大报告所强调的："全面依法治国是国家治理的一场深刻革命，关系党执政兴国，关系人民幸福安康，关系党和国家长治久安。必须更好发挥法治固根本、稳预期、利长远的保障作用，在法治轨道上全面建设社会主义现代化国家。"① 并且要求在2035年，"基本建成法治国家、法治政府、法治社会"②。中国特色社会主义经济的市场化和法治化，是有效推进供给侧结构性改革的制度保障。

第三节　构建新发展格局、建设现代化经济体系与绿色低碳发展

在我们党关于社会主义现代化强国目标的体系中，在新发展理念和党的二十大报告阐释的中国式现代化特征中，都包含建设美丽中国，推动绿色发展，促进人与自然和谐共生的内容。因此，构建新发展格局推动现代化经济体系建设，实现高质量发展，关键在于贯彻绿色发展理念，尤其是在通过构建新发展格局以高质量发展推进中国式现代化的进程中，实现

---

① 习近平：《高举中国特色社会主义伟大旗帜　为全面建设社会主义现代化国家而团结奋斗——在中国共产党第二十次全国代表大会上的报告（2022年10月16日）》，《人民日报》2022年10月26日第1版。

② 习近平：《高举中国特色社会主义伟大旗帜　为全面建设社会主义现代化国家而团结奋斗——在中国共产党第二十次全国代表大会上的报告（2022年10月16日）》，《人民日报》2022年10月26日第1版。

"双碳"目标的要求。

在党的二十大报告中列出的十五个专题中，"推动绿色发展，促进人与自然和谐共生"作为单独专题列出，在历次党代会报告中尚属首次。二十大报告在明确到2035年我国发展的总体目标时，特别提出要"广泛形成绿色生产生活方式，碳排放达峰后稳中有降，生态环境根本好转，美丽中国目标基本实现"[①]。一方面表明我们党对中国式现代化进程中保护自然环境的强调和重视，另一方面也表现在这方面我们面临艰巨的困难和挑战。

一、尊重自然、顺应自然、保护自然是中国式现代化的内在要求

根据两步走的战略安排，在2035和2050年前后两个时间节点上，背后的经济发展水平量上的逻辑要求是：在基本实现社会主义现代化时（2035年）人均国内生产总值达到中等发达国家水平，或GDP总量较2020年按可比价格翻一番；到全面建成社会主义现代化强国的本世纪中叶（2050年）人均国内生产总值达到赶上发达国家水平，或GDP总量在2035年基础上按可比价格再翻一番。那么，在中国式现代化将超过当代发达国家总人口的14亿人（约占全球人口的18%）带入现代化，改变人类现代化版图的同时，会给自然环境资源带来怎样的影响？尤其是对能源消耗的增长和对温室气体排放的控制，成为人们普遍关注的重要问题。

人类现代化进程的普遍特性之一或者说重要趋势便是在现代化过程中，在人类与大自然的物质变换互动中，人们认识自然、运用自然的科学

---

① 习近平：《高举中国特色社会主义伟大旗帜　为全面建设社会主义现代化国家而团结奋斗——在中国共产党第二十次全国代表大会上的报告（2022年10月16日）》，《人民日报》2022年10月26日第1版。

性和有效性不断提升。在制度和机制上，自然资源、环境等越来越成为约束经济社会发展的内在因素，人们对于自然的尊重和自觉保护意识越来越鲜明。而中国式现代化与发达国家历史上先污染后治理的路径不同，坚持边发展边治理。发达国家历史上大都是在经济发展水平达到相当高的水准之后才开始关注环境问题，在很长一段时间内，它们甚至将发展与环境间的矛盾视为无解的难题之一。我国则是在经济发展水平仍较低，甚至并未根本摆脱贫困状态时便开始系统性地将环境保护纳入经济社会发展过程。国际社会第一次规定人类对全球环境的权利和义务的共同原则，人类历史上第一次以环境问题为主题召开的国际性会议是在1972年6月瑞典斯德哥尔摩举行的联合国人类环境会议，把环境问题首次列入国际议事日程，通过了《联合国人类环境会议宣言》（简称《人类环境宣言》），达成26项共同原则和7项共识。1992年在巴西里约热内卢召开联合国环境与发展会议，针对全球环境不断恶化的矛盾，促使各国采取积极措施防止环境污染和生态恶化，通过了《关于环境与发展的里约宣言》（简称《里约宣言》），要求发达国家承担更多的责任和义务，中国政府参加会议并支持会议的主题。应当说，发达国家主导的国际社会对于环境问题的国际关注是在发达国家经济社会发展水平达到相当高水平之后的事情，而且是建立在与发展中国家现代化水平已经形成巨大差距的基础上，才开始采取行动。而我国则在经济发展水平仍处在低水平阶段，就开始系统性地关注环境问题，在"十一五"规划期间，环保指标就已作为经济社会发展的约束性指标列入指标体系，使之成为约束经济发展的内在成本。党的二十大报告站在推进中国式现代化的新高度，进一步强调："大自然是人类赖以生存发展的基本条件。尊重自然、顺应自然、保护自然，是全面建设社会主义现代化国家的内在要求。必须牢固树立和践行绿水青山就是金山银山的理念，站在人与自然和谐共生的高度谋划发展。"① 此前在党的十九大党章修改中，就已经把"绿水青山就是金山银山"的理念写入党章。中国式现代化要求高质量发展，绿色发展是新发展理念的重要构成，以碳排放为例，降低碳排放则是中国式现代化实现绿色发展的重要约束条件，也是实现中国式现代化的内在要求。我国在2007年温室气体排放总量已居世界首位，作为一个负责任的正在崛起的大国，降低碳排放也是我们必须承担的国际义务。我国政府多次向国际社会作出我们在碳排放方面的减排承诺。早在2009年就提出单位GDP的能耗和碳排放控制指标。2009年11月26日，中国政府宣布控制温室气体排放的行动目标，明确承诺到2020年单位国内生产总值二氧化碳排放较2005年下降40%—45%，并作为约束性指标纳入国民经济和社会发展中长期规划（当时还未明确碳达峰的时限）。到2015年，又进一步作出碳排放达峰的时限。2015年6月30日，我国向联合国气候变化框架公约秘书处提交了应对气候变化国家自主贡献文件（《强化应对气候变化行动——中国国家自主贡献》），进一步承诺，到2030年中国单位GDP总值二氧化碳排放比2005年下降60%—65%，并在2030年达到峰值（但未明确碳中和的时限）。2020年9月，国家主席习近平在第七十五届联合国大会上明确表示，在2030年碳达峰的基础上，到2060年我国实现碳中和。从碳达峰到碳中和的时间远远低于发达国家历史上的时间，并且中国承诺碳达峰目标时间节点上的碳排放水平也显著低于发达国家历史上碳达峰时的碳排放量。中国"力争于2030年前达到峰值，努力争取2060年前实现碳中和"，这既是实现中国式现代化的必然要求，也是探寻环境和气候变化与经济社会发展矛盾的这一世界性难题的"中国方案"，是中国式现代化对人类现代化在当代世界发展意义上的积极贡献，也是推动人类

---

① 习近平：《高举中国特色社会主义伟大旗帜　为全面建设社会主义现代化国家而团结奋斗——在中国共产党第二十次全国代表大会上的报告（2022年10月16日）》，《人民日报》2022年10月26日第1版。

命运共同体构建的必然选择。正如习近平总书记多次强调的，应对气候变化是中国可持续发展的内在要求，也是负责任大国应尽的国际义务，这不是别人要我们做，而是我们自己要做。承诺"双碳"目标意味着，中国式现代化在人与自然的物质变换上将是全新的现代化方式，在2035年和2050年两个中国式现代化的时间节点上，中国的能源消耗量和相应的碳排放量将逐步实现与经济增长脱钩，中国式现代化是人与自然和谐共生的现代化，同时也是不会给全球带来环境治理威胁的、与人类命运共同体理念相通的现代化。

二、世界发展和中国式现代化进程面临的碳经济问题的基本态势

就全球现阶段碳经济问题的基本态势而言，具有以下主要特点。一是碳排放与经济总量、产业结构和能源供给结构高度相关，无论是从总量还是结构上，都还难以脱钩。能源的生产和消费是人类经济活动的基本条件，现代经济系统的正常运行高度依赖于能源，并进而从总量和结构两个方面影响碳排放量。具体而言，经济系统活动的总量、活动的类别以及能源生产技术影响碳排放量。经济活动总量越大，对能源需求量越大，在其他条件不变时，碳排放量也就往往越大。据测算，现阶段人类经济活动中，碳排放量与经济总量的相关系数高达0.67（2011年至2018年）。由于不同产业的能源消耗强度和类型存在差异，国民经济体的碳排放量与产业结构密切相关。据测算，进入21世纪后，碳排放量增长率与产业结构的相关系数更是高达0.71，其相关性还高于同期GDP总量增长与碳排放量的相关程度。能源生产技术体现在可提供的能源类别中，不同能源类别碳排放因子不同，化石能源在供给结构中的占比在很大程度上决定了单位能源排放量。二是部分国家开始出现碳排放与经济增长

脱钩的趋势。虽然经济体的人均碳排放水平同人均GDP之间总体上呈现正相关，但已有部分国家开始出现脱钩趋势。能源是社会经济的必要投入要素，但碳不是，因而存在脱钩的可能。一方面，随着太阳能、风能等可再生能源发电量在全球能源中占比的不断提高，化石能源比例逐渐下降，带动产业发展低碳化，促进二氧化碳排放水平降低。另一方面，经济全球化助推碳排放转移，加剧了世界各国发展的不平衡。根据生产侧测算，部分国家较高的发展水平仅带来较低的碳排放，呈现脱钩趋势（如日本、德国、英国、法国和意大利等），但考虑到贸易中的隐含碳排放，交易排放量往往从亚洲流向北美和欧洲，西欧、美洲和非洲国家的大部分地区是碳排放的净进口国，而东欧和亚洲的大部分国家则是净出口国。三是全球碳经济中城市是碳排放的主要生产者，是能源消耗和温室气体排放的主体，也是开展碳减排行动和实施低碳发展战略的重要主体。2020年，根据联合国政府间气候变化专门委员会（IPCC）第五次评估报告及相关研究显示，城市经济总量约占全球GDP的80%，其能源消耗量约占全球能耗总量的67%—76%，所产生的二氧化碳排放量约占全球排放量的71%—76%。

就我国现阶段碳经济问题的基本态势而言，具有以下突出特点。一是碳排放的总量巨大，同时是贸易隐含碳排放的最大净出口国。我国现阶段碳排放仍处于"总量高、增量高"的阶段，是世界上最大的能源消费国，碳排放总量居世界第一位。2021年我国碳排放量达105亿吨，占全球总量的30%。进入21世纪，中国加入世界贸易组织，经济全球化给我国经济发展带来强劲动力。但同时，二氧化碳排放量也以此为节点开始加速上升，从2000年的33.5亿吨迅速增长至2011年的92.7亿吨，随着此后的经济增速放缓和节能减排力度加大，自2011年起我国碳排放量增速显著放缓，年均增速降至0.02%，但近几年又呈升高态势。同时，我国基于消费的碳排放量比基于生产的碳排放量低14%，是贸易隐含碳排放的最大净出口国。我国作为商品出口大国，其账户中的碳排放量最终出口到其他国家或地区使用或消费。碳税征收和碳排放量账户均是基于生产方，而不是基于消费侧，改变这一格局短期里也有很大困难。二是从供给侧来看，我国以煤炭为主的能源结构是排放总量高、强度大的重要原因。改革开放40多年来，煤炭长期在我国能源结构中居基础性地位，占比曾高达80%，虽然逐渐有所下降，但短期内不会根本改变，现阶段仍占60%左右。以煤炭为主的能源生产结构是我国能源资源禀赋所决定的，而煤炭行业作为碳排放的"大户"，煤炭作为能源使用，其碳排放总量高、强度大。在这种能源禀赋和结构下，要实现碳减排目标，将面临严峻的挑战。三是从终端需求看，制造业是经济增长的主力，同时也是碳排放的主力。我国制造业的能源消耗量远远大于农业、建筑业和生活部门，占全部行业能源消耗的50%以上。2018年我国制造业能源消耗量近26亿吨标准煤，占全部行业能源消耗总量的54.8%。从终端需求部门来看，80%以上的碳排放来自工业生产，主要集中在电力、钢铁、非金属矿物制品这三个高碳排放部门，而且集中度仍在上升，伴随我国从制造大国向制造强国的发展，制造业本身的降低能耗和减少碳排放问题会越来越重要。四是我国不同城市的发展水平与相应的碳排放之间差异显著，具有突出的不均衡性。碳排放与经济发展水平相关，不同发展水平的城市和不同收入人群的碳排放差异巨大。我国现阶段存在碳排放不平等现象，其特点在于，经济发展水平或收入水平较低的地方碳排放水平反而相对较高。目前我国70%的城市处于低排放、低发展阶段，而北京、上海等经济发达的城市基本实现了碳排放与经济发展水平的脱钩，经济欠发达的城市碳排放的不平等较收入水平的不平等更为严重。从家庭角度，低收入家庭的碳排放份额超过其经济份额，可能与低收入家庭与高收入家庭能源消耗结构不同有关。

三、中国式现代化面临的节能减排挑战

上面所讨论的世界和我国碳经济的基本态势，构成我国实现碳达峰、碳中和的现实基础和重要的约束。现阶段至2035年是我国实现低碳转型的关键蓄力期，同时也是我国经济转型和发展的爬坡期，特别是对未来5年作为全面建设社会主义现代化国家的开局起步期具有决定性意义，是实现中国式现代化第一步战略目标并为21世纪中叶实现全面建成社会主义现代化强国目标奠定发展阶段性基础的关键时期。因而，在确立低碳发展目标和经济体系的同时，需要统筹经济发展目标、经济增长速度及质量与"双碳"目标，2035年人均GDP水平要达到中等发达国家水平，或GDP总量较2020年翻一番，年均经济增长率需要保持在4.73%以上。

统筹经济发展与"双碳"目标，我国必须应对以下挑战。一是如何实现减排不减能源消耗、减排不减经济体量？这是我们要面对的严峻挑战。短期内，在技术水平和需求结构较为稳定的条件下，碳排放量的限制构成对经济增长的紧缩性约束，碳减排的经济增长代价较大，国民经济将面临经济增长与碳减排之间的权衡取舍。在我国当前技术和结构条件下，据测算，如果生产性碳排放量约束在90亿—98亿吨，则碳排放量的平均影子价格为428元/吨，即减少1吨二氧化碳排放使得GDP减少428元；如果碳排放量约束在80亿—90亿吨，则碳排放量的平均影子价格为4229元/吨，即减少1吨二氧化碳排放使得GDP减少4229元。随着碳约束的力度收紧，减排的经济成本也会迅速上升。二是保持制造业比重稳定与减排任务之间的矛盾。从产业结构演进状态来看，我国一些城市经济发展已经开始具有"后工业化"社会的特点，第三产业增加值已超过第二产业并成为经济发展的首要产业动力，但实体经济仍是立国之本、强国之基，特别是我国要实现高质量发展必须具有高质量的强大的制造业，并在此基础上构建现代产业体系。在日趋复杂尖锐的国际国内矛盾叠加的冲击下，对于提升产业链、供应链的

安全性、可靠性、稳定性而言，制造业具有不可或缺的地位，仍是城市发展乃至国民经济的根基所在。近些年来我国制造业比重出现波动中下降的态势。2016年我国制造业占经济的比重峰值达到32.45%，随后在波动中下降，2020年降至26.18%，2021年回升到27%以上。制造业过早过快下滑不利于中国经济高质量发展，也不利于稳健均衡增长，与我国工业化进程的历史高度和现代化历史发展阶段性客观要求也不符。在今后工业化最终完成和中国式现代化深入进展的过程中，面向数字经济时代，随着新一代信息技术与制造业的深度融合，随着制造业本身的产业革命和技术创新的深化，制造业的现代化、信息化、数字化、智能化会不断升级，以高质量发展推动中国式现代化需要高质量的稳定的制造业发展。但同时，当前制造业又是我国能源消费最大、碳排放最多的部门。由此，制造业占GDP比重的稳定目标对减排任务提出了新挑战。中国人民大学相关研究团队模拟分析了在未来达到GDP增长目标的情景下，实现2030年碳达峰目标的进程。结果表明，我国第三产业与第二产业的相对比例与碳排放总量增长率之间呈现出显著的负相关性。在我国GDP达到预期目标的约束下，减排技术进步、减排目标实现与制造业占比稳定三者之间存在难以同时达成的"三元悖论"。因此，在减排过程中要求稳妥处理第二与第三产业的占比，要系统性统筹，不可顾此失彼，更不能操之过急。三是如何在实现碳达峰、碳中和目标过程中充分考虑社会公平目标的要求，削弱而不是增强发展的不平衡不充分。逐渐实现共同富裕是中国特色社会主义的本质要求，是中国式现代化的重要特征，是新发展理念的重要体现。因而减排过程中要注重"横向公平"，即不同经济体或地区和不同收入人群等的碳排放权或减排目标设置的公平性。减排需要支付经济代价，在技术、结构的约束情景下，若要在短期内实现碳减排，只能通过压缩碳排放部门的生产规模，放缓经济增长来实现。而从长期来看，技术进步、经济与能源结构优化则是碳减排的主要途径，这更需要持续且大量的投入。无论长期还是短期，碳减排都需要支付高昂的成本，处于不同发展阶段的不同地区和城市，不同收入水平的人群，其减排的成本也存在巨大差异。因而减排次序的制定和减排责任的分摊以及减排成本的列支等，是减排政策制定和落实过程中面临的突出难题。特别是由于环境问题是存在严重"外部性"的领域，其外部性如何内在化？在难以内在化进而市场机制难以解决的条件下如何有效发挥政府作用？通过怎样的机制使市场尽可能充分发挥其在环境资源配置上的决定性作用？发挥政府作用怎样才能公平有效？都是重要问题。

四、中国式现代化进程中的"双碳"目标提出

习近平总书记在党的二十大报告中指出："实现碳达峰碳中和是一场广泛而深刻的经济社会系统性变革。"[①] 我国现阶段GDP总量折算为美元（按汇率法）占世界比重为18%左右，居世界第二位。我国碳排放超过百亿吨，占全球30%左右（2021年），列世界第一位。如果不贯彻新发展理念，不根本转变发展方式实现高质量发展，假定能源消费强度和碳排放强度不变，那么，到2035年GDP总量较2020年按可比价格翻一番，到2050年翻两番，全球的能源和碳排放约束能力恐都难以支撑中国的现代化目标。作为负责任的发展中大国，我国提出了"双碳"目标，在2020年9月的第七十五届联合国大会上，习近平主席代表中国向世界作出承诺，"二氧化碳排放力争于2030年前达到峰值，努力争取2060年前实现碳中和"。根据国际能源署（IEA）的情景预测，在中国"双碳"目标实现的条件下，2030年中国二氧化碳排放量达到峰值，2035年后会迅速下降，2050年预计将比不作"双碳"目标承诺的政策情景下的碳排放量减少70%，即比按

---

① 习近平：《高举中国特色社会主义伟大旗帜 为全面建设社会主义现代化国家而团结奋斗——在中国共产党第二十次全国代表大会上的报告（2022年10月16日）》，《人民日报》2022年10月26日第1版。

照2015年所作出的承诺，2020年9月所作出的承诺将进一步减少碳排放量70%，到2060年实现净零。根据IEA的预测，在中国2020年9月提出的"双碳"目标约束要求下，2035年中国基本实现现代化时，二氧化碳排放量将达到107.87亿吨，占世界的比例为32.23%；在2050年全面建成社会主义现代化强国时，二氧化碳排放量将降到17.48亿吨，占世界的比重将降至8.43%。[①]

"十四五"规划设定了具有约束力的量化目标，提出到2025年能源强度（单位GDP能源消耗）降低13.5%，碳强度（单位GDP二氧化碳排放）降低18%，在此基础上推算，到2035年我国的能源强度预计将降到3.79兆焦/美元PPP（购买力平价，Purchasing Power Parity），碳强度将降到216.22克二氧化碳/美元PPP；到2050年我国能源强度预计将降到1.90兆焦/美元PPP，碳强度降为108.11克二氧化碳/美元PPP。[②] 据《BP世界能源展望（2020年版）》预测，在净零排放情景下，中国的一次能源消费将在2030—2035年左右达到峰值，2050年中国一次能源消费量占世界份额将从2020年的26%降至22%。

党的二十大报告强调中国式现代化重要特性在于是人与自然和谐共生的现代化，站在人与自然和谐共生的高度谋划发展，要走出一条不同于发达国家历史上先污染后治理的新路，表明了中国式现代化坚持走绿色发展道路的坚定决心和积极态度。IEA《中国能源体系碳中和路线图》显示，中国碳达峰时的人均排放量约为7吨—8吨二氧化碳，低于其他国家碳

---

① 根据IEA发布的*World Energy Outlook 2021*中2030年和2050年数据，假定2030—2050年的年平均下降趋势一致推算。

② 根据IEA的*World Energy Outlook 2021*提供的数据，预计中国2025年能源强度和碳排放强度分别为5.19兆焦/美元PPP和337.84克二氧化碳/美元PPP，以此为基数假定2025—2050年的年平均下降趋势与"十四五"规划提出的约束性指标要求一致，推算得出2035年和2050年的能源强度及碳强度值。

达峰时的人均排放量（12吨左右），更远低于美国的人均20吨的排放量。而且，我国在达成"双碳"目标的达峰目标时，人均国民收入水平低于欧美等发达国家碳达峰时的人均GDP水平。2006年欧盟碳达峰时，人均GDP为38822国际元（PPP，2017年价格）；2007年美国碳达峰时，人均GDP为55917国际元（PPP），而我国承诺到2030年碳达峰，届时我国人均GDP据预测为25270国际元，分别相当于欧盟碳达峰时（2006年）和美国的碳达峰时（2007年）的65.1%和45.2%，这表明我国要在经济发展水平低于西方发达国家碳达峰时的条件下实现碳达峰目标，彰显了中国式现代化尊重自然、顺应自然、保护自然的发展价值理念，当然，这也意味着我们将面临更大的挑战（图1）。IEA相关研究表明，中国未来几十年里的减排行动和减排效果对世界能否将全球升温幅度成功控制在1.5°C以内至关重要。中国"双碳"目标的实现可以使全球平均温度到本世纪末降低近0.2°C。当然，这也意味着我们将承担更多的国际义务。

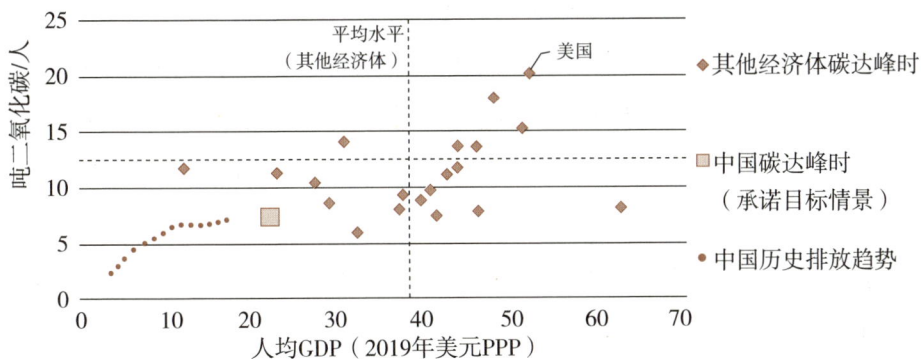

数据来源：国际能源署，2021

注：图中的其他国家包括澳大利亚、加拿大、丹麦、芬兰、法国、德国、希腊、以色列、意大利、日本、韩国、荷兰、新西兰、挪威、波兰、葡萄牙、西班牙、瑞典、英国和美国。

图1　中国和部分其他国家碳达峰时的人均年度能源相关二氧化碳排放量和人均GDP[①]

———————

[①]　来源：IEA《中国能源体系碳中和路线图》（*An Energy Sector Roadmap to Carbon Neutrality in China*）。

五、实现"双碳"目标、低碳转型的基本路径和原则

我国现阶段经济高质量发展要实现低碳转型，关键在于城市低碳转型，城市承载着60%以上的常住人口，碳排放占排放总量的70%以上。随着未来现代化的进程，还会有近3亿人进入城市，就基本路径而言，我国城市绿色低碳转型可以考虑从以下三个方面协同推进。

一是以城市低碳发展为约束条件推动我国工业制造业产业链的升级。"十四五"期间是我国实现工业化的最后加速期，我国工业制造业的发展方向是高质量发展，以构建现代产业体系为目标，推动制造业的创新发展、绿色发展、融合发展与协调发展，工业制造业的信息化、数字化、智能化的升级过程，应坚持以绿色低碳转型为未来发展方向，以减少排放为目的的技术革新、就业增长、产业壮大等驱动转型升级，从源头生产到回收进行全产业链绿色开发。

二是提高建筑与交通运输部门的能源综合利用效率。建筑与交通运输部门是城市碳排放的主要部门，由于建筑与交通运输部门基础设施投入规模大、周期长、使用年限长，具有技术锁定效应，因此，需要提升建筑和交通运输领域的节能标准，应具有一定的超前系数，尽可能采用高能效的技术设备，应当加快与"双碳"目标相匹配的能源效率标准的制修订，提高能源效率准入要求，着力提升能源综合利用率，全面推行低能耗、近零能耗建筑和绿色交通系统。

三是以低碳电力体系为核心推动城市能源供给低碳转型。工业、建筑、交通等碳排放大户行业依靠自身深度脱碳的难度较大，其他行业的电气化加上电力行业的低碳清洁化，是目前世界各国实现碳中和目标的主要举措。因而，由化石能源发电为中心的能源体系转向由清洁能源发电为中心的能源体系是建立低碳体系的重要环节。高质量发展需要构建清洁低碳安全高效的能源体系，控制化石能源总量，推进可再生能源替代，逐渐构

建以新能源为主体的新型电力系统。

推动实现绿色发展需要遵循的基本原则主要体现为：

一是发展优先原则。现阶段我国仍是发展中国家，党的二十大报告特别强调，高质量发展是全面建设社会主义现代化国家的首要任务，强调发展是党执政兴国的第一要务，强调贯彻党的基本路线的要求，以经济建设为中心。因此，在"双碳"目标的实现过程中，要统筹协调各方面政策目标，但统筹协调要围绕推动高质量发展这一首要任务，要坚持发展是第一要务的原则，无论是能源转型还是经济结构升级，都需要保持连续性、稳定性、可持续性，尽可能减少和避免对经济活动的系统性负向冲击。

二是顶层设计原则。绿色发展需要顶层设计，尤其需要一个更加清晰化、透明化、起总领作用的总量指标体系，以便由此为基础分解出各类微观目标，明确各地各部门的可度量、可计算、可评估考核的任务、责任，需要科学制定时间表、路线图。需要立足当前我国国情，结合具体经济社会发展基础、体制环境提供的政策工具，综合运用碳税、碳市场与金融政策引导能源转型与产业升级。既要坚定决心，又要有历史耐心。同时，需要防止和警惕个别企业、行业和地区实现碳达峰与碳中和可能产生的碳转移与碳泄漏，引发全社会减排成本上升，损害减排效率。

三是系统统筹原则。实现"双碳"目标要注重区际、代际和人际三个方面的统筹。首先是统筹不同地区之间的碳排放空间的分配，实现区域间有区别的减排责任，并切实安排好碳排放在不同区域间的转移和补偿。其次是统筹不同代际之间的碳排放时间分配，实现碳排放成本代际均等化合理化。环保是长期才可能见效的系统工程，随着经济发展水平的提高，后代将比本代更富裕，而本代对于减排的投资实际上是减少本代的消费，将本代的财富转移到后代，本代对排放量的扩张进而引发环境治理赤字的增大，实际是增加后代的治理责任，因此需要关注代际之间的环境治理和碳排放责任的转移，防止加剧代际之间的不公平性，保障代际正义，注重碳减排代际之间的均等化。再次是统筹不同收入人群的减排能力和减排责任，确保不同人群之间减排责任、权利和利益的对称，避免穷人补贴富人，确保不同人群之间在减排问题上的公平性，并且不仅要关注机会（形式上）的公平，也要关注结果（事实上）的公平。

四是国际协调原则。碳排放具有负的外部性，是全球公共品。因此在碳减排和治理过程中，市场存在较为严重的失灵，需要在市场力量作用之上进行国际协调，否则，如果只有少数国家或局部地区采取减排行动，那么个别国家和地区的减排可能同时会促使其他国家或地区碳排放量的增加，即产生"碳泄漏"问题，致使全球碳排放效率受损。所以，对于我国来说，提高减排体系的效率需要加强国际协调，一方面积极争取发达国家在低碳技术等领域的支持和帮助，承担应当承担的历史责任，推动碳减排国际合作；另一方面，推动发展中国家尽可能对全球减排做出应有的贡献。

六、构建高水平社会主义市场经济体制，完善绿色低碳发展的政策体系

实现"双碳"目标对体制和政策等提出了深刻的变革要求，必须坚持社会主义市场经济改革方向，构建高水平的社会主义市场经济体制，市场经济机制是实现资源配置的有效机制，但其存在外部性等市场失灵，在碳排放绿色发展领域，市场经济体制的失灵更显突出，因此需要更好地发挥政府作用。中国特色社会主义市场经济不同于资本主义私有制基础上的市场经济，应当充分发挥市场在资源配置上的决定性作用，同时更好地发挥政府作用的体制优势，为实现绿色低碳发展创造更有效的体制条件。正如

党的二十大报告中所提出的："构建高水平社会主义市场经济体制。坚持和完善社会主义基本经济制度，毫不动摇巩固和发展公有制经济，毫不动摇鼓励、支持、引导非公有制经济发展，充分发挥市场在资源配置中的决定性作用，更好发挥政府作用。"[①]

在政策体系上，一是碳市场配合碳税，促进"双碳"目标实现。碳市场和碳税是两种较为成熟的碳定价工具，前者强调市场在价格发现中的作用，后者突出政府对外部成本的行政控制。从适用对象来看，碳市场与碳税的适用对象各有特点，碳市场比较适合碳排放量较大的大型企业，碳税的相对灵活性则可以更好地覆盖碳排放量小的中小企业。从运作效果来看，碳市场的减排机制能够较为有效地控制碳排放总量，但交易价格存在波动性。而碳税的特点是可以通过调整税率限定碳价，但难以对减排效果进行精准预测，减排总量具有不确定性。实现"双碳"目标的关键是通过适当的机制引导我国经济发展与碳排放脱钩。在大规模碳减排技术尚未成熟时，将碳排放的外部成本内部化于经济决策中，包括宏观决策和企业微观行为，是控制碳排放的有效途径，也是体制和政策完善的导向，碳市场结合碳税，协同减排，有助于达成"双碳"目标。二是培育绿色金融体系，推动经济体系低碳化，经济体系的低碳化需要大量的资源和资金投入，这些资金的筹集可以通过财政资金来支持，但主要还是需要依靠金融渠道来筹集。一方面，金融政策可以在低碳方向强化已有的金融活动，加大对绿色金融的激励与约束政策的力度；另一方面，可以创新运用以"碳减排支持工具"为代表的"低碳"金融政策工具，引导支持低碳发展的金融产品和服务的创新，为市场提供基础性方法、工具等。三是完善社会政策，推进低碳发展的低碳转型，通过低保政策、转移支付等社会政策提升

① 习近平：《高举中国特色社会主义伟大旗帜　为全面建设社会主义现代化国家而团结奋斗——在中国共产党第二十次全国代表大会上的报告（2022年10月16日）》，《人民日报》2022年10月26日第1版。

低碳转型过程中的公平性，尤其是要在政策上对受低碳转型影响较为严重的资源型地区、高碳行业和相关群体进行倾斜，推动其经济结构转型，尽可能避免低碳转型导致贫困化等社会问题发生及加剧，推动公平转型。四是运用国际多边机制，积极倡议国际组织实施项目碳中和策略，增强国内产业的碳经济竞争力。碳排放权的问题从一定意义上可以归结为发展权问题，为了合理有效应对碳排放权的争议和冲突，应当从国际贸易规则的层面考虑我们政策的合法性和合规性。从长远来看，需要在完善国内碳市场基础上，不断增强国内产业的碳生产力、竞争力，完善碳价制度，推动构建国家间碳定价联合协调机制，使我国碳定价被国际社会认可。同时，要积极倡议国际组织推动全球碳中和策略的实施，在国际关系协调层面，兼顾发展与减排间的均衡。

总之，需要在改革、发展、开放三者的统一中，在构建高水平社会主义市场经济体制，推动高质量发展，推进高水平对外开放的进程中实现"双碳"目标。党的二十大强调的：积极稳妥推进碳达峰碳中和，立足我国能源资源禀赋，坚持先立后破，有计划分步骤实施碳达峰行动，深入推进能源革命，加强煤炭清洁高效利用，加大油气资源勘探开发和增储上产力度，加快规划建设新型能源体系，统筹水电开发和生态保护，积极安全有序发展核电，加快能源产供储销体系建设，确保能源安全。完善碳排放统计核算制度，健全碳排放权市场交易制度，提升生态系统碳汇能力，积极参与应对气候变化全球治理。[①] 使中国式现代化在推进中华民族伟大复兴的过程中，造福于全人类，创造人类文明新形态。

---

① 参见习近平：《高举中国特色社会主义伟大旗帜　为全面建设社会主义现代化国家而团结奋斗——在中国共产党第二十次全国代表大会上的报告（2022年10月16日）》，《人民日报》2022年10月26日第1版。

第四节 构建新发展格局、建设现代化经济体系与构建人类命运共同体

"人类命运共同体"体现了新时代中国特色社会主义开放的基本宗旨和智慧。与之相联系，"一带一路"倡议则体现了中国式现代化进程中为推动构建人类命运共同体所作出的努力和贡献。在党的二十大报告的十五个专题中，列出专门章节（第十四项），论述"促进世界和平发展，推动构建人类命运共同体"，明确指出，"当前，世界之变、时代之变、历史之变正以前所未有的方式展开。一方面，和平、发展、合作、共赢的历史潮流不可阻挡"，另一方面，"霸权霸道霸凌行径危害深重，和平赤字、发展赤字、安全赤字、治理赤字加重，人类社会面临前所未有的挑战"。中国始终坚持维护世界和平，致力于推动构建人类命运共同体，"中国的发展是世界和平力量的增长，无论发展到什么程度，中国永远不称霸、永远不搞扩张"，中国致力于扩大各国利益的汇合点，推动构建和平共处、总体稳定、均衡发展的大国关系格局，积极参与全球治理体系改革和建设。在经济开放发展上，党的二十大报告特别强调："坚持对外开放的基本国策，坚定奉行互利共赢的开放战略，不断以中国新发展为世界提供新机遇，推动建设开放型世界经济，更好惠及各国人民。"[1] 维护多元稳定的国际经济格局和经贸关系。构建新发展格局的题中应有之义便在于体现中国式现代化的开放型经济的内在要求，在于坚持高水平对外开放，稳步扩大规则、规制、管理、标准等制度型开放。

---

[1] 习近平：《高举中国特色社会主义伟大旗帜　为全面建设社会主义现代化国家而团结奋斗——在中国共产党第二十次全国代表大会上的报告（2022年10月16日）》，《人民日报》2022年10月26日第1版。

一、经济全球化与"人类命运共同体"及"一带一路"倡议的提出

经济全球化是世界各国相互之间经济联系越来越密切，进而形成经济各方面逐渐趋向一体化的"命运共同体"的经济发展趋势。这一趋势是一个深刻演进的历史过程，不同时代有其不同的内容和形式，实现的方式和程度也具有不同时代的历史特征。从其发展的动因上看，就其生产力发展的物质基础而言，在于不断深化的产业革命和现代化进程；就其生产关系演进的制度背景而言，在于资产阶级革命和资本主义生产方式在全世界的扩展；就其实现的体制方式而言，主要在于市场化在全世界范围内的深化。

（一）资本主义生产方式开辟了人类经济发展历史，进入世界经济的新阶段

正如马克思所指出的："资产阶级，由于开拓了世界市场，使一切国家的生产和消费都成为世界性的了。"[①] 从15世纪初地中海沿岸开始出现资本主义萌芽到16世纪初地理大发现及海外殖民，资本主义贸易中心从地中海扩展到大西洋沿岸，形成潜在的世界市场和全球化可能；从18世纪中叶开始的第一次产业革命确立了资本主义制度在全球文明历史进程中的统治地位，到19世纪后半期开始的第二次产业革命进一步推动经济全球化并形成了资本主义生产主导下的国际经济格局；从20世纪初资本主义进入垄断时期并通过资本输出以殖民地或附属国的方式把广大落后国家统一于垄断资本主义（帝国主义）主导的世界经济结构，到第二次世界大战后以美国为首形成的新的世界经济体系（布雷顿森林体系）；从布雷顿森林体系推动20世纪50年代之后形成经济一体化的全球经济高潮，到20世纪90年

---

① 《马克思恩格斯选集》第1卷，人民出版社1995年版，第276页。

代后开始加速发展的经济全球化世界性新潮流，直至进入新世纪后在贸易自由化、金融国际化、全球网络化、经济区域化等各方面深入进展的推动下，在世界经济发展中形成的不平衡问题、环境资源问题等挑战不断加剧的条件下，经济全球化成为历史性的不断深化的趋势，同时也在人类经济发展史上不断对全球化提出更为深刻的要求。

就制度演进而言，经济全球化是资本主义生产方式在世界范围内不断扩张，资本主义经济主导的资源配置方式市场化在全球范围内不断深化的历史进程，因而其作用具有二重性，一是促进资本在世界范围内有效流动和合理配置，从而全面提升全球资源配置效率和分工的水平，极大地推动生产力的进步和发展；二是加速资本主义生产关系内在矛盾在全球范围内的激化，生产的社会化与资本私有制之间的内在矛盾更加尖锐，运动空间更为广泛，从而进一步加剧发展的不平衡、不平等以及发展的不可持续等多方面矛盾冲突。因此，迄今为止的经济全球化历史，一方面是资本主义国家以资本在世界范围内不断扩张的方式主导的，其不仅处于制定规则和秩序的中心地位，而且通过把广大发展中国家置于从属地位的方式，在全球化过程中获得最大的利益，发展中国家的利益增进必须是在能够首先满足发达资本主义国家利益最大化前提下才可能实现，这一进程必然是加剧利益冲突、扩大发达国家与发展中国家差距的矛盾深化过程。另一方面，资本主义生产方式的全球化是资本主义市场经济自由化在全球深化的重要体现，因此必然使市场经济盲目自发竞争矛盾加深，进而经济危机演变为更为广泛、更为深刻的世界经济危机的过程。

殖民主义和冷战时代结束之后，特别是进入21世纪，经济全球化的趋势更为迅猛。一方面是更为迅速的科技进步，尤其是信息技术革命，为经济全球化创造了新的技术和产业基础；另一方面是更为广泛的市场化，特别是传统计划经济国家向市场经济的转轨以及大量发展中国家的市场化改造，为要素配置在全球范围的自由竞争创造了更为广阔的市场条件。此外，跨国公司的空前发展，从微观层面的要素流动上为经济全球化创造了更为坚实的企业制度基础；国际机构中多边组织（如WTO等）的发展，从宏观层面的国际经济联系机制上为经济全球化创造了更为自由的世界经济秩序条件。在这一进程中，中国经济迅速成长并正在逐渐走向世界舞台的中央，成为新时代经济全球化的突出特点，中国经济发展和体制转型成为推动新时代经济全球化的重要力量，同时，中国经济也是经济全球化的受益者，进而，在新时代经济全球化背景下出现的全球治理赤字，要求包括中国在内的世界各国共同承担。正是在这一背景下，习近平总书记提出"人类命运共同体"的思想理念，并进一步提出"一带一路"倡议，作为中国参与人类命运共同体建设的战略举措。

（二）治理赤字与全球治理新理念

总结以往的国际关系历史，特别是自15世纪末大航海时代资本主义生产方式产生以来，各国政治经济关系在开始构成世界性联系的同时，不同时期总会形成一个居领导地位的大国，在处理国际关系、确立国际规则、提供国际公共产品、维护世界秩序等方面起主导作用，甚至价值观上也居主流地位。亨利·基辛格在《大外交》开始就说："仿佛是根据某种自然法则，每一个世纪总会出现一个有实力、有意志且有智识与道德动力的强国，依其价值观来塑造整个国际体系。"[①] 诸如16世纪的葡萄牙，17世纪的荷兰，18至19世纪的英国，20世纪以来的美国等都拥有相应时代的国际主导地位。西方有学者（莫德尔斯基）将其概括为："世界政治长周期理论"（又称"领导权周期论"），发现大体以一个世纪为间隔的长周期，每个周期又分为若干阶段：领导者大国的崛起阶段；领导国地位被世界承认阶段；世界领导国遭

---

① Henry Kissinger, *Diplomacy*, New York：Simon & Sehuster, 1994, p.17.

遇新崛起强国挑战阶段；挑战者失败，原有领导国的合作者上升为新的领导者阶段。这一理论的基本逻辑在于：世界政治经济体系需要一个领导者；领导国的地位是周期性循环变化的，周期为100—200年；领导地位的更替是通过全球性战争实现的，虽然战争的结果均是挑战者失败，但原有领导者也不再成为领导者，而是原领导者的合作者取代其领导地位。[①] 后来人们所说的"修昔底德陷阱"也包含类似的含义。伴随新时代中国发展的崛起，能否打破这种"周期"？成为人们普遍关心的问题。

马克思强调，共同体是作为社会关系总和的个人生存与发展的内在前提，人类未来理想社会需要构建"真正共同体"，使个人不再沦为孤立的原子式个体，在共同劳动中摆脱异己力量的支配，从而在融入世界历史进程的物质生产和精神生产中获得自由与全面发展。世界各地、各国之间的交往呈现着由相互孤立、隔绝到彼此交流、不断融合的发展脉络。然而，在西方的主流理论中，国与国之间都是为了争取本国利益的最大化，导致以主权国家为基石的国际体系所隐含的强权政治逻辑，与现代技术和资本发展所需的全球合作之间产生了巨大冲突，从而使得世界出现发展赤字、和平赤字和治理赤字等问题。随着技术革新与资本扩张，各地之间的联系日益密切，同时矛盾和冲突也在日益增多，国际的秩序陷入霍布斯意义上的"丛林假定"。各国之间利益、安全的矛盾以及宗教纠纷的激化，最终导致了欧洲此起彼伏的混战。为了修正"丛林假定"背后野蛮争夺的失序倾向，西方政治经济思想家在对历史和现实的研究中，以现代民族国家制度理论为基石，构建了相应的延伸性体系，尝试将"自然社会"中"一切

---

① 典型例子如第一和第二两次世界大战时，德国挑战英国的领导地位，但均告失败，同时英国也不再成为领导者，而英国的伙伴美国成为替代者。参见苏剑等：《典型发达国家高速发展阶段海外区域战略的回顾与反思及对我国的启示》，载刘伟、郭濂主编：《一带一路：全球价值双环流下的区域互惠共赢》，北京大学出版社2015年版，第277—292页。

人对一切人的战争状态",转化为有规则的"市场"争夺,为理解和指导现实国际问题做出了积极努力。以威斯特伐利亚和会为起点,一个以正式邦交形式和以召开国际会议为互动模式的国际关系体系不断演进,形成现代政治格局的雏形。21世纪以来,中国经济崛起成为全球政治经济关系中的最大变量。习近平总书记倡导在和平发展中与世界各国命运休戚与共,构建以合作共赢为核心的新型国际关系,弘扬共商共建共享的全球治理理念,"构建人类命运共同体"①的理念应运而生。在全球化时代树立人类命运共同体意识,需要深入理解和进一步发展中国化马克思主义的矛盾论和辩证唯物史观,以辩证的思维方式把握世界历史进程中复杂的矛盾关系。中国正尝试改变零和对抗的博弈逻辑,从传统中国"天下为公、世界大同"的理想中汲取智慧,为全球治理体系注入新的公平与发展理念。

"一带一路"倡议则是实现"人类命运共同体"理念的重要抓手。正如习近平总书记所提出的:"一带一路"倡议,唤起了共建国家的历史记忆,在新的历史条件下,提出"一带一路"倡议就是要继承和发扬丝绸之路精神,赋予现代丝绸之路以全新的时代内涵。②当代世界经济的运行,逐渐超越了传统的"中心—外围"③模式,正逐渐转变为以中国为中介、联结发达国家与发展中国家的"双环流"④体系。在这个体系下,中国提出"一带一路"合作倡议,共建大区域治理平台,为世界各国创造发展机遇。世界各国共建"一带一路",将推动人类命运共同体持续发展,以开

---

① 习近平:《共同构建人类命运共同体——在联合国日内瓦总部的演讲》,《人民日报》2017年1月20日第2版。

② 参见中共中央文献研究室编:《习近平关于社会主义经济建设论述摘编》,中央文献出版社2017年版,第269—270页。

③ 参见 [阿根廷] 劳尔·普雷维什:《拉丁美洲的经济发展及其主要问题》,载郭熙保主编:《发展经济学经典论著选》,中国经济出版社1998年版,第425页。

④ 刘伟、郭濂主编:《一带一路:全球价值双环流下的区域互惠共赢》,北京大学出版社2015年版,第3页。

放的精神建构互惠互利的合作模式，推进公正合理的国际政治经济新秩序逐步形成。①

二、全球化的历史演进与世界政治经济体系发展

技术创新与资本积累促进了全球化的发展，而全球化的发展又推动了世界政治经济秩序的全新构建与价值观的重新塑造。站在全球化发展的新时代背景下，中国吸取了他国教训与历史经验，正在以新的方式参与并逐渐推动全球治理的变革，以"中国方案"向世界贡献更有效的实践智慧。

（一）"全球化"的缘起与发展

回顾西方文明发展的历程，在全球性的紧密交往开始之前，西方人就开始对"世界"的概念有了认知。西方人对世界的思考，可以追溯到古希腊对于神学和宗教的探讨，而后又转向自然的人类社会并且逐渐拓展到

---

① "一带一路"倡议提出以来，与共建国家之间的合作取得了扎实进展。在政策沟通上，共建"一带一路"倡议的核心理念已写入包括联合国在内的多种国际机制的文件，政府间合作文件涉及150多个国家，范围从亚欧大陆扩展到非洲、拉美和加勒比地区以及南太平洋地区。在加强设施联通上，"陆海天网"四位一体互联互通体系建设稳步推进；中欧班列到达境外15个国家49个城市；民航387条航线通达33个国家；等等。在贸易畅通上，货物贸易累计超过7万亿美元，在共建国家合作建设了82个境外合作贸易区，累计投资超过了300亿美元，入区企业近4000家，2018年对原共建国家非金融类直接投资156.4亿美元，增长8.9%，累计新签对外承包工程合同额超过5000亿美元。在资金融通上，已有11家中资银行在27个共建国家设立了71家一级机构，已在7个共建国家和地区建立了人民币清算安排，人民币跨境支付系统覆盖41个共建国家和地区。与非洲开发银行、泛美开发银行、欧洲复兴开发银行等多边开发银行开展联合融资合作。在民心沟通上，已与60多个国家签订了文化合作协议，与共建国家建立了17个海外中国文化中心，85个境外办学机构和项目，确定了300多个文化交流计划。参见国家发改委：《关于2018年国民经济和社会发展计划执行情况和2019年国民经济和社会发展计划草案的报告》。

政治经济关系层面的世界秩序。古希腊时期，受到狭小城邦地理范围的影响，在对世界的认知方面，古希腊人大多局限在自然和神学层面对于宇宙和自然法则的想象。古希腊神话中所构建的层级分明的神之谱系，充分反映出城邦时代人们对于世界的认知，即整个世界都掌握在宇宙和神的秩序与法则之中。《荷马史诗》中所描述的正义作为宇宙的普遍准则，既规定着神的秩序，也规定着人类的秩序。工商业的发展和日益频繁的对外交往打开了古希腊人重新认知世界的大门。智者运动之后，苏格拉底、亚里士多德、柏拉图等哲学家将世界治理的主体从"宇宙""神""自然法则"等超乎人的元素转到了人类自身，希望通过阐发构建人类最高美德——"善"，在混乱的世界中构建正义与和平的世界秩序。公元前4世纪，犬儒学派哲学家第欧根尼宣称"我是世界公民"。同时期的斯多葛学派也表现出了对自然法的追求和世界主义情怀，体现出对相同人性的发现以及人类共同生活的理想。

西罗马帝国崩溃后，欧洲进入漫长而黑暗的中世纪。宗教与世俗的持续斗争产生了近代的曙光，欧洲人对世界的认识和构想逐渐转移到了现实政治经济秩序上来。14世纪初，但丁在《论世界帝国》中提到，世界历史是各个国家和民族的历史。他注意到世界疆域的辽阔属性，希望通过构建"一统天下的尘世政体或囊括四海的帝国"[①] 保证国家的统一和世界和平。虽然早期西方思想家和哲学家们对于世界的认知多囿于地中海沿岸一隅，但是他们对于世界主义的憧憬和世界秩序的构想，却在现实中不断推动着人类世界的交往。

对于"全球化"的缘起，学术界有"地理大发现"说、"工业革命"说、"世界大战"说等不同解释。值得关注的是，全球化的最初形态是世界各国各地之间的商贸往来。商品的长途贩运，旅人的长途旅行，编织着

---

① ［意］但丁：《论世界帝国》，朱虹译，商务印书馆1986年版，第2页。

古代世界的交往和联系网络。尤其是黄河文明、恒河文明和地中海文明在商贸往来中的相互碰撞和融合，更是深刻影响着人类历史文明的进程。作为世界上最古老的东西方贸易通道，古丝绸之路发展的动因在于与西方的商贸往来。15世纪的地理大发现使得世界轮廓渐趋清晰，给西欧商人们带来了发展的机会。封建制度的瓦解和资本主义萌芽的产生使得追求财富、"商业本位"的重商主义在欧洲兴起。重商主义者渴望通过对外贸易并且保持贸易顺差，使更多的货币回流本国，积累财富。全球化之初，各国通过建立在生产优势和资源禀赋基础上的国际分工，逐渐融入全球化贸易的网络当中，成为全球体系的重要部分。第二次世界大战后，国际贸易格局发生了巨大的变化。在庞大的世界市场中，商品生产、销售、服务、交换的国际化已然基本实现，世界经济更加密不可分。

国际贸易发展使得国际政治、经济、民族之间的往来越来越密切，全球化的内涵也不断丰富和拓展。正如安东尼·吉登斯提出全球化的4个维度：世界资本主义、全球性劳动分工、民族国家体系和世界军事秩序。这使"全球化"的概念超越了经济和贸易的维度，世界范围内的社会关系得到强化。[1] 不容忽视的是，全球化面临着全球经济的两极分化、全球生态的威胁、全球极权主义的存在以及全球性战争等诸多新风险。全球化不仅代表全球贸易，更包含着人类在政治、经济、文化、科技、安全、气候等多方面的全球性联系，包含着更普遍的文化交流与碰撞，更自由的贸易体系以及更深度的国际合作。

（二）技术创新与资本主义世界政治经济体系发展

马克思指出，"由于机器和蒸汽的应用，分工的规模已使脱离了本国

---

① 参见［英］安东尼·吉登斯：《现代性的后果》，田禾译，译林出版社2000年版，第56—57页。

基地的大工业完全依赖于世界市场、国际交换和国际分工"①。"全球化"促生了"历史"向"世界历史"的转变，而促成这一变化的正是生产力的发展以及资本固有的扩张本性。

一方面，工业革命和科技革命为全球化奠定了物质基础，使全球性的分工和生产成为可能。前两次工业革命中产生的火车、轮船、汽车等交通工具以及电报、电话等通信工具，历史性地推动着全球交通和通信的发展。随着第三次科技革命的兴起，高速铁路、航空、海运等多种交通运输方式迅速发展和改良，使世界各地的联系更加紧密。遍布五大洲的国际海运航线、总里程超过120万千米的全球铁路网、诸多国家的高速铁路系统建设、海底隧道和大陆桥的建设，沟通世界重要的港口和城市，极大提高了国际贸易运输规模，降低了国际商品的运输成本，缩短了运输时间。同时，全球范围快速发展的互联网络和移动通信帮助人类克服时间、空间的障碍，及时地进行信息交互，不断拓展全球信息传播疆界，成为推动世界发展和联系的重要力量。全球范围内的技术革新和基础设施建设，奠定了世界各地互联互通的基础，逐渐相连的全球交通网，不断加速的全球信息网，正紧密地串联着世界各地的各个角落，连接着每一个人。

另一方面，资本积累也是全球化发展的内在动力。正如阿瑞吉所提到的，500多年的世界资本主义体系发展，是一个体系不断扩张的过程。② 这个体系的扩张并非空间地理的开拓，而更多是资本主义的生产、贸易与金融扩张，使得中心地区的实力向边远地区不断渗透，进一步扩大资本主义在全球的发展网络。为了实现资本扩张，各国基于各自的技术优势和要素禀赋，大量开展国际贸易，希望从国际贸易顺差中进行资本的累积。这就促使着越来越多的跨国公司的创立和跨国直接投资的产生，使全球的经济

---

① 《马克思恩格斯选集》第1卷，人民出版社1995年版，第166页。

② 参见［美］乔万尼·阿瑞吉等：《现代世界体系的混沌与治理》，王宇洁译，生活·读书·新知三联书店2003年版。

联系更加密切。资本的扩张推动了国际金融市场的形成，让全球资本的快速积累有了牢固的基础，还形成了庞大的全球资本流动循环。但也因资本的流动大、流速快，全球金融体系长期处于十分不稳定的无序状态，加深了全球性的经济危机。伴随着西方国家资本积累而来的，还有逐渐失衡的国际经济秩序和不断扩大的国家间贫富差距。

此外，全球性的劳动分工是现代世界体系运行的重要机制，然而相伴劳动分工而产生的，并非理想中的全球共同发展和富裕，而是不同国家之间的不平等交换。这种状态下的世界体系特征，被称为世界体系中的"中心—边缘"结构。沃勒斯坦认为这一世界体系，实际是"根植于资本主义的世界经济体系"①。拥有强大国家机器、掌握先进技术、控制贸易和金融市场的"中心国家"，利用"边缘国家"廉价的劳动力、原材料以及商品市场，从事具有高附加值的产品生产和销售；而"边缘国家"只能从事低附加值的初级生产，受到中心国家的支配。长期的劳动分工和不平等交换因为获利不同而不断使不同地区和不同阶级间的经济差距、劳工收益拉大，造成国际贸易体系的恶性循环。除了分工和不平等交换，"中心—边缘"结构中还存在着"融入"和"边缘化"的机制，这也恰好反映了资本主义经济扩张的本能。也就是说，越来越多的世界体系之外的国家不断"融入"体系之内，而世界体系也在不断使新的国家"边缘化"。并且这个"融入"和"边缘化"的过程，经常是在"中心"国家霸权的干涉和强制下进行的。

二战以后，广大的亚非拉国家先后摆脱了西方发达国家的殖民统治，实现了政治上的独立自主。然而在经济上却仍长期受制和依附于西方发达国家，处于国际生产体系的外围、全球产业链的底端，受到剥削和控制。究其原因，全球性资本主义生产体系所带来的不平等的国际经济秩序、国

① Immanuel Wallerstein, *World-Systems Analysis: An Introduction*, Durham and London: Duke University Press, 2004, p.23.

际分工和交换体系难辞其咎。不发达国家的贫穷落后，并非因为其自身资源禀赋的缺陷，而是因为外来资本主义的渗透使欠发达国家的生产剩余受到了中心国家的挤占和攫取，外来的破坏性竞争也摧毁了欠发达国家幼稚的民族工业。这种依附关系的形成，可以追溯到全球化发展的初期。早在16、17世纪的重商主义时期，欧洲国家长期使用武力在海外开拓殖民地，还通过"三角贸易"大量从殖民地获取原材料和黄金，之后又向殖民地倾销商品牟取暴利，这虽然一定程度上促进了殖民地的生产增长，推动其融入世界市场，但却使得殖民地经济发展长期依附于宗主国。当进入工业资本主义阶段，国际分工的开展深刻影响了殖民地的生产方式，其匮乏的经济资源和发展仍然使其在逐步完善和扩大的国际分工中处于劣势和被支配地位，其生产始终被局限在低端产品上，这也加剧了殖民地的不发达程度。虽然二战后亚非拉国家相继独立，但由于经济基础脆弱，其自身很难独立自主地发展经济，只能依附于发达国家并延续被剥削状态。同时，发展中国家往往还会陷入"贫困陷阱"之中。[①] 由此，在"中心—边缘"结构的世界体系中，边缘国家往往由于"贫困陷阱"而陷入低收入和贫困的累积性恶性循环之中，难以凭借自身力量在现有世界政治经济体系下得到应有的发展，从而造成"贫国恒贫，富国恒富"的局面，导致失衡发展的世界体系结构固化。

从新中国成立到改革开放之前的几十年里，中国被迫孤立于世界经济体系之外。随着中国改革开放的不断推进，中国恢复在联合国的合法席位，加入世界贸易组织、世界银行、国际货币基金组织等众多国际组织，成为世界贸易的重要组成部分和国际社会的内在部分。但西方国家在全球贸易、金融、气候治理、安全等诸多领域的规则制定和管理上，掌握着极

---

① 参见Richard R. Nelson：《欠发达经济中的低水平均衡陷阱理论》，李德娟译，《中国劳动经济学》2006年第3期。

大的优势和主导权，中国在西方主导的世界秩序中仍处于"边缘"地区。[①]

全球化发展至今，虽然取得了巨大的进展，但是全球化并没有导致民族国家的消亡和终结，也并未产生世界国家或者全球政府等。纵观现今世界格局，民族国家仍然是国际舞台上最主要的行为体，保留着对国家权力和主权的强烈诉求。国际法、各类国际规则和各类国际组织都是由西方主导的、建立在主权和国家边界的基础之上的、旨在维护各自国家主权和利益的具有"排他性"的产物。由此，现存世界体系中各国对排他利益的追求，不可避免地带来国家间发展的巨大失衡，滋生霸权主义乃至帝国主义，导致国际竞争、冲突乃至战争。

中国的发展，以及以此为基础在联合国、二十国集团（G20）、WTO、全球气候谈判等国际舞台上积极参与全球治理，推动全球秩序的变革，为全球化带来了新的历史内涵。但这并非西方国家所指的中国要重回世界体系的中心，重新掌握支配权和控制权。相反，中国致力于做世界和平的建设者、全球发展的贡献者、国际秩序的维护者。努力打破"中心—边缘"的不平等发展格局，构建共有、共享的世界体系与"天下秩序"，是"中国方案"的"世界智慧"和"天下情怀"。中国正通过"一带一路"和"人类命运共同体"等众多发展倡议，沟通中国智慧与世界智慧，连接中国梦与世界各国人民的梦，与世界人民共同开启全球合作新旅程。

三、"人类命运共同体"的形成与发展

"共同体"的理念由来已久。伴随着全球化，"共同体"理念逐渐深入到世界秩序与国际合作的各个细节，弥补着以民族国家为重心的世界秩

---

① 参见于蕾、沈桂龙：《"世界工厂"与经济全球化下中国国际分工地位》，《世界经济研究》2003年第4期。

序的局限。

（一）"共同体"的含义及特征

德国社会学家斐迪南·滕尼斯在1887年发表的《共同体与社会》一书中，运用两分法将"共同体"与"社会"进行明确区分，使得前者成为一个独立的社会学概念。在滕尼斯的笔下，"共同体"代表着一种成员之间共享观念、认同、价值观的融洽生活方式，其基本形式包括血缘共同体（亲戚）、地缘共同体（邻里）和精神共同体（友谊）。在"共同体"中，人与人之间的关系是包容、多元且有机结合的，绝非个体简单的相加而是整合成一个整体。与之相应，"社会"是"一种机械的聚合和人工制品"，人们在其中和平但又彼此分离地生活在一起。有学者指出，在滕尼斯的理论体系中"共同体"和"社会"具有清晰的二元界别："共同体"是自然形成、小范围且整体本位的，代表着古老的传统性；"社会"是非自然形成、大范围且个体本位的，代表着新兴的现代性。①

在中国学术界，直到1932年人们都将"community"与"society"同视作"社会"。美国社会学家帕克访华之后，学界创立一个新词"社区"来对应"community"。"社区"一词带有很强的地域属性，这也从一个侧面反映出，在早期社会学领域，"共同体"与一定范围的共同生活区域密不可分。事实上，"共同体"开始便与"文明"相联系，"文明"首先是人以类的存在聚集为"社会"，"共同体"才可能发生。

从历史实践上看，工业文明以来的科技进步大大加深了行为体之间的互动关系，交往关系也逐渐突破了农耕文明的血缘、地缘等桎梏。传统意义上的共同体概念随着社会历史的深刻变化而逐渐消解，各式各样的新型

---

① 参见秦晖：《共同体·社会·大共同体——评滕尼斯〈共同体与社会〉》，《书屋》2000年第2期。

共同体如雨后春笋般层出不穷，数量至1981年已达140多种。[①] 由于共同体自身概念的模糊性以及其在社会发展中呈现出的"脱域"情状，因而很难给予共同体一个准确的定义。仅以当代而论，一个共同体的产生须以人们持有的共同目标为根本前提，需要人们在实践运动中持续建构身份认同与集体归属感，为共同体提供免遭分崩离析的向心力，因而共同体的实践面临许多困难。现代共同体构建肩负着一项重大使命：实现对于传统的"共同体"和"社会"概念的批判超越——即通过非自然手段建立包容性联系，实现大范围的个体有机整合。只有通过这种超越，一个取代旧有联系网络、融合整个人类社会的人类命运共同体的出现才成为可能。

从理论认识上看，马克思的"交往理论"以及对人类历史上不同种类共同体特征的阐释对于我们认识共同体具有重要意义。"交往理论"是马克思对人类历史进行社会形态种类划分的重要工具。马克思在《1844年经济学哲学手稿》中指出："人是类存在物。"[②] 即是说，人是相互联系的"社会"，进而才有"文明"。在马克思的论述框架中，人类交往、生产方式、社会分期三者构成一条有机结合的循环链。随着交通工具、通信手段、生产方式等物质资料的迅速革新，"交往"不断外延进而扩展成为民族交往和国际交往，"全球化"与"世界历史"也就随之产生并发展起来。

在《德意志意识形态》中，马克思和恩格斯使用德文词汇"Verkehr"和法文词汇"Commerce"来表述"交往关系"，二者均包含贸易、交换、流通等意思。[③] 基于此，马克思将"交往"定义为"最广泛的意义而言，

---

① 参见李慧凤、蔡旭昶：《"共同体"概念的演变、应用与公民社会》，《学术月刊》2010年第6期。

② 《马克思恩格斯全集》第3卷，人民出版社2002年版，第272页。

③ 参见万光侠：《马克思的交往理论及其当代价值》，《江西社会科学》2000年第4期。

唯一适合于既得的生产力和产生这些制度的先前存在的社会状况的社会关系"。这是一个包罗万象的概念，涉及经济、政治、文化、社会、生态等五大方面：从方式上看，它包含贸易、战争、文化交流等多种形式；从范围上看，它包括内部交往、民族交往乃至国际交往等众多种类；从对象上看，它包括人与人本身、社会以及自然的相互作用。[①]

马克思交往理论中的国际交往是其交往理论所阐释的较高级别的交往表现形式，具有经济、政治、文化、社会、生态"五位一体"的特征。根据马克思的观点，"资产阶级，由于开拓了世界市场，使一切国家的生产和消费都成为世界性的了"[②]，具体表现为，国际经济交往在资本主义全球市场、世界体系和国际分工的形成过程中不断强化，国际政治经济交往随着威斯特伐利亚体系和西方殖民体系的扩展而逐步深入，进而不断消解各地的文化特殊性，使得文化与社会的交流联系日益普遍化。同时，工业化过程中产生的人与自然的对抗性日渐凸显，生态危机初现端倪。因而，运用马克思主义国际交往理论指导新时代中国特色社会主义事业，同样需要从上述5个方面整体入手。

"交往"自然会形成"共同体"，马克思全面而深刻地剖析了人类历史上存在过的不同种类共同体，系统地阐发了共同体的性质特征、产生原因及演变过程，并为其未来发展趋势做出了预测。马克思界定出3种不同的共同体：自然共同体、政治共同体、真正共同体。

自然共同体，也可称为"原始共同体"，是人类社会早期一种以血缘关系为纽带的社会形态。马克思将其定义为"家庭和扩大成为部落的家

---

① 参见张峰：《马克思恩格斯的国际交往理论与"一带一路"建设》，《马克思主义研究》2016年第5期。

② 马克思、恩格斯：《共产党宣言》，中共中央马克思恩格斯列宁斯大林著作编译局编译，人民出版社2014年版，第31页。

庭，或通过家庭之间互相通婚（而组成的部落），或部落的联合"①。在自然共同体中，全体社会成员通过集体行动弥补了生产力低下状况下个体能力的不足，个体对于共同体存在完全依赖关系。随着生产力的发展和生产关系的变革，原始的"人的依赖关系"被"以物的依赖性为基础的人的独立性"所取代，自然共同体也随之进化为政治共同体。在这一过程中，赤裸裸的利益关系取代了温情脉脉的血缘、地域关系，个人利益与集体利益分道扬镳，统治阶级以"共同利益"为借口攫取全社会所有人的利益。所以，马克思指出，政治共同体的本质是一种"完全虚幻的共同体"和"新的桎梏"②。

基于对自然共同体中个人对共同体的完全依赖性与政治共同体中共同利益的虚幻性的批判，马克思进一步提出"真正共同体"思想。这种新型共同体的出现将以私有制的废除和阶级社会的消亡为标志，每个人都能获得自由支配的时间，通过无差别的人类劳动，自由而全面地发挥自身才能进而掌握自我命运。根据这一逻辑，"真正共同体"即是"自由人联合体"，劳动者通过支配自身劳动产品实现了个体利益与社会利益的统一。③正因如此，"真正共同体"实现了对既有共同体依赖属性和虚幻属性的超越，更为人类社会未来的发展指明了方向。

伴随着马克思主义共同体理论的中国化，习近平主席创造性地提出构建人类命运共同体，为当今世界纷繁复杂的治理难题提供了新的解决思路。阶级与私有制尚未消亡，世界尚未达到构筑"真正共同体"的历史条件，但人类同样能够不断能动地破除现有交往关系中的历史局限和内在矛盾，历史地推动实现"自由人联合体"的漫长而又伟大的进程。

---

① 《马克思恩格斯文集》第8卷，人民出版社2009年版，第123页。
② 《马克思恩格斯选集》第1卷，人民出版社1995年版，第119页。
③ 参见康渝生、陈奕诺：《"人类命运共同体"：马克思"真正的共同体"思想在当代中国的实践》，《学术交流》2016年第11期。

（二）"共同体"的发展与"全球化"进程

19世纪中期以后，工业革命的浪潮席卷整个世界。以西欧为中心，将越来越多的东方国家纳入它的边缘地带。新型交通工具的出现大大缩短了世界各地之间的时空距离，各生产要素愈发便利地结合到一起。资源与技术的结合刺激了生产力的进一步发展，世界市场不可逆转地建立起来。在这一过程中，马克思所论述的"政治共同体"获得了极大的发展。作为资本主义时代政治共同体的主要形式，主权民族国家的出现使得统治阶级得以有效地运用国家能力，民族身份认同感的建构又令该种共同体具备强大的聚合力。[①]

伴随着全球化的进一步发展，主权国家的单一行为体地位受到了各种非传统行为体的猛烈挑战。导致这一变化的原因是复杂的：既有国际交往联系扩展深化的因素，也有政治共同体自身狭隘性的原因，或许还应考虑到全球治理新问题层出不穷的客观现实。以欧盟为例，其前身欧洲共同体便是新型政治经济共同体的典型代表。两次世界大战的悲剧使得西欧各国认识到民族国家在身份界定、利益建构上的狭隘本质，各种现实需求与威胁迫使西欧各国在经济、政治、外交、军事等诸多领域展开深度合作，这使得欧盟事实上成为一个超越传统政治共同体的新型政治共同体。在欧盟中，各国有限的主权让渡使得个体获得了更大程度的自由，这是一个巨大的历史进步。然而，欧盟等新型政治共同体依然是建立在传统民族国家的基础之上，随着全球化的进一步发展，新型政治共同体同样会遭遇"治理失灵"的窘境。希腊债务危机引发的欧盟危机，英国的"脱欧"等都是这种窘境的表现。

20世纪70年代起，全球范围内的产业转移和以互联网为代表的新科

---

① 根据20世纪中期国际关系学界的主流观点，主权国家是国际舞台上的单一行为体，国际交往实践中不存在其他可独立发挥作用的行为体。

技革命的兴起，为共同体的进一步发展注入了新的动力。产业转移和国际分工为世界各国创造出广泛的经济联系，但国际政治经济的发展却并未像人们预想的那样，在相互依赖的贸易往来中迎来持久和平。面对冷战结束后国际冲突不减反增的异常情势，美国政治学家塞缪尔·亨廷顿提出文明冲突论，预测未来世界动荡的根源将是全球化持续推进下引发的文明之间的对立与冲突。步入21世纪第二个10年后，保护主义、孤立主义、民粹主义势力出现复苏倾向，层出不穷的"黑天鹅"事件表明全球化进程存在倒退之虞，亨廷顿的预言似乎得到了部分印证。时至今日，即使是西方国家右翼学者也不得不承认，以"西欧—美国模式"为蓝本的西式近代化道路存在严重的漏洞。这一道路促生了资本主义世界体系，但同时也直接或间接地造就了一个严重分化、撕裂的二元对立世界。审视当前全球经济发展状况，生产要素的转移使得广大发展中国家大量承接传统产业并成为全球经济新的增长点，资源消耗与环境污染问题逐渐显现，发达国家的增长则越来越依赖于虚拟经济，核心制造业呈现出空心化趋势，广大普通劳动者的利益严重受损，等等。进而使当前全球治理结构面临着难以根治的复合型危机：一方面，世界体系内部积存了大量的消极情绪，包括落后地区和民族对经济剥削的愤恨、新兴市场国家对国际话语权不足的不满、各国底层民众对于贫富严重分化的怨气、全人类对于无节制发展模式的担忧；另一方面，高度的经济全球化使得各行为体之间产生了前所未有且不断增强的密切联系，任何群体消极情绪的释放都可能给整个体系带来难以修复的损害。

由此，随着全球化的持续深入，以民族国家（政治共同体）为治理单元的世界秩序难以维系高效能的治理。以全球气候治理为例，各国围绕减排承诺问题展开了多轮漫长的谈判，最终达成了《巴黎协定》。特朗普上台后，美国退出《巴黎协定》，为该协议的实施前景蒙上了一层阴影。当前人类交往联系的程度和政治共同体的容纳限度出现了明显脱节，世界各国亟须形成一种新型治理体系来携手应对各类全球性危机，中国此时提出构建人类命运共同体可谓正当其时。

（三）人类命运共同体中的中国

进入21世纪以来，伴随着综合国力的显著提升，中国在继续实施"引进来"战略的同时稳步推行"走出去"战略，积极树立负责任大国的形象。党的十八大召开以来，中国更加积极参与全球治理，不仅在联合国、G20峰会等多边组织平台上扮演越来越重要的角色，还积极为国际社会提供亚洲基础设施投资银行（下文简称为亚投行）、金砖银行等带有公共物品色彩的组织机制。中国与世界各国互相接近、互联互通，开始形成新时代的命运共同体。在纪念联合国成立70周年大会上的讲话中，习近平主席提出"构建人类命运共同体"的构想倡议，强调构建人类命运共同体有赖于各国建立平等相待、互商互谅的伙伴关系；营造公道正义、共建共享的安全格局；谋求开放创新、包容互惠的发展前景；促进和而不同、兼收并蓄的文明交流。[①]

首先，人类命运共同体蕴藏着中国特色社会主义大国外交和新时代中国特色社会主义新开放格局的深邃智慧。作为人类社会的必然产物，人类命运共同体能够适应当今世界高度发达的交往联系状态，有助于构建"共商、共建、共享"的治理新秩序。习近平主席指出，各国"理应平等参与决策、享受权利、履行义务"[②]。这充分体现出人类命运共同体不同于以往共同体的历史不平等属性，将带给世界各国真实的国际事务参与权，进而缔造互信、共赢的共同体认同感。

---

① 参见习近平：《携手构建合作共赢新伙伴　同心打造人类命运共同体——在第七十届联合国大会一般性辩论时的讲话》，《人民日报》2015年9月29日第2版。

② 习近平：《共担时代责任　共促全球发展——在世界经济论坛2017年年会开幕式上的主旨演讲》，《人民日报》2017年1月18日第3版。

其次，人类命运共同体思想对不同文明的和谐共存做出了新时代的全新阐释。在中国共产党第十九次全国代表大会上，习近平总书记在报告的第十二部分专题论述"坚持和平发展道路，推动构建人类命运共同体"，其中明确指出要"以文明交流超越文明隔阂、文明互鉴超越文明冲突、文明共存超越文明优越"。这是对文明冲突论的有力回应，反映了广大发展中国家对于新时代各国文明和谐共处交流促进的美好憧憬。在党的二十大报告中的第十四部分专题阐释"促进世界和平与发展，推动构建人类命运共同体"，呼吁"世界各国弘扬和平、发展、公平、正义、民主、自由的全人类共同价值，促进各国人民相知相亲，尊重世界文明多样性，以文明交流超越文明隔阂、文明互鉴超越文明冲突、文明共存超越文明优越，共同应对各种全球性挑战"[1]。

最后，人类命运共同体实现了对西方"普世价值"的批判与革新。构建人类命运共同体，需要建立在充分尊重各国主体意愿、重视全人类共同利益基础之上的全人类的认同价值。人类命运共同体确立了当代人类共同价值，包含和平、发展、公平、正义、民主、自由等，但特别强调人类的共同价值是人类社会在不断发展演进中历经种种实践所形成的，绝不应为某个强权所建构。维护这一共同价值，需要有关大国自觉担负起更大的责任，践行正确义利观，秉持亲诚惠容理念和真实亲诚理念开展多边外交活动。[2] 在现代社会，世界上不同制度、不同发展水平、不同文明共存共处的条件下，历史发展不是也不可能是生产力水平在全球范围内的各个国

---

① 习近平：《高举中国特色社会主义伟大旗帜　为全面建设社会主义现代化国家而团结奋斗——在中国共产党第二十次全国代表大会上的报告（2022年10月16日）》，《人民日报》2022年10月26日第1版。

② 参见习近平：《决胜全面建成小康社会　夺取新时代中国特色社会主义伟大胜利——在中国共产党第十九次全国代表大会上的报告》，人民出版社2017年版，第59—60页。

家单一直线的递进成长，进而社会制度形态的演进也不会呈现机械直线的推进，多元多层次文明的并存是人类历史的客观事实。为了适应这种多元性，在不同时代我们提出了不同的开放宗旨，早在20世纪50年代冷战时期我们就曾提出和平共处五项原则，产生了极为积极和深远的影响，展现了中国在多元文明冲突中的共处智慧，人类命运共同体则是在新时代对和平共处精神和智慧的继承和发展。习近平主席提出构建人类命运共同体的全球治理新主张，向世界宣告中国作为全球化参与者、受益者的责任与担当。"人类命运共同体"思想是马克思"真正共同体"思想中国化的最新成果。

四、金融危机后的世界政治经济体系转型

随着国际交往的扩展深化，资本主义固有的弊端逐渐暴露出来，全球性金融危机，世界各国之间、各国家内部贫富差距拉大等问题层出不穷。随之而来的是国际政治经济出现了逆全球化趋势。经贸格局的重大转变、经济增长动力的巨大转换、传统国际体系的整体危机，使构建人类命运共同体有了更多的现实可能。

（一）全球经贸格局的重大转变

全球经济贸易格局依附于特定的世界体系，是世界上各种经济势力的相互关系和力量对比，在总体上规定和制约着各国在国际贸易活动中所处的地位和所发挥的作用，同样也直接规定和制约着微观经济主体开展贸易活动的范围和程度。[①]

---

① 参见周琴：《当今世界经贸格局的基本特点分析》，《宁波大学学报（人文科学版）》2000年第1期。

　　首先，传统的货币体系发生了转变。布雷顿森林体系瓦解之后，美元开始与石油挂钩，继续保持了唯一国际结算货币的地位。但是近年来"石油美元"受到了多方面的挑战，一枝独秀的格局逐渐被打破。中东的产油国开始考虑降低对美元的依赖，其中俄罗斯、沙特阿拉伯与阿联酋在与中国的原油贸易中已经可以用人民币结算。当前"天然气人民币"受到广泛关注，在世界能源结构中，天然气的地位不断上升，而统一的天然气市场尚未形成，掌握天然气定价权可能将是中国扩大人民币国际使用范围的机遇，有利于进一步提升人民币的国际地位。在未来的货币体系中，"次全球货币"如人民币、欧元、日元、英镑将迎来"群雄逐鹿"的新局面，从而实现多元国际货币体系的竞争与合作。

　　其次，传统的经济协调体系朝着多元层级架构方向发展。第一，世界经济协调机制中的新兴力量正在迅速崛起，如金砖国家领导人会议、中非论坛、中阿论坛和二十国集团领导人峰会等，促进了全球治理体系变革。第二，国际经济组织自身也在进行结构变革，如国际货币基金组织于2010年进行份额改革，将超过6%的份额转移给具有活力的新兴市场经济体和发展中国家，并于2016年10月宣布，人民币作为第五种货币加入特别提款权篮子。

　　再次，推动全球化发展的核心力量由发达国家主导向由发达国家与发展中国家共同推动的方向转变。技术和资本是推动全球化的两大引擎，但是，如今单靠资本和技术已经难以实现全球化新的飞跃。英国脱欧、特朗普当选、意大利修宪公投被否等事件的出现，标志着推动经济全球化的传统核心力量正在收缩。与此同时，以中国为代表的新兴国家正在对新一轮全球化进行积极探索，注入新的动力，如实施共建"一带一路"倡议、深化金砖合作机制等，成为推动全球化进一步发展的重要力量。二十国集团取代八国集团成为全球经济治理的首要对话平台，标志着全球经济治理由西方国家主导向发达国家与新兴经济体共同协商的转变。

（二）全球经济增长的动力转换

自2008年金融危机以来，发达国家经济复苏缓慢，新兴经济体增速进一步回落，世界经济整体复苏疲弱乏力，增长速度呈现放缓态势。发达国家的发展动力不足，而发展中国家缺乏发展基础，使世界经济整体复苏长期疲弱乏力。随着新兴市场经济体的崛起，这一态势得到扭转，同时导致全球经济增长的动力出现变化。当前，以中国为代表的新兴市场国家的经济增长和发展（2022年中国GDP为18万亿美元左右，在全球经济存量中占18%左右，增量中则占30%左右）正推动着世界经济的增长引擎从大西洋两岸向欧亚大陆转移。

1. 发达国家经济增长乏力

在2008年金融危机之前，发达经济体的生产率已经在下降，其中结构性原因和根本性原因并存。结构性原因包括两个层面，一是人口老龄化严重，导致的人力资本积累减少。[1] 2015年，除个别国家外，欧洲其他国家的老龄化水平均超过20%，整体步入老龄化社会。[2] 2017年，全世界60岁及以上人口占比为13%，并以每年约3%的速度增长。其中，欧洲60岁及以上人口占比最高，为25%；北美地区为22%。[3] 当今，发达国家的人口老龄化问题比较严峻，严重制约了经济的发展，给经济发展带来严重的挑战。二是创新动力不足。创新是打开经济增长的钥匙，创新动力不足直接影响经济的活力。纵观二战后的新技术革命以及互联网产业的发展脉络，科技的每次重要革新都会带来新的发展红利。但是，近年来，发达国家的创新

---

[1] 参见国际货币基金组织2017年年度报告，http://www.imf.org/external/pubs/ft/ar/2017/eng/spotlight.htm#capacity。

[2] 参见原新：《发达国家领跑世界人口老龄化进程》，《中国老年报》2017年3月22日第2版。

[3] 参见联合国发布的《世界人口展望（2017年修订版）》。

能力相对乏力。从2000—2015年大部分发达国家在R&D的经费投入比重下降，其中美国和日本R&D的经费投入比重下降最快。[①]（我国全社会研发经费支出从2012年的1万亿元增加到2021年的2.8万亿元，居世界第二位）全球经济发展放缓，以及联邦政府预算搁置等因素共同导致了美国R&D经费投入趋向收缩，同时欧洲国家面临实体经济萎缩、债务危机高筑、政府财政赤字严峻等问题，都在一定程度上抑制了社会的科技创新活力。

资本主义发达经济体增长出现下降并长期放缓的趋势，最根本的原因在于资本主义制度的内在矛盾运动，这种矛盾运动即资本的积累与贫困的积累形成鲜明反差，导致资本主义生产在不断扩张的同时，市场有效需求不足成为常态，并且周期性地加剧，供给与需求之间矛盾周期性的恶化形成周期性的生产过剩的危机，资本主义经济推动的全球化使这种以相对过剩为特征的经济危机成为全球性危机，进而导致全球经济增长速度下降。

这一矛盾运动在影响资本主义经济增长率的同时，进一步影响劳动生产率，从而影响经济发展和增长的效率，经济增长速度的长期显著下降，必然大幅度降低生产能力利用率，需求不足下的供求矛盾必然导致产能过剩进而超过正常竞争要求的程度，产能严重过剩一方面会提高资本构成（至少在名义上），从而降低资本的要素生产率，而且会降低劳动的要素生产率（劳动生产率），如果考虑到在经济衰退时政府对就业的保护政策，宏观就业目标的实现在更大程度上需要依靠微观企业劳动生产率的牺牲。而要素效率的降低（包括资本效率和劳动效率）反过来又会进一步推动经济增长率的下降，两者之间形成恶性的交叉循环（两者间并不是单向的因果关系），[②] 此外，在经济发展过程中，产业结构的演进若出现"虚高度"，即结构演变并非建立在产业劳动生产率、资本生产率及全要

---

① 参见中国科学技术发展战略研究院发布的《国家创新指数报告2016—2017》。

② 参见［美］罗伯特·布伦纳：《繁荣与泡沫——全球视角中的美国经济》，王生升译，经济科学出版社2003年版，第18页。

素生产率提升基础上，并非根据要素效率及结构配置性效率提升的逻辑，通过有效的市场竞争机制实现的产业结构高度提升，而是背离效率和竞争形成的"虚高度"，导致结构高度提升过程的同时降低生产效率，即负向的"结构效应"。这种情况在发展中国家存在，在发达资本主义国家同样存在。[①]

2. 发展中国家经济强劲崛起

资本主义对外拓展的过程中，通过海外殖民地和市场开拓，形成了"中心—边缘"结构为特征的世界体系，进入世界体系的国家被分为中心国与边缘国。[②] 在这种"中心—边缘"结构中，国家的影响力从内到外依次递减，世界经济形成以发达国家为中心的"支配—依附"体系。伴随着全球化的演进，世界经济发展的版图中心在改变，越来越多的国家深入参与全球价值链，新兴市场国家在世界经济格局中的地位在不断提升，推动了传统的"中心—边缘"模式向互联互通相互嵌套的发展模式转型。

在全球经济复苏缓慢的背景下，由发展中国家主导的新型南南合作平台金砖国家峰会显示出了强大优越性。金砖五国人口占全球的43%，黄金储备和外汇储备占全球的40%，GDP占全球总量的21%。金砖国家内部具有高度工业化的经济、强大的科技研发中心、正在壮大的中产阶级和城市人口，不断提高的消费水平和基础设施等发展优势。通过发挥金砖合作机制，使各异的条件禀赋得到整合，能够建立起健全的市场体系，金砖国家从而获得了实现自我发展的可能和蓬勃动力，在世界经济体中的地位逐步提高。新兴经济体中，中国的经济增速最高。据IMF和世界银行测算，2013—2016年，

① 参见［英］麦迪森：《世界经济二百年回顾》，李德伟、盖建玲译，改革出版社1997年版，第20页。

② 参见张康之、张桐：《世界中心—边缘结构与线性思维的关系》，《学习与探索》2016年第1期。

中国对世界经济的贡献率平均为31.6%，超过美国、欧元区和日本贡献率的总和，居世界第一位。中国经济增长对全球经济增长的贡献已连续15年超过25%。[①] 同时，以中国为代表的新兴经济体在全球治理中的话语权得到进一步提升。中国实施共建"一带一路"倡议，发起创办亚投行，设立丝路基金等，拓展了发展中国家走向现代化的途径，为解决人类问题贡献了中国智慧和中国方案，并与其他新兴经济体合作，推动制定了《G20全球贸易增长战略》和《G20全球投资指导原则》，为新形势下应对保护主义、推动国际贸易投资合作提出了新的制度框架。

发达国家经济体的日渐式微，以及新兴经济体的崛起，尤其是中国经济的迅速崛起，标志着世界经济增长的推动力正在发生转换。[②]

（三）世界政治经济体系的整体性危机

1. 资本主义发展的矛盾和旧有全球化路径的困境

资本和技术是经济全球化的两大引擎。科学技术是经济全球化的物质基础。运输和通信技术的发展，直接催生了世界经济体系由国际贸易网络向全球生产网络转变，全球价值链体系形成。[③] 20世纪80年代以来卫星通信、传真技术、微电子技术的广泛运用和国际互联网络的开通，为全球范围的商品交换开辟了新的路径，国际分工进一步细化。近年来，伴随着互

---

① 国际货币基金组织2016年的统计数据显示，金砖国家对全球经济增长的贡献率已超过50%。《博鳌亚洲论坛新兴经济体发展2017年度报告》指出，2016年新兴经济体对世界经济增长的贡献率为60%，经济总量占全球的份额持续增加。据估算，进入2020年之后，世界发达经济体与发展中经济体在全球GDP占比上已十分接近。这表明，当前新兴经济体仍是推动世界经济增长的重要力量。

② 参见臧旭恒、李扬、贺洋：《中国崛起与世界经济版图的改变》，《经济学家》2014年第1期。

③ 参见陈宗胜、康健：《反全球化的逆流与经济全球化的深化》，《全球化》2017年第6期。

联网、人工智能和大数据时代的到来，电商平台、社交媒体网络、移动支付、虚拟现实技术等如雨后春笋般出现，拓展了全球市场的边界。

资本的逐利性是全球化的内在动力。资本的本性要求摧毁一切地方限制、建立全球市场。资本向全球扩张的这种趋势必将使一切国家的生产和消费成为世界性的，从而根本上推动了经济全球化。[1] 发达国家通过跨国公司在全球范围内投资，把部分低附加值的产业转移到发展中国家，促进了资本在全球范围内流动。

在全球化过程中，金融资本显示出更强的逐利性，能够通过流向企业的再生产，将剩余价值最大化，从而获取超额的金融资本利润，比产业资本更有动力去开辟全球市场。[2] 从20世纪80年代起，美国的制造业开始大规模地流向海外，以金融为核心的服务业也齐头并进，这使得美国的产业结构和利润来源发生了根本性的改变。2014年美国80%以上的财富来自金融行业，制造业占GDP的12%，从事实业的人口不到20%，美国实际上进入了虚拟资本主义的发展阶段。[3] 在世界经济中，资本投入金融的收益远远高于投入实体产业的收益，因此越来越多的资本流入金融市场，全球市场的金融投机愈演愈烈，引发了一次次金融动荡和金融风暴。

同时，目前全球的经济体系还存在着严重的结构性问题。在现有"中心—边缘"结构中，美国、欧洲等主要发达国家在重要的领域都拥有绝对优势，处于世界体系的中心。中心国家控制着资源和产品的定价权，以牺牲发展中国家的发展利益为代价，推行过度消费的债务经济，抑制了世界

---

① 参见张谊浩：《浅析经济全球化的动力——从马克思主义的视角考察》，《生产力研究》2003年第1期。

② 参见徐明棋：《论经济全球化的动力、效应与趋势》，《社会科学》2017年第7期。

③ 参见王湘穗：《美式全球化的终结与世界体系的未来》，《政治经济学评论》2014年第3期。

经济的发展。和平赤字、发展赤字、治理赤字，成为摆在全人类面前的严峻挑战，全球治理需要进一步深化，完善治理机制，为各国长期发展提供良好的国际政治经济环境。

2. 以中国为代表的发展中国家积极参与全球治理

全球化进程中，各国之间的联系日益加强。面对当前诸多不合理的国际规则和由发达国家的利益及意志主导的国际秩序，广大发展中国家选择抱团取暖的方式，积极参与国际事务，积极参与全球经济治理以及治理体系的建设，为全球治理注入了新的活力。原有的G20财长和央行行长会议升级为领导人峰会，相对于G7而言，G20更具代表性。G20议题涵盖了当前全球经济治理中最为迫切和重大的议题；治理模式更加灵活高效，避免了僵化体制的约束；反映了新兴经济体的话语权在不断扩大。

金砖国家需要在联合国及其他多边机构中深入合作，包括通过金砖国家常驻纽约、日内瓦和维也纳代表定期会晤等方式。近年来在国际货币基金组织和世界银行中的投票权份额提升，话语权增加，进一步增强了金砖国家在国际舞台上的影响力。当前，金砖国家已经逐渐成为新兴市场和发展中国家互利合作的典范，在推动实现更快经济增长的同时，通过安全事务高级代表会议、外长会晤等机制，加强了在国际和地区问题上的沟通协调，为维护全球和平与安全发挥建设性作用。金砖国家是正在形成的多极世界的关键因素之一，金砖国家已经成为国际上一支不可忽视的政治经济力量，为完善全球治理做出积极贡献。

中国作为新兴经济体的重要力量，在新形势下积极参与全球治理体系建设。全面推进中国特色大国外交，实施共建"一带一路"倡议，发起创办亚洲基础设施投资银行，设立丝路基金，举办首届"一带一路"国际合作高峰论坛、亚太经合组织领导人非正式会议、二十国集团领导人杭州峰会、金砖国家领导人厦门会晤、亚信峰会。提出构建人类命运共同体的新全球治理哲学理念和实践倡议，旨在促进全球治理体系变革。

五、"一带一路"与全球治理范式重构

在世界政治经济发展新形势下，旧有全球治理体系效用递减，中国作为世界第二大经济体积极承担推动全球治理范式重构的责任。"一带一路"倡议自2013年秋季提出以来，贯穿欧亚大陆，东连亚太经济圈，西接欧洲经济圈，南通非洲经济圈，与美洲大陆紧密相关，很快成为当今世界规模最大的合作平台，也是最受欢迎的公共产品。[①] 其内含的共商共建共享等"中国智慧"以及包容发展的新理念能够有效发挥辐射作用，通过沿线国家和地区在各领域的深度融合，带动世界各国的深度交融，弥补既有全球治理体系的不足，为重新构建全球治理范式提供新思路。[②]

（一）国际政治经济发展与交往模式的变革

1. 先定规则再发展——先发展再分配

事实上，"规则至上、理性主义"的原则始终体现在西方主导的国际政治经济交往中。在西方学者看来，"全球治理机制之所以有价值，是因为它们创造了使成员国及其他行为体以互利的方式协调彼此行为的准则和信息。它们能减少交易成本，创造成员国及其他行为体展示可信度的机会，克服背叛承诺问题，同时提供包括原则性的、和平解决冲突方法在

---

① 参见《就中国外交政策和对外关系答中外记者问》，《人民日报》2019年3月9日第5版。

② 中共中央文献研究室编：《习近平关于社会主义经济建设论述摘编》，中央文献出版社2017年版，第276页。

内的公共产品"①。"全球治理被理所当然地定义为以规则为基础的管控
（rule-based rule）……无论是在地区层面还是在全球层面，有效规则成为
有效治理的充要条件。这不仅仅是西方主流国际关系理论研究界对全球治
理的基本理解，也是西方政策和战略界的重要共识。"②但统一规则统治
下的世界并非一个统一整体，因而上述理论在当今世界的发展变化中显示
出解释力不足的困境。现实中自上而下的规则运转存在效率低、可行性弱
等问题：世贸组织架构下多哈谈判多轮进行但却未取得实质性结果，大大
小小的双边和多边的自由贸易协定与治理机制的碎片化问题凸显，《京都
议定书》中的目标与现实差距太大，减少碳排放的雄心壮志最终止步于纸
面，凡此种种无不说明"目标—契约—谈判—接受"的这一协定方式在现
实中难以实行。

更为严重的是，现行的规则落后于时代，没有反映现有的全球高度
相互依存的状态和变化后的世界政治经济格局。第一，因为它缺乏对于发
达国家与新兴大国互动关系的考量，因而无法调整全球化中兴起的各种多
元力量。资本与技术的积累使得越来越多的国家参与到全球的价值链运行
当中，与之相悖的是反映力量对比的世界治理秩序迟迟没有更新。在2008
年全球金融危机中，上述问题暴露无遗：发达国家面临危机难以"独善其
身"，其主导的国际治理机制失效；广大发展中国家因自身经济体系不
独立、过度依赖西方，沦为世界体系应对经济危机的牺牲品，遭遇严重
经济困难。"支配—依附"的经济格局丧失了其运转的机制重心，旧有的
合作秩序难以满足各新兴国家对革新发展机制的要求。第二，现行规则奉

① ［美］艾伦·布坎南、［美］罗伯特·基欧汉：《全球治理机制的合法
性》，赵晶晶、杨娜译，《南京大学学报（哲学·人文科学·社会科学版）》2011年
第2期。

② 秦亚青：《全球治理失灵与秩序理念的重建》，《世界经济与政治》2013年
第4期。

行"单边逻辑""规则治理"思路，在治理绩效的评估上坚持"西方标准"。对发展中国家和新兴经济体实行高标准的俱乐部准入门槛，往往演变成为富人约束挑战者、迫使其妥协的利器。正如美国学者佩特里所指出的，与所得的市场准入相比，TPP（跨太平洋伙伴关系协定，Trans-Pacific Partnership Agreement）的真正竞争力源于其高标准的贸易规则模板，即所谓的"21世纪条款"。[1] 美国在政府采购、知识产权、技术标准、农产品、贸易与环境等议题上不断对新兴经济体施加压力，提高贸易标准增加他国成本以削弱其竞争力，进而便利本国相关企业的市场开辟。一言蔽之，当今跨国公司主导的"全球化"是精英主导受惠少数群体的全球治理体系。他们利用这样的机制团结既得利益者的力量，来制衡应对新态势下新兴经济力量的崛起。对于规则的批判并非主张不要"规则"，规则与创新不是相互排斥的对立，而是相互融合的互补。以往西方盛行发达经济体与新兴经济体之间"先谈判，后合作"的程序，在实际操作中往往制定出较高门槛，无形地增加了国际合作的成本与难度。现在发展中国家已成为全球经济增长的重要引擎，新兴国家的发展不该为发达国家主导的事先设定的条条框框所囿。新形势的发展要求发展中国家更多地参与到全球治理中来，寻求更具活力、更有普惠性的全球治理体系成为时代命题。

中国提出的"一带一路"倡议正是当今时代背景下对于国际合作"先发展，后分享"的模式创新：先促发展，再定标准；共商共建，成果共享。新兴国家应拥有更平等的人的发展权、生存权，以发展为第一要务，秉持规则应更好服务发展的逻辑，发展先行，基于自身的经验和道路实现理念创新、制度创新。"一带一路"是一种发展观，是为共同发展而构建的合作平台和市场网络。不先设单边主导的预案，重行动力，在平等合作

---

[1] Peter A. Petri，"Economics of the TPP and RCEP Negotiations"，*Paper Presented at the CNCPEC Seminar on "TPP 2012：Progress and Challenge"*，Beijing，China，December，2012.

的实践中发展并规范规则。"一带一路"是真正以促进发展中国家和世界经济的繁荣为目的的倡议，更符合广大发展中国家的国情与愿景，能够为人类命运共同体开辟出更加光明的未来。

"一带一路"倡议在经济地理上包括但不限于古丝绸之路地区。它向所有国家和国际、区域组织开放，方便惠及更广泛的领域。不同于西方"中心—边缘"排他的制度设计，面对各国发展不一的状况，具有极大包容性的"一带一路"倡议视各国都为平等的合作伙伴。各方利益诉求都体现在倡议的落实中，各参与者都成为"一带一路"的成果分享者。不同于狭隘的民族国家视野，以命运共同体为核心的世界文明观逐渐取代"中心—外围"的国家文明观，这是促进人类社会发展的重大创举。

2. 从"支配依附"到"共商共建"

追溯"中心—外围"体系下"支配依附"格局哲学起源，或许可在西方哲学的"二元对立"和"冲突辩证"阐述下找到支持："二元对立"认为两个事物之间存在斗争关系，只有一方占据主导地位，消解另一方后才能化解矛盾，推动新事物发展创新；"冲突辩证"强调矛盾的对立性和排他性，事物的交往与进化是"零和博弈"。霸权秩序论、均势秩序论、世界体系论、文明冲突论、民主和平论等西方主流的世界秩序理论都有着很强的冲突倾向。[1]

"一带一路"倡议则根本不同，其强调的"共商"便于营建战略伙伴关系，而"共建"可以激发治理积极性。这里包含着两层逻辑：一是身份认同，构建伙伴关系，并在这一身份的基础上实现"关系治理"[2]。二是行

---

① 参见高奇琦：《全球共治：中西方世界秩序观的差异及其调和》，《世界经济与政治》2015年第4期。

② "关系治理将全球治理视为一种对相互之间关系的塑造、协调和管理过程"，出自秦亚青：《全球治理失灵与秩序理念的重建》，《世界经济与政治》2013年第4期。

为态度，从"消极主权"演进到"积极主权"。反映在国家与全球公共事务互动的态度中，积极参与是"国家主动地参与全球共同体事务，并以全球公共问题解决为核心展开积极行动的一种态度"；消极参与则是"国家被动地卷入全球事务中，并在多数同意的背景下被迫接受全球规范的一种态度"①。如果更多的国际社会成员参与全球治理、制度设计和实施，其身份重塑和行为态度将发生由"被动接受"到"积极实践"的转变。

回顾过去数年的大事记不难发现，"一带一路"倡议源于一系列合作倡议的整合，充分展现了与共建国家共商共议、共同设计的思路。"一带"和"一路"倡议分别在哈萨克斯坦和印度尼西亚提出，体现了中国与东道国的共商原则，而《推动共建丝绸之路经济带和21世纪海上丝绸之路的愿景与行动》中"兼顾各方利益和关切，寻求利益契合点和合作最大公约数，体现各方智慧和创意，各施所长，各尽所能，把各方优势和潜力充分发挥出来"。则进一步阐释了共建共享的美好愿景。

（二）"一带一路"的路径与愿景

1. 以推进基础设施互联互通为抓手

物质交往是精神交往的前提。在《德意志意识形态》中，马克思把交往的类型分为物质交往和精神交往两大类，并阐明两者的关系："思想、观念、意识的生产最初是直接与人们的物质生活，与人们的物质交往，与现实生活的语言交织在一起的。人们的想象、思维、精神交往在这里还是人们物质行动的直接产物。"②

作为"一带一路"建设的"血脉经络"，基础设施投资计划将建设亚

---

① 高奇琦：《国家参与全球治理的理论与指数化》，《社会科学》2015年第1期。

② 马克思、恩格斯：《德意志意识形态（节选本）》，中共中央马克思恩格斯列宁斯大林著作编译局编译，人民出版社2018年版，第16页。

欧地区以海陆空交通线、油气管道、输电线路和通信网络等为构成要素的综合性立体交互网络，为沿线国家的民间文化"思想交流"奠定"物质交往"基础。在"逆全球化"的思潮下，从基础设施建设出发也是探索一种全新的开放型经济发展方式的尝试，为密切国家间经贸的往来和抵御全球化风险提供更强大的战略依托。

2. 促使中国与沿线国家形成政治、经济、人文多层次深入合作

当前"一带一路"建设具有时代超越性，极大地超越了传统丝绸之路以经贸为主的合作方式。"一带一路"在"贸易通"的基础上实现政策、基础设施建设、科技文化乃至民心的全方位互联互通，推动政治、经济、人文全方位多层次多合作格局，营造发展上互尊互信、经济上互利共赢、文化上求同存异的共赢关系，以打造价值相融、利益相通、命运共同的和谐统一体。正如习近平主席出席中英峰会时所强调的，"一带一路"建设将为中国和沿线国家共同发展带来巨大机遇。"一带一路"是开放的，是穿越非洲、环连亚欧的广阔"朋友圈"，所有感兴趣的国家都可以添加进入"朋友圈"。"一带一路"是多元的，涵盖各个合作领域，合作形式也可以多种多样。"一带一路"是共赢的，各国共同参与，遵循共商共建共享原则，实现共同发展繁荣。这条路不是某一方的私家小路，而是大家携手前进的阳光大道。[①]

3. 打造双环流全球新价值体系

当前世界经济模型从传统的"中心—外围"式的单一循环，逐渐演变为以中国为枢纽点的"双环流"体系。其中一个环流位于中国与发达国家之间，以贸易和直接投资为主要载体；另一环流存在于中国与亚非拉等发展中国家和地区之间，以贸易、直接投资为载体。中国成为连接发达经济

---

① 《习近平出席中英工商峰会并致辞》，《人民日报》2015年10月22日第1版。

体与亚非拉欠发达经济体之间的主要中间节点或枢纽点。"双环流"体系下的新型价值链循环模式，使得"一带一路"成为中国在这一新型全球体系中构建的大区域治理平台。

一方面，中国已经建立起世界上最完整的制造业体系，正从深加工阶段向技术集约化阶段过渡，几乎能以全球最低成本向沿线国家提供其工业化所需的产品，这使中国成为"一带一路"沿线国家在现代化过程中可以倚重的大国。[①] 根据世界银行的估计，目前发展中国家每年在基础设施方面的开支约为1万亿美元，相比出现"产业空心化"的西方国家，中国在重大项目上的资金、技术、装备以及人力资源的能力具有比较优势。另一方面，2008年金融危机后，"一带一路"倡议的提出，亚投行的兴建以及丝路基金的建设正好缓解了国际合作中发达国家提供公共产品能力与意愿降低的问题，这就开启了一个崭新的时代。

（三）中国发展智慧与全球治理范式重构

"一带一路"、全球化以及人类命运共同体三者之间形成有机整体，这一有机整体的构建体现了中华文明与世界文明之间命运与责任的联结。

1. "一带一路"与全球化："一带一路"创造了新型全球化关系

首先，"一带一路"本身是一种全球化的形式。政策的沟通、设施的联通、贸易的畅通、资金的融通和民心的相通，不仅多领域全方位地覆盖了传统语义下全球化的三种表现形式——"市场全球化""生产全球化""资本全球化"，而且具有多维度的全新内涵。

从运行规制来看，在西方"自由主义"下盛行"适者生存"的丛林法则：大型跨国公司主导全球化使得成千上万的中小企业没有对等的参与机

---

① 参见杜德斌、马亚华：《"一带一路"——全球治理模式的新探索》，《地理研究》2017年第7期。

遇；全球治理中西方国家垄断了国际舞台上的行为参与，形成了"强者愈强，弱者愈弱"的恶性循环。为消除缺乏公正合理规制下的掠夺性发展，减少发展失衡，"一带一路"倡议重新定义了资本和各个国家在全球化中的角色和地位，从而推动对现有全球权力系统和全球市场系统的"再平衡"：新兴经济体能够更充分地发出声音，积极的社会政策追求所有人都有更体面的生活，金融治理缓解财富向极少数人集中程度，等等。

从价值塑造的角度看，"一带一路"倡议从根本上改变着人们对全球化的认识。针对传统全球化进程中产生的包括结构性失业、贫富差距扩大在内的一系列问题及其引发的"逆全球化浪潮"，"一带一路"倡议通过切实有效的行动塑造认同，为"再全球化"扩大民意基础，为后金融危机时代的世界提供"全球公共平台"下的对话合作新模式，培养"同舟共济，命运相连"的共识，通过倡导"和平合作、开放包容、互学互鉴、互利共赢"的丝路精神强调对人类命运的终极关怀。作为马克思人道主义价值的传承和中国特色的价值目标，"一带一路"是当今中国向世界传递出的"新世界主义"倡议，其精髓是"丝路精神"与全球化的有机结合，其内涵是"包容性全球化"①。

现代生产方式、全球生产网络和现代通信技术已经把世界各国紧密联系在一起，新一轮科技革命和产业革命进一步拉近了各国之间的距离。一方面，新贸易模式革命性地诞生，在全球化进程中具有划时代的意义；另一方面，经济全球化面临着严重的威胁。世界需要根本性的体制机制创新，这正是"一带一路"倡议和构建人类命运共同体的重要目的所在。

2. "一带一路"与人类命运共同体：中国方案重构全球治理范式格局

"一带一路"通过重塑全球治理理念和治理机制，真正形成与全人类

---

① 刘卫东：《"一带一路"：引领包容性全球化》，《中国科学院院刊》2017年第4期。

命运紧密结合的有机体。

（1）推动全球治理模式转型。"一带一路"倡议是对世界框架的"破旧—立新"。现代全球治理模式有从"国家中心主义治理"向"多元多层协同治理"的转变趋势，[①] 强调全球化的深化导致了权威的分散化：西方发达国家与新兴国家之间的扩散、国家行为体与非国家行为体之间的扩散、国家层次与国际组织层次以及次国家层次之间的扩散。这与"一带一路"从"西方治理"到"东西方治理"，从"顶层设计"到多层次合作机制的丰富内涵相互呼应："一带一路"既团结了沿线新兴经济体的力量，又促进发达国家与发展中国家的对话交流，凝聚并平衡了全球发展的"新旧力量"；"一带一路"联通了发达经济体和发展中经济体，强调了除政策之外的"设施、贸易、资金、民心"四通，从而丰富和创新了国际合作交流机制。

（2）从"国内治理"走向"全球治理"。在创造自身经济发展奇迹和国内治理优化的基础上，中国特色社会主义制度不断完善和发展，国家治理体系和治理能力不断现代化，中国的道路拓展了发展中国家走向现代化的途径，已经得到了国际上较为普遍的认可。同时，中国的伙伴型全球治理模式也为许多不结盟国家参与全球治理提供了一个范例，"增强了各国走伙伴治理而不是走结盟治理和霸权治理老路的道路自信"[②]。中国智慧还把"硬领域"和"软领域"相结合，使治理领域包括政治、安全、军事、网络、文化等多个方面，在"软合作"中建立民心相通的人文交流机制，真正消除不公平不合理的交往秩序。"一带一路"合作的整体式的顶层设计，将设施、人文、体制、贸易、金融整合在一起，克服了以往治理部门化、片面化、碎片化的矛盾；而提倡的绿色"一带一路"、健康"一

---

① 参见石晨霞：《试析全球治理模式的转型——从国家中心主义治理到多元多层协同治理》，《东北亚论坛》2016年第4期。

② 陈志敏：《国家治理、全球治理与世界秩序建构》，《中国社会科学》2016年第6期。

带一路"、智力"一带一路"、和平"一带一路"更是给现有治理机制注入新的内涵。

（3）"一带一路"作为系列结点，重组全球治理网络。"一带一路"在实践中能够做到"利益和合""价值链融合"和"机制耦合"，从而成为系列结点。在利益和合上，"一带一路"要寻找更多利益交汇点，把中国和世界融通起来，正如习近平主席在乌兹别克斯坦最高会议立法院的演讲中所说："丝绸之路是历史留给我们的伟大财富。'一带一路'倡议是中国根据古丝绸之路留下的宝贵启示，着眼于各国人民追求和平与发展的共同梦想，为世界提供的一项充满东方智慧的共同繁荣发展的方案。"[1]事实上，"一带一路"已经对接多个共建国家顶层的战略规划，比如俄罗斯的欧亚经济联盟、欧盟的"容克计划"、哈萨克斯坦的"光明之路"计划、越南的"两廊一圈"规划、印尼的"全球海洋支点"计划等。"一带一路"得到多国的积极回应说明了其互惠共赢的魅力，展现了自身的极大活力。而利益对接和利益相融，也为当前低迷的经济发展带来新希望，开辟新前景，注入新动力。

在价值链融合上，由于中国处于全球价值链的核心地带与中间地位，也起到了节点作用。正如习近平总书记所提出的："'一带一路'建设重点在国外，但根基在国内。"[2]《推动共建丝绸之路经济带和21世纪海上丝绸之路的愿景与行动》指出："共建'一带一路'旨在促进经济要素有序自由流动、资源高效配置和市场深度融合，推动沿线各国实现经济政策协调，开展更大范围、更高水平、更深层次的区域合作，共同打造开放、包容、均衡、普惠的区域经济合作架构。""一带一路"充分发挥国际市场

---

[1]　习近平：《携手共创丝绸之路新辉煌——在乌兹别克斯坦最高会议立法院的演讲》，《人民日报》2016年6月23日第2版。

[2]　中共中央文献研究室编：《习近平关于社会主义经济建设论述摘编》，中央文献出版社2017年版，第279页。

大平台的作用，坚持市场运作的原则，更好促进生产要素的流动和资源的配置，打造新型价值链，促进大合作、大发展、大繁荣。

在机制耦合上，能够与现有合作方式机制相耦合。G20中国主席年共同建立的与创新、活力、联动、包容等世界经济的主题相对应的四大核心成果：创新经济增长方式、完善经济治理机制、促进贸易投资增长、推动包容联动发展，与"一带一路"协同发展、共同富裕的目标是一致的，二者同为解决世界发展问题贡献"中国智慧"。而在金砖机制中，中国不但为其注入经济活力，也加入中国的发展经验。目前金砖机制日益壮大，"金砖机制+"拓展了伙伴网络的外延，进一步向世界表明金砖国家与其他发展中国家开展更加密切深入的全球性协作的态度。这与"一带一路"大发展平台下的开放包容同出一辙，同为推动世界经济融合协调发展助力。"一带一路"和其他国家的战略规划相对接，与世界产业链、价值链布局的变动相适应，并与现有的国际机制相呼应。